Innovations- und Technologiemanagement

Herausgegeben von: Horst Geschka

Springer

*Berlin
Heidelberg
New York
Barcelona
Hongkong
London
Mailand
Paris
Singapur
Tokio*

Martin G. Möhrle (Hrsg.)

Der richtige Projekt-Mix

Erfolgsorientiertes Innovations- und FuE-Management

Mit 60 Abbildungen

Springer

Reihenherausgeber
Prof. Dr.rer.pol. Horst Geschka

Bandherausgeber
Prof. Dr. habil. Martin G. Möhrle
Brandenburgische Technische Universität Cottbus
Lehrstuhl für Planung und Innovationsmanagement
03013 Cottbus

Die Deutsche Bibliothek - CIP-Einheitsaufnahme
Der richtige Projekt-Mix: erfolgsorientiertes Innovations- und FuE-Management
Hrsg.: Martin G. Möhrle
Berlin; Heidelberg; New York; Barcelona; Hongkong; London; Mailand; Paris; Singapur; Tokio:
Springer, 1999
    (Innovations- und Technologiemanagement)
    ISBN 3-540-66177-8

ISBN 3-540-66177-8 Springer-Verlag Berlin Heidelberg New York

Dieses Werk ist urheberrechtlich geschützt. Die dadurch begründeten Rechte, insbesondere die der Übersetzung, des Nachdrucks, des Vortrags, der Entnahme von Abbildungen und Tabellen, der Funksendung, der Mikroverfilmung oder Vervielfältigung auf anderen Wegen und der Speicherung in Datenverarbeitungsanlagen, bleiben, auch bei nur auszugsweiser Verwertung, vorbehalten. Eine Vervielfältigung dieses Werkes oder von Teilen dieses Werkes ist auch im Einzelfall nur in den Grenzen der gesetzlichen Bestimmungen des Urheberrechtsgesetzes der Bundesrepublik Deutschland vom 9. September 1965 in der jeweils geltenden Fassung zulässig. Sie ist grundsätzlich vergütungspflichtig. Zuwiderhandlungen unterliegen den Strafbestimmungen des Urheberrechtsgesetzes.

© Springer-Verlag Berlin Heidelberg 1999
Printed in Germany

Die Wiedergabe von Gebrauchsnamen, Handelsnamen, Warenbezeichnungen usw. in diesem Buch berechtigt auch ohne besondere Kennzeichnung nicht zu der Annahme, daß solche Namen im Sinne der Warenzeichen- und Markenschutz-Gesetzgebung als frei zu betrachten wären und daher von jedermann benutzt werden dürften.

Sollte in diesem Werk direkt oder indirekt auf Gesetze, Vorschriften oder Richtlinien (z.B. DIN, VDI, VDE) Bezug genommen oder aus ihnen zitiert worden sein, so kann der Verlag keine Gewähr für die Richtigkeit, Vollständigkeit oder Aktualität übernehmen. Es empfiehlt sich, gegebenenfalls für die eigenen Arbeiten die vollständigen Vorschriften oder Richtlinien in der jeweils gültigen Fassung hinzuzuziehen.

Einbandentwurf: de'blik, Berlin
Satz: Reproduktionsfertige Vorlage des Herausgebers
SPIN: 10736085   60/3020 - 5 4 3 2 1 0 - Gedruckt auf säurefreiem Papier

Inhaltsverzeichnis

Einführung

1 Die Mischung macht's 1
   von Prof. Dr. *Martin G. Möhrle*
   Dank 7
   Glossar 8

Teil 1: Gestaltung von Unscharfem

2 Ideenfindung für Innovationen neu inszeniert 11
   von Dipl.-Des. *Arno Dirlewanger*
3 Von der Strategischen Orientierung zum FuE-Programm 27
   von Prof. Dr. *Horst Geschka* und Dipl.-Wirtsch.-Ing. *Thorsten Lenk*

Teil 2: Bewertung, Variation und Auswahl

4 Strategisches Portfolio-Management von FuE-Projekten 53
   von *Juliana Hsuan* und Prof. Dr. *Ari P. J. Vepsäläinen*
5 Szenariobasierte Zusammenstellung von Innovationsprogrammen 73
   von Prof. Dr. *Martin G. Möhrle*
6 Ein mehrstufiges, interaktives System zur FuE-Programmplanung 101
   von Dr. *Steffen Gackstatter* und Prof Dr. *Walter Habenicht*
7 Transparenz durch FuE- Planung – Eine Analyse in der
   Kfz-Zulieferindustrie und ein Konzept zur zielgerichteten
   Umgestaltung der Produktinnovation 119
   von Dipl.-Wirtsch.-Ing. *Ulf Pleissner*

Teil 3: Umfeld

8 Zielorientierte FuE-Performance-Bewertung – Der GOPE-Ansatz 145
   von Dipl.-Kfm. *Randolf Schrank* und Prof. Dr. *Manfred Perlitz*

9 Der Einsatz von Groupware in der FuE-Programmplanung 167
   von Dipl.-Wirtsch.-Ing. *Christian Guhl*

10 Entwicklungscontrolling mit dem SAP-R/3-Baustein „Projektsystem„ 189
   von Dipl.-Wirtsch.-Ing. *Udo Lange*

Autoren 217

1 Die Mischung macht's

MARTIN G. MÖHRLE

Der richtige Projekt-Mix als Schlüsselelement eines erfolgsorientierten Innovations- und FuE-Managements

Als die ägyptischen Pharaonen die Pyramiden bauen ließen, verwendeten ihre Baumeister ein einfaches, aber effizientes Verfahren zur Einebnung des Fundaments: Sie erzeugten durch Dammbau und Wassereinleitung einen künstlichen See, dessen Oberfläche garantiert eine ebene Fläche bildete und somit als Maßstab für die Grundmauern herangezogen werden konnte (vgl. DITFURTH, ARZT 1985, S.41). Inzwischen bedarf es dieses Hilfsmittels nicht mehr: Die Erfindungen verschiedener optischer Instrumente und der Wasserwaage stellen Meilensteine dar, mit denen sich ebene Flächen wesentlich einfacher bestimmen lassen, und inzwischen findet auch die Lasertechnik hier ein interessantes Einsatzfeld.

Die Bestimmung ebener Flächen weist alle Charakteristika eines technologiedominierten Innovationsfelds auf: Es handelt sich um eine bedeutsame Anwendungsaufgabe, verschiedene Generationen von Problemlösungen haben nacheinander einen Beitrag zur einfacheren Lösung dieser Aufgabe geleistet, die Problemlösungen entsprangen dabei dem technischen Fortschritt der jeweiligen Zeit, sie konnten erfolgreich vermarktet werden, und in der Regel hat jede Problemlösungsgeneration die vorherigen zumindest teilweise überflüssig gemacht.

Solche Innovationsfelder wie das skizzierte finden sich allerorten, und jedes Unternehmen in jeder Branche muß seine Fähigkeit unter Beweis stellen, mit Produkt-, Prozeß- oder Dienstleistungsneuerungen im geeigneten Moment aufzuwarten. Dies ist nicht einfach, denn die Mannigfaltigkeit der sich ggf. auch ändernden

Charakteristika eines technologiedominierten Innovationsfelds

Mischung erforderlich

2 Die Mischung macht's

Kundenbedürfnisse und die Vielfalt sowie Vielzahl technischer Potentiale erzeugen ein vielseitig offenes und dadurch variantenreiches Spielfeld. Wie immer, wenn eine eindeutige Priorisierung eines Objekts wegen zu hoher Komplexität des Geschehens und unsicheren Zukunftserwartungen unmöglich ist, empfiehlt sich die Anwendung der Portefeuille-Theorie, wie sie von MARKOWITZ (1952 und 1959) in der Finanzwirtschaft begründet wurde. Die Portefeuille-Theorie rät - griffig übersetzt - zum Mischen. Der Grundgedanke ist einfach: Indem ein Entscheider mehrere, möglichst in unterschiedlicher Weise umfeldsensible Objekte mischt, gleicht er mögliche Verluste bei manchen Objekten durch überdurchschnittliche Gewinne bei anderen Objekten aus.

Was heißt „Mischen"?

Im Innovations- und FuE-Management ist eine gelungene Mischung aus verschiedenen Projekten gefragt, es geht um den „richtigen Projekt-Mix", (siehe das Glossar zu den Begriffen „Innovationsprojekt" und „FuE-Projekt"). Dabei trägt das Wort „Mischen" eine mehrfache Bedeutung:

- Mischen heißt im einfachsten Fall, aus verschiedenen Bereichen Projekte zusammenzustellen. Dazu müssen aber die Projekte, die ggf. gemischt werden sollen, in irgendeiner Weise bereitstehen oder erzeugt werden.
- Mischen heißt, die Projekte zu bewerten und eine Auswahl aus der Gesamtprojektmenge zu treffen. Die Auswahl kann, muß aber nicht die am besten bewerteten Projekte umfassen. Beispielsweise können Synergieeffekte dazu führen, ein isoliert betrachtet wenig attraktives Projekt doch in die Mischung mit aufzunehmen.
- Mischen heißt aber auch, unter bestimmten Umständen Schwerpunkte zu setzen, auch wenn dies der eine oder andere in einem Unternehmen als ungerecht empfinden mag. Die Schwerpunkte müssen erklärt werden können.
- Mischen heißt schließlich, nicht bei den vorgeschlagenen Projekten stehen zu bleiben, sondern ggf. durch Rekombination und kreative Assoziationen neue Projekte zu generieren.

Zielgruppe des Buches

Mischen ist eine (wenn nicht: die) zentrale Aufgabe des Innovations- und des FuE-Managements. Das vorliegende Buch richtet sich daher außer an die Wissenschaftler auf diesen Gebieten an alle in Innovations- und FuE-Bereichen Beschäftigten:

- Den höheren Führungskräften soll es konkrete Handlungsratschläge geben, wie sie ein Management von Innovations- und FuE-Programmen gestalten können, das mit zeitgemäßen Hilfsmitteln arbeitet und aktuelle Erkenntnisse der Betriebswirtschaftslehre umsetzt.
- Den Leitern von Innovations- und FuE-Projekten soll es den Blick öffnen für Fragestellungen, die über ihr Projekt hinausgreifen. Gleichzeitig sollen sie durch dieses Verständnis in die Lage versetzt werden, bei Projektvorschlägen oder -präsentationen zum eigenen Nutzen und zum Nutzen des Unternehmens die Interessen der übergeordneten Stellen mit einbauen zu können.
- Fachkräfte in Innovations- und FuE-Bereichen sollen sich schließlich mit den Beiträgen dieses Buchs auf kommende Führungsaufgaben vorbereiten und Anregungen für Verbesserungsvorschläge erhalten.

Aufbau des Buches

Das Buch setzt sich aus drei Teilen zusammen (Bild 1-1), der erste Teil ist der Ideenfindung und der Vorphase eines Innovationsprojekts gewidmet, der zweite Teil der Bewertung, Variation und Auswahl von Innovations- und FuE-Projekten, der dritte Teil dem organisatorischen und informationstechnischen Umfeld, in dem sich das Management von Innovations- und FuE-Programmen abspielt.

Teil 1: Unscharfes

Ohne Ideen für Innovationen und FuE-Aktivitäten greift jedes Innovations- und FuE-Programm-Management ins Leere. Dem Finden, dem Klassifizieren, dem Gruppieren, dem Auflösen und dem Verfügbarmachen

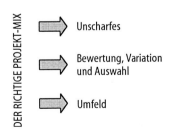

Bild 1-1: Das Buch im Überblick

von Ideen ist daher der erste Teil des Buches unter der Überschrift „Unscharfes" gewidmet.

- Arno Dirlewanger stimmt zunächst auf kreative Ideenfindung ein. Ihm liegt vor allem daran, den Unterschied zwischen Verbesserungs- und originärneuen Ideen herauszuarbeiten. Die Ideenfindung ist eine zentrale Aufgabe des Managements von Innovations- und FuE-Programmen. Dabei geht es nicht nur um Ideen oder Ideengruppen für neue Projekte, in vielen Fällen bedarf es auch für laufende Projekte eines grundsätzlichen Überdenkens und in Abhängigkeit von sich ändernden Rahmenbedingungen eines kreativen Umgestaltens.
- Die speziellen Fragestellungen, die in den frühen Phasen eines Innovations- oder FuE-Projekts auf das Management zukommen, stehen im Mittelpunkt des Beitrags von Horst Geschka und Thorsten Lenk. Sie betonen die Bedeutung der strategischen Orientierung und zeigen anhand einiger Software-Produkte, wie sich ein Ideenmanagement im Unternehmen konkret umsetzen läßt.

Teil 2: Bewertung, Variation und Auswahl

Eine einmal gewonnene Idee sollte eine Chance zur Umwandlung in ein Innovations- und FuE-Projekt erhalten, aber nicht jede Idee ist dafür geeignet bzw. paßt in den Rahmen, den ein Unternehmen ausfüllen möchte. Der zweite Teil des Buchs steht daher unter der Überschrift „Bewertung, Variation und Auswahl".

- Juliana Hsuan und Ari Vepsäläinen präsentieren mit dem Technologievorteils-Kundennutzen-Portfolio eine graphisch gestützte Vorgehensweise zur Bewertung und Klassifikation von Innovations- und FuE-Projekten. Sie beziehen sich dabei auf die Kernkompetenzen und -fähigkeiten eines Unternehmens, klassifizieren die Innovations- und FuE-Projekte in „Stars", „Fads", „Snobs" sowie „Flops" und diskutieren u.a. auch die Frage, ob und wie aus „Snobs" „Stars" werden können.
- Der Herausgeber variiert die Portfolio-Betrachtung von Hsuan und Vepsäläinen zum Technologiedruck-Marktsog-Portfolio und ergänzt sie um Szenarien, mit denen sich künftige Entwicklungen und deren Einflüsse auf die momentanen Innovations- und FuE-Projekte einschätzen lassen. Durch projekt- und programmorientierte Strategien kann der Innova-

tions- und FuE-Manager das Gefahrenpotential deutlich reduzieren.
- Steffen Gackstatter und Wolfgang Habenicht wenden sich der Teile-Ganze-Problematik in Innovations- und FuE-Programmen zu. Sie vertiefen das Problem, daß ein optimales Innovations- und FuE-Programm nicht zwangsläufig die isoliert am besten eingeschätzten Innovations- und FuE-Projekte enthalten muß, sondern daß durch Abhängigkeiten zwischen verschiedenen Projekten oder durch die Begrenztheit des Budgets (formuliert als Knapsack-Problem) auch andere Konstellationen denkbar sind. Ihr Konzept sieht eine ganzheitlich-vergleichende Betrachtung von Projektvorschlagsmengen vor.
- Ulf Pleissner wendet sich einer konkreten Branche zu, den Automobilzulieferern. Er zeigt anhand zweier Wirkungskreisläufe, welche Bedeutung eine streng am Kundenauftrag und späteren Produkt ausgerichtete Planung des Innovations- und FuE-Programms besitzt. Ein graphisches Hilfsmittel zur Visualisierung der Dynamik finanzwirtschaftlicher Kenngrößen rundet seinen Beitrag ab.

Jedes betriebliche Management von Innovations- und FuE-Programmen spielt sich innerhalb eines Umfelds ab, das von der Unternehmenskultur, den Branchengegebenheiten, aber auch der technischen und insbesondere der informationstechnischen Ausstattung bestimmt wird. Diesem Umfeld ist der dritte Teil des Buchs gewidmet.

Teil 3: Umfeld

- Randolf Schrank und Manfred Perlitz beschreiben ein System zur Messung der längerfristigen und nicht projektbezogenen Performance (Leistung) von FuE-Einheiten. Mit einem solchen Meßsystem soll das langfristig vorhandene FuE-Potential eines Unternehmens erhoben und kommuniziert werden. Die Autoren wenden dafür einen aus den USA stammenden Bewertungsansatz an, den Analytic Hierarchy Process. Wenn in einem Unternehmen ein FuE-Performance-Measurement durchgeführt wird, bedeutet dies natürlich auch neue Rahmenbedingungen für das Management von Innovations- und FuE-Programmen.
- Christian Guhl greift mit Groupware als Element des Computer Supported Cooperative Work (CSCW) ei-

ne informationstechnische Neuerung auf, die vor allem die Kommunikation der Innovations- und FuE-Manager beeinflussen wird. Überregionale, rechnergestützte Konferenzen zur Programmverabschiedung und die vorbereitende Kommentierung von Projektvorschlägen sind nur zwei der durch Groupware herbeiführbaren Änderungen des heutigen Verfahrens.

- Udo Lange beschreibt schließlich seine Erfahrungen bei der Einführung des Moduls „Projektsystem" des Informationssystems SAP R/3 in einem großen Unternehmen der Elektrotechnik. Das Modul ist in starkem Maße mit anderen Modulen desselben Herstellers verflochten, was eine Einführung nur im Verbund mit anderen Modulen ratsam erscheinen läßt. Es knüpft sehr stark an finanzwirtschaftliche Aspekte des Projektmanagements an, wodurch es in der heutigen Form nur in weniger hohem Maße für ein Management von Innovations- und FuE-Programmen geeignet erscheint. Aber der Ausblick auf künftige Versionen läßt hoffen, daß sich dies in absehbarer Zukunft verbessern wird.

Der italienische Maler, Bildhauer, Baumeister und Dichter Michelangelo (1475 bis 1564) formulierte einst:

„Herr, gewähre mir, daß ich immer mehr wünsche, als ich vollbringen kann."

Möge es den Lesern dieses Buches gelingen, nicht nur eine größere Vielzahl an brillanten Ideen zu erzeugen, als sie jemals bearbeiten können werden, sondern sie auch in der geeigneten Weise auszuwählen und zu priorisieren, so daß die besten Projekte technisch und wirtschaftlich erfolgreich enden werden.

Literatur

DITFURTH, HOIMAR V.; ARZT, VOLKER: Querschnitte - Reportagen aus der Naturwissenschaft. 4.Aufl., München: dtv 1985.

MARKOWITZ, HARRY, M.: Portfolio Selection. Journal of Finance, 7 (1952), pp. 77-92.

MARKOWITZ, HARRY, M.: Portfolio Selection - Efficient Diversification of Investments. New York: John Wiley 1959.

Dank

Die Beiträge in diesem Buch entstammen zum großen Teil aus Vorträgen, die auf den Veranstaltungen des Arbeitskreises „FuE-Management„ des Verbands Deutscher Wirtschaftsingenieure e.V. (VWI) gehalten wurden. Genau wie dieser Arbeitskreis ist das Buch vor allem den verbindenden Elementen zwischen unternehmerischer Praxis und betriebswirtschaftlicher Forschung gewidmet. Dies zeigt sich in der Zusammensetzung des Autorenkreises, der teils aus konzeptionell reflektierenden Führungskräften und Mitarbeitern aus Unternehmen sowie teils aus anwendungsorientiert arbeitenden Wissenschaftlern besteht. Ohne ihre Unterstützung, ohne ihre Bereitschaft, auf Änderungsvorschläge des Herausgebers schnell und konstruktiv einzugehen, wäre dieses Buch nicht möglich gewesen.

Ein Buch braucht aber nicht nur Autoren, es bedarf auch der redaktionellen und technischen Kompetenz. Der Herausgeber dankt Frau Dipl.-Ing. Julia Mücke für die durchdachte und gelungene Vorbereitung der Aufsätze in graphischer und gestalterischer Hinsicht. Besonderen Dank schuldet er Frau Birgit Besse, die das umfangreiche Endlayout mit Sorgfalt, Geschick und unendlicher Geduld übernommen hat.

Das Buch erscheint in der Reihe „Innovations- und Technologiemanagement" des Springer-Verlages. Sowohl der Reihenherausgeber als auch das Verlagslektorat haben den Herausgeber über die ganze Zeit der Erstellung freundlich begleitet und unterstützt.

Cottbus, im März 1999   Martin G. Möhrle

Glossar

Die folgenden Beiträge greifen auf fünf Schlüsselbegriffe zurück: FuE-Projekt, Innovationsprojekt, FuE-Programm, Innovationsprogramm und Portfolio. Zwischen diesen Begriffen bestehen viele wechselseitige Beziehungen. Die Zusammenstellung prägnanter Definitionen in diesem Glossar soll dem Leser einen Überblick über die Schlüsselbegriffe geben und ihm das Verständnis der Beiträge erleichtern.

FuE-Projekt

Ein **FuE-Projekt** ist ein zeitlich begrenztes Vorhaben, das auf neue Erkenntnisse, Erfindungen oder deren Umsetzung in Produkten, Verfahren oder Dienstleistungen gerichtet ist. Im Mittelpunkt eines FuE-Projekts steht entweder (i) die naturwissenschaftlich-technische Komponente eines → Innovationsprojekts oder (ii) die Erarbeitung von unternehmensrelevantem, aber nicht innovationsbezogenem technologischem Know-how oder (iii) eine Mischung aus beidem. In der Regel birgt es eine hohe, technologisch bedingte Unsicherheit in sich. Ein FuE-Projekt ist normalerweise Bestandteil eines → FuE-Programms, steht manchmal aber auch in einem ambivalenten Verhältnis zu einem solchen.

Innovationsprojekt

Ein **Innovationsprojekt** ist ein zeitlich begrenztes Vorhaben, das auf die marktorientierte Hervorbringung neuer Produkte, Verfahren, Dienstleistungen oder Kombinationen davon gerichtet ist. Es zeichnet sich besonders durch das Zusammenwirken verschiedener betrieblicher Funktionsbereiche (mindestens Marketing, Forschung und Entwicklung sowie Produktion) aus. In der Regel beruht ein Innovationsprojekt auf einem → FuE-Projekt und ergänzt dieses vor allem um kunden-, produktions- und kostenorientierte Komponenten. Diese Komponenten können zeitlich unterschiedlich angeordnet sein: Der eher historisch dominierenden, gleichwohl noch in manchen Branchen (z.B. Pharmazie) erforderlichen sequentiellen Anordnung nach dem „Wasserfall-Modell" stehen zunehmend parallele Ansätze gegenüber. Ein Innovationsprojekt birgt in der Regel hohe Unsicherheit, die aus verschiedenen Aspekten herrühren kann. Es ist normalerweise Bestandteil eines → Innovationsprogramms, steht manchmal aber auch in einem ambivalenten Verhältnis zu einem solchen.

Ein **FuE-Programm** ist die Gesamtheit aller → FuE-Projekte in einer organisatorischen Einheit, also einer Abteilung, einem Unternehmensbereich, einem Unternehmen. Es steht für das zur Zeit erschlossene naturwissenschaftlich-technologische Potential, das für → Innovationsprojekte genutzt werden kann. Ein FuE-Programm ist in hohem Maße dynamisch: Auf der einen Seite wird es von neuen Projektideen, die in den Status eines FuE-Projekts gelangen, und von zwischenzeitlich stillgelegten, nunmehr wiederaufgegriffenen FuE-Projekten gespeist, auf der anderen Seite verringert sich die Anzahl der enthaltenen FuE-Projekte durch deren erfolgreichen Abschluß oder durch Abbruch- und Stillegungsentscheidungen. In manchen Unternehmen, beispielsweise in der Automobilindustrie, kann ein FuE-Programm auch Bestandteil eines umfangreichen → FuE- oder → Innovationsprojekts sein; insoweit stehen beide in einem ambivalenten Verhältnis zueinander. Durch geschickte Mischung der eingehenden Projektideen und der bestehenden FuE-Projekte läßt sich die Unsicherheit über zukünftige Ergebnisse in einem FuE-Programm verringern.

FuE-Programm

Ein **Innovationsprogramm** ist die Gesamtheit aller → Innovationsprojekte in einer organisatorischen Einheit, also einer Abteilung, einem Unternehmensbereich, einem Unternehmen. Es steht für das in naher Zukunft vermarktungsfähige Potential eines Unternehmens. Analog zu einem → FuE-Programm (i) ist ein Innovationsprogramm in hohem Maße dynamisch, (ii) kann es in manchen Fällen ebenfalls Bestandteil eines umfangreichen → Innovationsprojekts sein und (iii) läßt sich durch geschickte Mischung der eingehenden Projektideen und der bestehenden Innovationsprojekte

Innovationsprogramm

die Unsicherheit über zukünftige Ergebnisse verringern.

Portfolio

Ein **Portfolio** ist eine zweidimensionale Graphik, die für verschiedene Zwecke konzipiert wurde und zur Ableitung von Handlungsempfehlungen dient. Dieser Portfoliobegriff ist eng; in der Literatur findet man den Begriff Portfolio auch häufig synonym zum Begriff eines → Innovations- oder → FuE-Programms verwendet, manchmal auch unter der französischen Bezeichnung Portefeuille. Es gibt verschiedene Portfolios, deren nähere Bezeichnung uneinheitlich ist: Manchmal werden die Urheber herangezogen (z.B. BCG-Portfolio für ein Portfolio der Boston Consulting Group zur Positionierung strategischer Geschäftseinheiten), manchmal die positionierten Objekte (z.B. beim Projekt-Portfolio), manchmal das Gestaltungsziel, dem eine Auswahl der positionierten Objekte dient (z.B. beim FuE- bzw. Innovationsprogramm-Portfolio, in dem Projekte positioniert werden), manchmal Einflußfaktoren, die sich auf die Positionierung der Objekte dominant auswirken (z.B. die Patente beim Patent-Portfolio, bei dem technologische Gebiete positioniert werden), manchmal die Achsenbezeichnungen (z.B. beim Technologiedruck-Marktsog-Portfolio, bei dem Projekte positioniert werden).

2 Ideenfindung für Innovationen neu inszeniert

ARNO DIRLEWANGER

Mit dem Beitrag von Arno Dirlewanger über die Neuinszenierung der Ideenfindung für Innovationsprojekte beginnt der erste Teil dieses Buchs zum Thema „Unscharfes", der durch Gedanken zum Vorfeld eines Innovations- und FuE-Projekts fortgesetzt wird. Unscharfes, das knüpft an die nordamerikanische Wissenschaftsdiskussion an, die jedem Innovations- und FuE-Projekt ein „Fuzzy Front End" zuweist (vgl. u.a. Cooper 1997 und Burkart 1994), also einen organisatorisch schwer zu fassenden, krausen Projektbeginn. Unscharfes, das umfaßt aber auch viele Aspekte kreativen Arbeitens, die erst während der Laufzeit eines Projekts zum Tragen kommen.

Kommt es nicht häufig vor, daß ein Mitarbeiter eine kreative Idee äußert, er sich mit seinen Vorgesetzten sowie Kollegen daran erfreut, und daß diese Idee dann trotzdem verloren geht?

Gerade um die Vermeidung des Verlusts kreativen Potentials geht es Arno Dirlewanger in seinem Beitrag. Mit frischer Sprache skizziert er provozierende Situationen zu verschiedenen Stadien der Ideenfindung. Hier spürt der Leser die Erfahrung, die Arno Dirlewanger in seiner beruflichen Praxis als freier Unternehmensberater in zahlreichen Kreativitätstrainings gesammelt hat. Mit durchaus bekannten Techniken inszeniert er das kreative Herangehen an Problemstellungen neu; hierin liegt seine besondere Leistung.

Die Ideenfindung für Innovationen neu inszeniert

„Können Sie für uns mal ein Brainstorming für ein neues Produkt moderieren?" fragte der FuE-Leiter den Berater. „Wenn was dabei herauskommt", ergänzte der

Marketing-Leiter, „dann wollen wir schnell auf den Markt damit." Die Konkurrenz steht vor der Türe. Um nicht zu sagen, in der Türe!

Brainstorming zur Ideenfindung für innovative Produkte

Der Fall illustriert zweierlei: Zum einen weist er auf die verbreitete Praxis, buchstäblich in letzter Minute „mit einem Brainstorming" das Wunder zu vollbringen, das mit den bisherigen Mitteln nicht gelang, nämlich die treffsichere Idee für eine Innovation zu finden. Zum anderen zeigt er die häufig anzutreffende defensive Einstellung gegenüber solchen Brainstormings: „Wenn dabei etwas herauskommt, dann ..." Mit dieser Einstellung ist die Chance, daß wirklich etwas dabei herauskommt, allerdings gering.

Die letzten Minuten einer Innovation sind aber auch oft schon angebrochen, bevor sie überhaupt die Chance hatte, sich dem Urteil des Marktes zu stellen. Die eigentlich clevere Idee scheitert dann nicht am Markt, sondern an ihrer wenig kreativen Umsetzung. Denn nach wie vor gilt die Anfangsphase eines Innovationsvorhabens als die eigentlich kreative Phase und nicht die nachfolgende Realisierungsphase. Hier wird Kreativität oft schlicht „vergessen", wenn technische, organisatorische, kommunikative Probleme und Hürden zu überwinden sind.

Schwierigkeiten von Innovationsvorhaben

Sowohl bei der Findung von Ideen für neue Produkte als auch beim Aufrechterhalten der kreativen Frische bei laufenden Projekten werden der Widerspruch und die Schwierigkeit sichtbar, mit denen Innovationsvorhaben zu kämpfen haben: Wollen wir auf gewohnten Wegen das Neue finden, oder sind wir auch bereit, die Techniken und Strategien anders einzusetzen, und mit anderen inneren Einstellungen zu experimentieren?

Inszenierung zur Neu-Interpretation und

Wie diese Wege anders inszeniert werden können, kann mit einem Rahmenmodell der Inszenierung verdeutlicht werden (Bild 2-1). Inszenierung wird hier nicht als die Planung von Show-Effekten verstanden, sondern als Neu-Interpretation wie im Theater, wo ein Stück immer wieder auf andere Weise dargeboten wird.

... deren Elemente

Jede Situation hat eine bestimmte Dramaturgie (Ablauf) und Choreographie (Ort, räumliche Anordnung). Es gibt eine äußere, sichtbare Inszenierung („hardware") und eine innere, unsichtbare Inszenierung (Haltung, Denkweise). Alle vier Elemente beein-

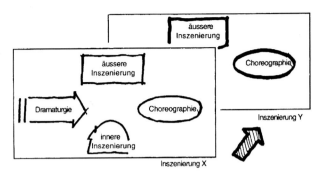

Bild 2-1: Rahmenmodell der Inszenierung

flussen sich gegenseitig. So kann jede Situation mit dem Modell analysiert und bewußt gestaltet werden.

Ein informelles Treffen der Entwicklungs-Abteilung unterscheidet sich beispielsweise in der Dramaturgie (Ablauf), der Choreographie (räumliche Anordnung, Sitzordnung ...) und der inneren Inszenierung (lockere Stimmung) deutlich von einem Treffen, bei dem z.B. ein Kunde anwesend ist.

Es gibt also stets eine bekannte, übliche Inszenierung (X) und in Details davon abweichende, andere Inszenierungen (Y) mit anderen Elementen und anderen Wirkungen. Im folgenden geht es darum, der üblichen Inszenierung (X) der Ideenfindung für Innovationen eine andere, leistungsfähigere Inszenierung (Y) entgegenzustellen.

<aside>Bekannte Inszenierung (X) und die davon im Detail abweichende Inszenierung (Y)</aside>

Einstellungen neu inszeniert

Die Inszenierung beginnt bei der inneren Einstellung, fragt nach dem Innovations-Fenster und macht nicht vor der Besetzung (dem Casting) halt.

Credibility – die innere Einstellung zur Innovation

„Wir müssen umdenken! Wir müssen kreativer werden. Wir brauchen etwas Neues! ..." fordert der Entwicklungs-Leiter. Wie ernst es ihm damit ist, läßt sich mit einem einfachen Test schnell feststellen. Stehen Sie auf und bitten Sie ihn, das Gespräch im Stehen weiterzuführen. Die häufigste Reaktion: überhören, irritiertes Lächeln, „das halten Sie für kreativ?" u.ä. Erstaunlich

<aside>Umdenken als erster Schritt für mehr Kreativität</aside>

ist, daß dabei meist der Widerspruch zwischen dem Gesagten und dem Verhalten nicht bewußt ist.

Natürlich geht es nicht darum, ob Stehen innovativ ist. Es geht darum, etwas Neues zu tun und es auszuprobieren, die übliche Choreographie (Sitzen) zu verändern. Damit wird schlagartig klar, daß Innovation nicht nur postuliert, sondern auch mit der entsprechenden inneren Einstellung glaubwürdig gelebt werden muß (credibility), soll sie Realität werden.

Das 1. und 2. Budget

Das 1. Budget: das Budget der Inszenierung (X)

Das Zeit- und Finanz-Budget von Innovationsprojekten ist das klassische Budget, mit dem kalkuliert und gesteuert wird. Es ist das 1. Budget, das Budget der Inszenierung X.

Das 2. Budget: das Budget der Inszenierung (Y)

Wichtiger als dieses ist für Innovationen aber das Budget an Leidenschaft, Engagement, Energie: Das 2. Budget, das Budget der Inszenierung Y. Liefert das Zeit- und Finanzbudget den Rahmen, so liefert das Energie-Budget den Motor der Innovation. Ohne Motor hilft auch ein großer Rahmen in der Regel nur wenig. Innovation bedarf nicht nur der zündenden Idee, sondern auch des zündenden Engagements dafür.

Um eine wirkliche Innovation wie z.B. ein selbstreinigendes Geschirr zu realisieren, ist nicht unbedingt das Finanzbudget oder die Technik entscheidend, sondern das vorhandene Energie-Budget. Fehlt es, wird es schwer, die Idee gegen mögliche Widerstände durchzusetzen (vgl. hierzu auch die Ausführungen von HAUSCHILDT 1993, S.85-132, zu Opponenten von Innovationen und den Möglichkeiten, mit Hilfe von Promotoren deren Widerstand zu überwinden).

Dem 2. Budget die gleiche Aufmerksamkeit zu widmen wie dem ersten, ist eine andere Strategie, eine andere Inszenierung, die neue Wege ermöglicht.

Das Innovations-Fenster

Modifikation, Innovation und Revolution

Wollen wir Modifikation, Innovation oder Revolution? Zur Umsetzung von Innovationen bedarf es der inneren Einstellung, das wurde schon beim Energie-Budget deutlich. Doch wollen Entscheidungsträger wirklich „Innovationen" (Bild 2-2)?

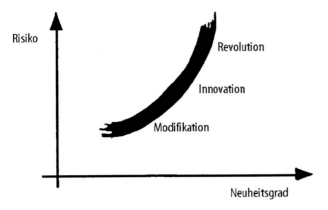

Bild 2-2: Modifikation, Innovation, Revolution

Sicherlich wird meist Revolution oder Innovation erwünscht oder erhofft. Tatsächlich geglaubt aber wird nur an Modifikation, weil Unsicherheit und Risiko gescheut werden. Das ist die eine Inszenierung (X).

Die andere Inszenierung (Y) ist, sich eindeutig und ehrlich nur für die Modifikation zu entscheiden und sie dann auch mit ganzer Kraft voranzutreiben. Oder sich eindeutig für Innovation oder gar Revolution zu entscheiden und damit auch bewußt für die damit verbundenen Risiken, Unsicherheiten und den Aufwand. Ein entsprechendes Energie-Budget ist dafür Voraussetzung.

Das heißt aber auch, sich bewußt und eindeutig zu entscheiden, wie weit das „Innovations-Fenster" geöffnet werden soll (Bild 2-3).

Wunschdenken und Realität

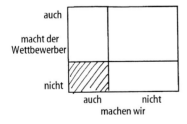 

Bild 2-3: Vergrößerung des Innovationsfensters

Casting: Die richtige Besetzung

Zusammensetzung eines Ideenfindungs-Teams

Um das Verlassen eingefahrener Denkmuster zu erleichtern, hat sich für die Zusammensetzung des Teams eines Ideenfindungs-Workshops die 1/3-Lösung bewährt: 1/3 Problemexperten, 1/3 Fachexperten (aus tangierenden Fachbereichen), 1/3 Trigger (die möglichst weit weg vom Problem sind und eine ganz andere Sichtweise einbringen können). Sehr befruchtend wirken auch unternehmensexterne Experten.

Teilnehmer sind fachlich heterogen und hierarchisch homogen zusammengesetzt

Weiter sollten die Teilnehmer fachlich heterogen und hierarchisch homogen zusammengesetzt sein. Sowohl weibliche als auch männliche Teilnehmer sollten vertreten sein. In der Praxis ist eine solche Zusammenstellung nicht leicht zu realisieren, diese Mischung ermöglicht aber eine starke gegenseitige Anregung und führt schneller zu wirklich neuen Ideen.

Denk-Stil und Einstellung der Teilnehmer

Über diese formalen Kriterien hinaus sind Denk-Stil und Einstellung der Teilnehmer relevant: Ist der Stil eher analytisch, systematisch oder eher sprunghaft, heuristisch, eher von Mängeln ausgehend oder eher frei Ideen findend, können bestehende Ideen weitergesponnen werden, können unlogische Sprünge gemacht werden? In einem etwa halbstündigen Casting kann mit einem spezifischen Fragenkatalog und einem Minibrainstorming abgeschätzt werden, ob die Kandidaten geeignet sind als Teilnehmer für einen Innovations-Workshop.

Ideen generieren, konkretisieren und ausbauen

Die Neuinszenierung hat neben den Einstellungen noch weitere Facetten. Vor allem beim Konkretisieren und Ausbauen von Ideen liegen noch erhebliche Potentiale für die Inszenierung (Y).

Ideen gekonnt generieren: nichts Neues jenseits von Brainstorming

Viele neue Techniken zur Ideenfindung, aber

Gibt es jenseits von Brainstorming, Synektik oder Morphologie noch weitere Techniken? Schließlich „sind die ja alle bekannt". Ja, es gibt sie. Nur – auch eine andere, ganz neue Technik liefert nicht das erhoffte Wunder, wenn die innere Einstellung gleich bleibt und eher defensiv ist.

Es empfiehlt sich daher, statt nach neuen Techniken zu schielen, lieber ein klassisches Brainstorming durchzuführen, aber das nach allen Regeln der Kunst und motiviert. Die so gesparte Energie kann dann sinnvoller für die Neu-Inszenierung der oft vernachlässigten Schritte nach dem Brainstorming eingesetzt werden.

... klassische Techniken führen oft eher zum Erfolg

Ideen konkretisieren und ausbauen mit der Inszenierung Y

Das Drama guter Ideen: Je origineller, desto schneller lassen sie auf dem Weg von der Ideenfindung bis zum Prototyp Federn, und oft bleibt am Schluß nicht mehr viel übrig von der ursprünglichen Originalität.

Mit einer veränderten Dramaturgie kann erreicht werden, daß die Ideen statt Federn zu lassen weiter ausgestaltet werden, reifen, wachsen und sogar zusätzliche Federn erhalten.

Ideen ausbauen

Die Dramaturgie hierzu umfaßt vier Elemente:

- Ideenkonzepte,
- hypothetische Projekt-Landschaften,
- Storyboards und
- Innovations-Brüter.

Ideenkonzepte

Statt die Einzelideen gleich zu bewerten und damit potentielle Innovationen zu zerstören, ist es sinnvoll, sie zunächst wie Elemente eines Puzzles zu betrachten, aus denen dann Ideenkonzepte zusammengefügt werden können.

Drei bis fünf Ideen oder Ideensplitter werden mit der Puzzling-Technik zu Ideenkonzepten verschmolzen, die als Prinzipskizzen die Idee genauer beschreiben:

Einzelideen als Puzzle-Teile eines Ideenkonzeptes

- Was ist die Grundidee?
- Wie funktioniert es technisch, organisatorisch?
- Wie erhält, benutzt, entsorgt es der Nutzer?
- Was ist das Besondere daran?
- Was müßte getan werden?

Das Puzzling bewirkt im „Gegenstrom-Prinzip" zweierlei. Einerseits wird die Anzahl der Einzelideen bzw. der Ideensplitter drastisch reduziert (Faktor 5 bis 10), und andererseits werden die Ideen gleichzeitig konkreter und damit besser bewertbar. Hier hat sich besonders eine fördernde Bewertung und zur Auswahl die

Innovations- oder Leaderstrategie bewährt (vgl. DIRLE-WANGER 1995).

Die Konzepte gewinnen noch wesentlich an Überzeugungskraft, wenn sie als Skizzen visualisiert werden. Oft bekommen Ideen überhaupt erst dadurch eine Überlebenschance. Bewährt hat sich daher die Hinzunahme eines Grafikers in das Ideenfindungs-Team. Alternativ kann auch ein verbal anschauliches Bild die Überzeugungskraft steigern. So hat beispielsweise Honda ein Produktkonzept für ein neues Fahrzeug mit einem „Rugby-Spieler in Abendkleidung" umschrieben (vgl. CLARK; FUJIMOTO 1990, S. 110).

Hypothetische Projekt-Landschaft

Einteilung einer hypothetischen Projekt-Landschaft für jedes ausgewählte Konzept

Nach der Bewertung und Auswahl wird für jedes ausgewählte Konzept eine hypothetische Projekt-Landschaft entwickelt (Bild 2-4). Angenommen, das Konzept würde als Projekt weiterverfolgt, welche Chancen („Brücken"), welche Schwierigkeiten oder Widerstände („Berge"), welche Unsicherheiten („Sümpfe") würden sich dann vermutlich abzeichnen?

Sichtbarmachen von Risiken und Chancen eines Konzeptes

Auf diese Weise lassen sich frühzeitig Risiken und Chancen eines Konzeptes sichtbar machen, die in diesem Stadium noch nicht quantitativ erfaßbar, aber für die Entscheidung wichtig sind, ob die Idee weiterverfolgt werden sollte.

Erstellt wird die Landschaft mit standardisierten Symbolen auf einer Pinwand. In einer „Begehung" der Landschaft prüfen die Beteiligten dann, welche „Felder" sie „bestellen" wollen. Als Bewertungskriterium werden

Bild 2-4: Projekt-Landschaft

dabei der Leaderfaktor (hoch, gering), das Risiko und die Erfolgswahrscheinlichkeit (hoch, gering) herangezogen.

Das Storyboard, die Produkt-Story

Zur weiteren Konkretisierung werden dann für jedes ausgewählte Feld, d.h. für jedes ausgewählte Ideenkonzept sogenannte Storyboards oder Produkt-Stories erstellt (Bild 2-5). Jedes Kapitel wird möglichst als Text/Grafik genau und plastisch beschrieben, so daß eine lebendige Story der Idee entsteht. Damit wird das Produkt in seiner zukünftigen Umwelt eingebettet, ein Gesamtsystem wird sichtbar. Ideenkonzept, Projekt-Landschaft und Storyboard/Produkt-Story geben zusammen ein zukünftiges Bild der Innovation ab: ein Ideen-Szenario. Das Szenario ist die Basis für den nächsten Schritt, in dem das Konzept reifen kann.

Die Produkt-Story zur Abbildung des Gesamtsystems

Der Innovations-Brüter

Nach einer aktuellen Umfrage der Akademie für Führungskräfte der Wirtschaft ist das größte Innovationshindernis im Betriebsalltag die fehlende Zeit zum Reifen der Ideen. Erst an zweiter Stelle steht der Mangel an Ressourcen und an dritter Stelle der ungenügende Einsatz von Ideenfindungstechniken (vgl. O. V. 1998).

So selbstverständlich Büroräume für FuE-Abteilungen oder Werkhallen für die Produktion sind, so selbstverständlich ist es leider auch, daß der Innovation keine spezielle Räumlichkeit zur Verfügung steht; also auch

Das größte Innovationshindernis: die fehlende Zeit zum Reifen der Ideen

Herstellung, Produktion
Vertrieb, Logistik
Verkauf, Anbieter
Marketing
Verpackung, Name
Kaufgrund
Markt, Konsument
Konsumtion, Nutzen

Bild 2-5: Aspekte einer Storyboard

kein Platz, um Ideen reifen zu lassen. Das ist die übliche Inszenierung X.

Die Inszenierung Y dagegen könnte so aussehen: Statt in Ordnern oder als Metaplanrollen in der Ecke vergessen zu werden, werden die ausgewählten Ideen-Szenarien in einem speziell eingerichteten Raum, in einem „Brüter" präsentiert und weiterentwickelt. Hier können die Ideen abgeschirmt vom Alltag, aber trotzdem choreographisch nah am Arbeitsalltag, behutsam reifen und konsequent weiterentwickelt werden.

Notwendig ist eine spezielle Choreographie im Brüter: Jedem Reifezustand ist eine eigene Wand zugewiesen. Wand 1: Idee und Ideenkonzept, Wand 2: Ideen-Landschaft und Story, Wand 3: Bewertung und Auswahl (Bild 2-6).

Der Brüter sollte ausschließlich zum Reifen und Weiterentwickeln von Ideen benutzt werden dürfen und nicht als Ideenfindungs- oder Meetingraum. Definierte Spielregeln sichern die Funktion des Brüters.

Speziell eingerichteter Raum als „Brüter von Innovationen"

Nutzung des Brüters ausschließlich zur Ideenreifung und -weiterentwicklung

Ideen realisieren, aber mit Kreativität

Die originellste Idee oder das brillanteste Ideen-Szenario sind noch keine Garantie für ein ebenso überzeugendes Produkt am Markt. Lange bevor die Originalität des neuen Produkts überhaupt vom Kunden kritisch geprüft werden kann, wird die Idee prozeßimmanenten Mechanismen ausgesetzt, die eine starke Neigung zur Nivellierung des Originalitätsgrades haben.

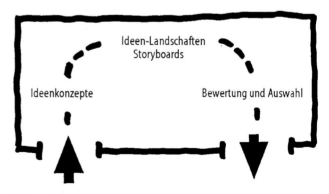

Bild 2-6: Wände im Innovationsbrüter

Im Bemühen, eine originelle Idee zu realisieren, „machbar zu machen", wird sie zwar immer konkreter und vorstellbarer, gleichzeitig aber auch immer abgeschliffener und konventioneller.

Der Realisierungs-Winkel

Der Grad der Originalität nimmt auf dem Weg von der ersten Ideenfindung (A) bis schließlich zum Prototypen (C) rapide ab. Der „Realisierungs-Winkel" wird immer spitzer (Bild 2-7).

Der Realisierungswinkel als Grad der Originalität von Innovationen

Das hat im wesentlichen zwei Ursachen. Erstens treten bei der Realisierung immer wieder unerwartete Probleme auf, die eine Veränderung des ursprünglichen Konzeptes erforderlich machen. Zweitens wird mit dem Finden der Ideen und der Bildung von Ideenkonzepten zu Beginn des Innovationsprozesses häufig der kreative Part als „erledigt" angesehen. Ab hier herrscht dann die Einstellung vor, es müsse „nur noch" realisiert werden. Für die einzelnen Schritte und (Teil-)Probleme werden dann möglichst bekannte – eben „machbare" – Lösungen eingesetzt, eine Einstellung der Inszenierung X. Die Kreativität wird „vergessen" einzusetzen, und damit wird oftmals die Chance vergeben, auch in dieser Phase neue Wege zu gehen und aus einer ungewöhnlichen Idee eine aufregende Innovation zu machen.

Gründe für die Abnahme der Originalität im Innovationsprozeß

Wie mit dieser Einstellung eine originelle Idee schrittweise immer „machbarer wird", aber schließlich zu einem banalen Produkt degeneriert, mag folgendes Beispiel plastisch zeigen.

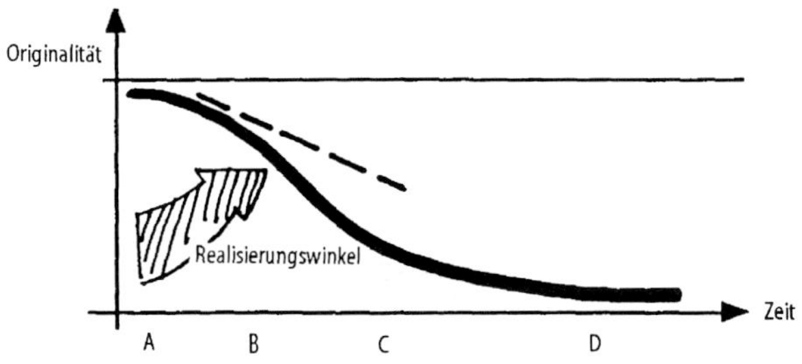

Bild 2-7: Realisierungswinkel als Grad der Originalität

Das schnelle Aus einer aufregenden Idee am Beispiel des „Online-Keks"

Der Online-Keks: die Idee,

Für einen Süßwarenhersteller wurde in einer Ideenfindung mit der Cross-Technik die Stereolithographie des Rapid Prototyping auf die Keksproduktion angewandt. Dabei entstand folgende Idee:

Der Kunde (Jugendlicher) gestaltet sich zu Haus am PC Kekse nach seinen Wünschen und überspielt die Daten an den nächsten Kiosk. Dort wird in einer Maschine nach stereolithografischem Prinzip die gewünschte Form erstellt und aus der Teigmasse „gefräst": Die Geburt des Online-Keks.

Eine Idee mit hohem Originalitäts-Grad, zumindest am Anfang (A) des nun einsetzenden Realisierungsprozesses (B - D), in dem die Idee schrittweise bis zu einem Prototyp (D) verändert wurde:

... die Degeneration und

- A – Online-Keks: Individuell gestaltete, stereolithografisch gefräste Kekse („Keks on demand"), Realisierungswinkel = 90 Grad;
- B – Kekse werden wie Popcorn vor Ort im Kino hergestellt, Realisierungswinkel = 70 Grad;
- C – Kekse in unterschiedlichen Formen (Dreieck, Kreis, Viereck) und lose verkauft, individuell zusammengestellt, Realisierungswinkel = 60 Grad;
- D – Kekspackung mit unterschiedlichen Formen, Name: „Der Kino-Keks". Essen on demand, wann immer Sie wollen, Realisierungswinkel = 30 Grad.

... das Aus

Schließlich wurde die zu D modifizierte Produktidee einem Pretest mit Jugendlichen unterzogen. Ergebnis: „langweilig, uninteressant, kein Echo". Das Aus einer Innovation. Das Aus eines erfolgreichen Produktes. Das schrittweise Demontieren einer originellen Idee.

Auch Realisierung neu inszenieren

Auch der Realisierungsprozeß muß also anders inszeniert werden: Es müssen Einstellungen und Mechanismen etabliert werden, die den Originalitäts-Grad (=Realisierungswinkel) aufrechterhalten oder zumindest verhindern, daß er so schnell abfällt. Die Inszenierung Y umfaßt hierfür drei Elemente:

- Innovations-Reviews als Komplementär-Prozeß,
- die Bildung von Risiko-Teams und
- Benchbreaking.

Innovations-Reviews als Komplementär-Prozeß

Um etwas verändern zu können, muß man etwas bestehen lassen.

Die meisten Unternehmen haben standardisierte Prozesse, nach denen sie Entwicklungsprojekte managen. Diese sind erprobt und geben Sicherheit, ähnlich einem „Geländer". Solche Prozesse zeichnen sich allerdings auch dadurch aus, daß sie in der Regel keine Mechanismen enthalten, die den Realisierungswinkel aktiv anheben oder stützen.

In den meisten Unternehmen standardisierte Entwicklungsprozesse

Es ist daher sinnvoll, einen sogenannten Komplementär-Prozeß aufzuschalten, nicht als Ersatz oder Konkurrenz, sondern als Ergänzung mit klaren Zusatzfunktionen:

Der Komplementär-Prozeß als Ergänzung mit Zusatzfunktionen

- Realisierungswinkel vergrößern, hoch halten,
- ein Gegengewicht zum „starren Geländer" schaffen, und dies insbesondere bei Entscheidungen und Bewertungen.

In jeweils halbtägigen Innovations-Reviews wird bei definierten Meilensteinen im Ablaufplan systematisch gefragt, ist dieser Schritt bzw. diese Teillösung:

- stabilisierend, bremsend?
- dem Realisierungswinkel zu-/abträglich?
- aufzubrechen, neu zu inszenieren?
- dem Innovations-Ziel noch entsprechend?
- mit positiven/negativen Konsequenzen behaftet?

Dann wird wieder mit Ideenfindungstechniken nach neuen (Teil-) Lösungen und Vorgehensweisen gesucht, um den Winkel nicht abfallen zu lassen.

Der Komplementär-Prozeß ist das „Innovations-Gewissen", das verhindert, daß die eigentliche Zielsetzung im Alltagsgeschäft untergeht, weil die Zeit drängt, weil das Budget zur Neige geht, weil ...

Risiko-Teams

Bevor interessante Ideen wegen vermeintlich zu hohen Risikos verworfen werden, kann es hilfreich sein, „Risiko-Teams" einzusetzen. Dies sind Teams aus zwei bis sechs Personen, die die kritischen Punkte des Szenarios identifizieren und dafür ein Risiko- und Konsequenzen-Assessment durchführen.

Identifikation von kritischen Punkten des Szenarios

Sie spielen die Idee durch, um zu sehen, wo die Probleme liegen, ob und wie sie zu lösen sind und wie hoch das Risiko tatsächlich ist. Als Methode kann hier z.B. eine Konsequenzen-Morphologie eingesetzt werden. Oft zeigt sich, daß erst beim tatsächlichen Durchspielen sichtbar wird, daß die Idee doch machbar ist und die befürchteten Konsequenzen nicht so dramatisch sind.

Benchbreaking statt Benchmarking

Neuinszenierung des Benchmarking: das Benchbreaking

Eine weitere Funktion des Komplementärprozesses ist es, das Benchmarking-Denken neu zu inszenieren und dem Benchmarking das Benchbreaking gegenüberzustellen.

Benchmarking als Inszenierung X ist sinnvoll, birgt jedoch auch die Gefahr, nur auf bereits Realisiertes zu schauen und sich daran zu messen, statt Neues selbst umzusetzen.

Wurde früher nach Japan geschaut, zu den ungewöhnlichen Ideen, die man sich dort „traute" zu realisieren, so ist heute das Benchmarking der Maßstab für die eigene Leistung. Beides erzeugt Sicherheit, konserviert aber auch die bekannten Lösungen und verhindert, ganz andere Wege zu gehen.

Resümee

Der bekannten Inszenierung (X) der Ideenfindung für Innovationen wurde die neue Inszenierung (Y) gegenübergestellt. Die Inszenierung (Y) zeichnet Möglichkeiten auf, wie man die folgende Frage mit der 2. Antwort beantworten kann: Inszenieren wir unseren Innovationsprozeß so, daß wir:
1. das Neue suchen, aber auf bekannten Wegen gehen ohne neue innere Einstellungen, oder
2. das Neue suchen, dabei neue Wege beschreiten und andere Einstellungen erproben?

Antwort 2 wäre der Anfang wirklicher Innovationen.

Literatur

BURKART, ROBERT E.: Reducing R&D Cycle Time, in: Research Technology Management, 37 (1994) 3, pp. 27-32.

CLARK, KIM B.; FUJIMOTO, TAKAHIRO: The Power of Product Integrity, in: Harvard Business Review, (1990) November-December, pp. 107-118.
COOPER, ROBERT G.: Fixing the Fuzzy Front End of the New Product Process, in: CMA Magazine, 71 (1997) 8, pp. 21-23.
DIRLEWANGER, ARNO: So zünden Ideen, in: Manager Seminare, (1995) 21, S. 92-94.
HAUSCHILDT, JÜRGEN: Innovationsmanagement. München: Vahlen 1993.
OHNE VERFASSER: Manager lassen sich nicht genug Zeit für innovative Ideen, in: Blick durch die Wirtschaft, 7.1.1998.
PARNES, SIDNEY (ED.): Source Book for Creative Problem Solving. Buffalo, New York: 1992.

3 Von der Strategischen Orientierung zum FuE-Programm

HORST GESCHKA, THORSTEN LENK

Der Erfolg von Innovationsprojekten und den ihnen zugrundeliegenden FuE-Projekten liegt nicht selten in einer frühen Phase begründet, der Phase vor dem Einsetzen eines Projektvorschlags in den Status eines FuE-Projekts. Auch in dieser Vor-(Projekt-)Phase ist vieles „unscharf", und der vorhergehende Beitrag von Dirlewanger wird durch die ausführliche Durchleuchtung dieser Phase erweitert. Horst Geschka, Honorarprofessor an der Technischen Universität Darmstadt, und Thorsten Lenk, Mitarbeiter in der Unternehmensberatung Geschka und Partner, zeigen die Aufgaben, die im frühen Stadium zu erledigen sind, und sie skizzieren rechnergestützte Hilfen, die zum großen Teil bei Geschka und Partner entstanden sind. Die Autoren lenken dabei die Aufmerksamkeit auch auf „weiche" Aspekte wie die Mitwirkung des Top-Managements; sie verlassen das klassische Paradigma, daß das FuE-Programm-Management nur etwas mit der Bewertung und Auswahl von Projektvorschlägen zu tun habe.

Die Vorphase des Innovationsprozesses

In den letzten zwei Jahrzehnten hat sich in zahlreichen Unternehmen ein praktisches Innovationsmanagement entwickelt, das sich durch bewußtes Projektmanagement und bereichsübergreifende Bearbeitung von Innovationsprojekten auszeichnet. Gleichwohl werden die Aufgaben, die zeitlich vor dem Start des das Innovationsprojekt tragenden FuE-Projekts liegen, noch in vielen Unternehmen methodisch unsystematisch angegangen, und sie sind organisatorisch nur vage festgelegt. Diese Aufgaben umfassen (Bild 3-1):

Defizite in der Vorphase des Innovationsprozesses

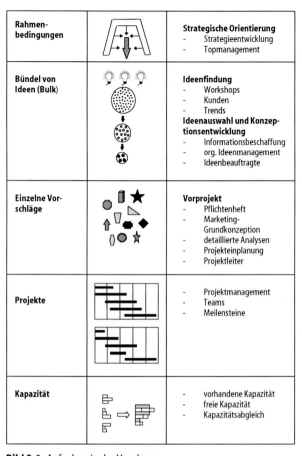

Bild 3-1: Aufgaben in der Vorphase

- die strategische Orientierung eines Unternehmens,
- die Ideenfindung,
- die Ideenauswahl und Konzeptionsentwicklung,
- eine Vorstudie und ggf. ein Vorprojekt sowie
- die kapazitätsmäßige Einplanung der verabschiedeten Projektvorschläge in das bestehende FuE-Programm.

Vorphase ist kritisch für Erfolg

Die Vermutung liegt nicht fern, daß das Scheitern mancher Innovationsprojekte auf dem Markt in starkem Maße auf Mängel in dieser Vorphase zurückzuführen ist. Die Vorphase legt entscheidende Parameter eines späteren FuE-Projekts fest und sei nun ausführlicher skizziert.

a. Strategische Orientierung:

Im Sinne eines Managements von Innovationen ist der Beginn des Innovationsprozesses nicht bei der ersten Beschreibung einer Idee anzusetzen. Vielmehr beginnt der Innovationsprozeß mit der generell oder fallweise erklärten Absicht des Top-Managements, Innovationen durchführen zu wollen. Diese Absicht kann schriftlich in einem Strategiepapier festgehalten und verbreitet worden sein; sie kann aber auch durch persönliche Äußerungen und entsprechendes Handeln erkennbar werden. Die erste Stufe des Innovationsprozesses, die Strategische Orientierung, kann daher vielfältige Formen annehmen.

Strategische Orientierung

b. Ideenfindung:

Auf der Grundlage der strategischen Orientierung werden Innovationsideen zusammengetragen. Erfolgreich innovierende Unternehmen betreiben heute umfassende Ideenfindung, die nicht nur aus dem Unternehmen schöpft, sondern auch intensiv externe Quellen (Bedarfserfassung beim aktuellen und potentiellen Kunden; Lead-user-Einbindung) nutzt. Große Zahlen von Ideen sollten entstehen.

Ideenfindung

c. Ideenauswahl und Konzeptionsentwicklung:

Die Ideen werden in der Regel in mehreren Schritten bewertet, ausgewählt und konzeptionell vertieft und erweitert. Aus einer Idee wird ein aussichtsreiches Konzept. In dieser Stufe des Innovationsprozesses werden typischerweise Gruppen von Ideen bearbeitet. Dies bezeichnet man als Bulk-Ansatz: Die Ideen werden nicht einzeln, sondern im Bulk behandelt (siehe speziell zum Bulken den Beitrag von Dirlewanger in diesem Buch).

Ideenauswahl und Konzeptionsentwicklung

d. Vorstudie und ggf. Vorprojekt:

Im Prozeß der Auswahl und konzeptionellen Ausgestaltung ist irgendwann der Punkt erreicht, von dem an die Ideen nicht mehr im Bulk, sondern einzeln bearbeitet werden müssen. Die Vorschläge sind dann einzelnen Mitarbeitern zur vertieften Informationsbeschaffung und konzeptionellen Durchdringung zu übertragen. An diesem Punkt entsteht das Vorprojekt. Es fallen Kosten an, die sich aus den spezifischen Merkmalen des Vorschlages ergeben. Sie sollten bereits für den einzelnen Vorschlag gesondert erfaßt werden. Im Rahmen des Vorprojekts können technologische

Vorstudie und Vorprojekt

Klärungen und Vorversuche gemacht, Markt- und Kosteninformationen zusammengetragen und grobe Wirtschaftlichkeitsabschätzungen vorgenommen werden. Das Vorprojekt läßt eine fundierte Entscheidung über den einzelnen Projektvorschlag zu. Im positiven Fall wird das Vorprojekt als Projekt fortgeführt.

e. Kapazitätsmäßige Einplanung:

Kapazitätsmäßige Einplanung

Ein wenig beachtetes, aber durchaus existentes Problem stellt die Einplanung der beschlossenen FuE-Projekte in die FuE-Abteilung dar. Die positiv entschiedenen FuE-Vorschläge werden meistens alle sofort in die FuE-Abteilung überführt. Die FuE-Abteilung wird mit den neuen Projekten beauftragt, ohne Prüfung, ob überhaupt ausreichend Kapazitäten vorhanden sind, die gebraucht werden, um diese Projekte zügig zu bearbeiten. Die Folge ist eine Überfrachtung der FuE-Abteilungen, die wiederum zu internen Reibungsverlusten und insgesamt zu verlängerten Projektlaufzeiten führt. Genau das Gegenteil – nämlich kürzere Projektlaufzeiten – ist aber heute gefordert. Als Grundlage für eine systematische Programmplanung sollten daher auch die Bearbeitungskapazitäten analysiert werden.

Die FuE-Programmplanung

Was ist ein FuE-Programm?

Im Rahmen der skizzierten Vorphase ist die Entscheidung über das künftige FuE-Programm und damit zumindest über den technologisch determinierten Teil des Innovationsprogramms zu treffen. Als FuE-Programm ist die Gesamtheit aller FuE-Projekte zu verstehen, die in einem Unternehmen gleichzeitig bearbeitet werden. Da Projekte abgeschlossen und stets neue Projekte nachgeschoben werden, ist das FuE-Programm einem permanenten Wandel unterworfen.

FuE-Programmplanung

Idealerweise sollte das FuE-Programm aus der Unternehmensstrategie abgeleitet werden. Die Planung des FuE-Programms in einem Wurf ist in der Praxis allerdings kaum möglich, da ein Großteil der FuE-Kapazitäten durch langfristige Projekte gebunden ist. Die FuE-Programmplanung konzentriert sich daher in der Regel auf die Auswahl neu aufzunehmender FuE-Projekte und die Herausnahme nicht mehr attraktiver Projekte. Da letzteres in der Praxis jedoch selten vorgenommen wird, erweist sich die FuE-Programmplanung überwiegend als Planung der neu aufzunehmenden FuE-Projekte.

Das FuE-Programm entsteht auf der Basis der Ergebnisse der Vorphase des Innovationsprozesses. Um sicherzustellen, daß die Unternehmensstrategie im FuE-Programm abgebildet wird, sind strategiegeleitete Abläufe zu installieren. Konkret wird Strategiekonformität im Generierungs- und Auswahlprozeß von FuE-Projektvorschlägen gewährleistet durch:

- die Herausarbeitung von strategiekonformen Suchfeldern;
- Entwicklung und Anwendung eines strategiekonformen Kriteriensystems für die mehrfachen Bewertungen der Vorschläge;
- Bewertung und Auswahl von Vorschlägen in bereichsübergreifenden Gruppen und Gremien, so daß die Substrategien der Funktionsbereiche eingebracht werden;
- die formale Entscheidung des Topmanagements über die Aufnahme von Projektvorschlägen in das FuE-Programm, so daß durch diesen letzten Check gewährleistet ist, daß die Projektvorschläge einzeln und in ihrer Summe dem aktuellen Strategieverständnis der höchsten Willensbildungsebene des Unternehmens entsprechen.

Strategiekonformität im Generierungs- und Auswahlprozeß

Im folgenden wird davon ausgegangen, daß diese Voraussetzungen erfüllt werden. Es wird der gesamte Prozeß der Generierung und Auswahl von Ideen bis hin zu FuE-Projektvorschlägen aufgezeigt und auf konkrete Software hingewiesen, die im Rahmen dieses Prozesses eingesetzt werden kann. Die dabei aufgeführten Programme INKA, FLUVIUS, MOSEL und KAPRI wurden von der Geschka & Partner Unternehmensberatung entwickelt. Das Programm PRUV wird als Lizenz des Dansk Teknologisk Institute geführt. Das System MULTIVOTER (Hardware und Software) ist eine Kooperationsentwicklung von Geschka & Partner und dem Ingenieurbüro Lenk. Auf andere Software kann nur verwiesen werden, soweit sie den Verfassern bekannt ist. Die Quellen dafür sind überwiegend Werbeschriften oder informelle Hinweise.

Software-Unterstützung notwendig

Die strategische Orientierung

Die Absicht, Innovationen durchführen zu wollen, findet sich ausgesprochen oder unausgesprochen nahezu in jedem Unternehmen. Die strategische Orientierung für Innovationen bekommt dadurch Gehalt, daß Markt- oder Technologiefelder, Absatzkanäle, Regionen oder Länder oder auch Stufen der Neuproduktentwicklung als Schwerpunkte vorgegeben werden. Außerdem wird die Innovationsstrategie durch die Höhe des FuE-Budgets und die fachliche Zusammensetzung des FuE-Personals sowie durch organisatorische Strukturen und Abläufe geprägt.

Methoden zur Ableitung von Innovationen aus der strategischen Planung:

Die strategische Orientierung für Innovationen leitet sich aus der strategischen Planung für das gesamte Unternehmen ab. Die dabei angewendeten Methoden strahlen somit auch auf die Strategiefindung für Innovationen aus; als Methoden kommen Portfolio-Analysen (Technologie-Portfolio), Trendanalysen, Mapping-Methoden und Szenarien in Betracht. Mit Hilfe dieser Methoden werden Suchfelder oder Suchrichtungen für Innovationen festgelegt.

... Portfolio-Analysen und

Bei vielen Portfolio-Analysen werden mehrere Faktoren unter Beachtung von Bedeutungsunterschieden (Gewichtsfaktoren) zu einem Wert auf einer normierten Skala zusammengeführt. Zwei Faktorengruppen werden dann in einer Matrix einander gegenübergestellt. Mit dem Gruppenabstimmungssystem MULTI-VOTER können die Meinungsbildungsprozesse, die bei der Aufstellung einer Portfolio-Matrix erforderlich sind, sehr wirksam unterstützt werden. Mit Hilfe des Systems wird das dreidimensionale System (zwei Achsendimensionen, Durchmesser der Kreise) entwickelt. Anschließend stufen die Bewerter individuell mit anonymen Eingabegeräten die einzelnen Vorschläge ein. Die Software verarbeitet die Informationen und zeigt unmittelbar nach Abschluß der Eingaben die komplette Portfolio-Matrix auf dem Bildschirm; sie kann sofort ausgedruckt werden.

... Szenarien

Für die Erstellung von Szenarien muß ein Algorithmus eingesetzt werden, der die Einflußkombinationen ermittelt, die in sich am stimmigsten (höchste Konsistenz) sind. Diesen zentralen Schritt der Szenariotechnik leistet das Programm INKA, das auf einem speziell dafür entwickelten Algorithmus aufbaut (GESCHKA,

PAUL, WINCKLER-RUSS 1996). Auf dem Markt befinden sich weitere Programme (SAR, BASICS, CAS).

Ideenfindung

Eine systematische Ideenfindung geht dahin, für das vorgegebene Suchfeld möglichst viele Ideen zusammenzutragen. Zu diesem Zweck werden neben dem Aufgreifen einzelner Ideen von Mitarbeitern, Kunden oder aus schriftlichen Quellen (Literatur, Kataloge, Patentschriften) Ideenfindungssitzungen durchgeführt. In diesen Sitzungen kommen Kreativitätstechniken zum Einsatz. Ein ganzes Spektrum von Kreativitätstechniken steht zur Verfügung: Vom Brainstorming über Kartenumlauftechnik bis hin zu Konfrontationstechniken und den morphologischen Problemlösungsmethoden. Oft werden für ein Suchfeld mehrere Kreativitätstechniken angewendet. So kommt häufig eine große Zahl von Ideen zustande; einige hundert oder gar über tausend Ideen sind nicht ungewöhnlich.

Ideenfindung durch Kreativitätstechniken

Die Ideenfindung selbst wird nie ganz EDV-gestützt erfolgen. Mehr und mehr geht man aber dazu über, die Ideen gleich in den Computer einzugeben: Dies geschieht entweder parallel zur Mitschrift auf dem Flipchart (oder auf Karten), oder das Flipchart wird ganz durch einen Bildschirmprojektor ersetzt. Bei komplizierteren Kreativitätstechniken, wie z.B. den Konfrontationstechniken, führt die Software auch durch alle Schritte der Methode. Zu nennen sind hier die Systeme FLUVIUS (Bild 3-2; vgl. GESCHKA, KIRCHHOFF 1994), IDEGEN (vgl. TIEMEYER 1997, S. 128 f.), Creativ-Workshop (vgl. SCHLICKSUPP 1993), NewBiz; weitere Systeme werden bei PROCTOR (1997) aufgeführt. Es werden einerseits Konfrontationstechniken (Arbeiten mit Reizworten, Bildern oder Rollen) und andererseits Checklistenverfahren unterstützt. Das Internet bietet eine gut gestaltete Übersicht zu weiteren EDV-gestützten Kreativitätstechniken (siehe den Unified Ressource Locater: „http://www.ozemail.com.au/~caveman/Creative/" mit der Seite „Creativity Web").

Möglichkeiten EDV-gestützter Kreativitätstechniken

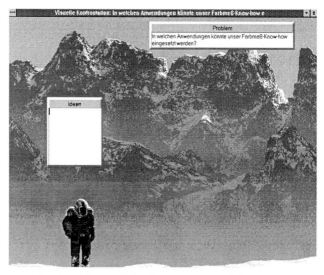

Bild 3-2: Beispiel für visuelle Konfrontation mit der Software FLUVIUS

Ideenauswahl und Konzeptionsentwicklung

Anforderungen an den Bewertungs- und Auswahlprozeß

Die Ideen werden in einen Bewertungs- und Auswahlprozeß eingebracht. An diesen Prozeß sind folgende Anforderungen zu stellen:
- die Bewertung der einzelnen Ideen und die Auswahlentscheidung sind erkennbar zu trennen;
- die Bewertungskriterien sind aus den Zielen und Randbedingungen des Unternehmens, insbesondere aus der Innovationsstrategie oder anderen Aussagen zur Strategischen Orientierung, abzuleiten;
- die Bewertung der Ideen ist auf einer fundierten Informationsbasis vorzunehmen; in der Regel sind spezielle Recherchen durchzuführen und Experten hinzuzuziehen;
- das Bewertungs- und Auswahlsystem sollte so angelegt sein, daß die letztendlich ausgewählten Projektvorschläge hohe Erfolgsaussichten aufweisen, daß gleichzeitig aber der Informationsbeschaffungsaufwand niedrig gehalten wird;
- das System muß transparent und nachvollziehbar sein.

Der EDV-Einsatz bietet sich für ein Bewertungs- und Auswahlsystem besonders an. Hier werden Rechenoperationen nacheinander vorgenommen und zu Ergebnissen zusammengeführt. Im Programm FLUVIUS kommt eine Bewertungsmethodik zur Anwendung, die von folgender Philosophie ausgeht: Für jeden Projektvorschlag müssen im Laufe des Bewertungsprozesses Informationen gewonnen werden. Da es sehr kostenaufwendig ist, für jeden Vorschlag alle erforderlichen Informationen in großer Detailliertheit zu beschaffen und auszuwerten, wird der Auswahlprozeß in mehrere Stufen gegliedert; und es werden zunächst die Ausscheidungskriterien angewendet, für die die Informationsbeschaffung einfach und schnell durchzuführen ist. Es folgt eine Stufe, die durch mittleren Informationsbeschaffungsaufwand gekennzeichnet ist; usw. Von Stufe zu Stufe reduziert sich die Anzahl der Vorschläge, während gleichzeitig die Informationstiefe je Vorschlag zunimmt.

EDV-gestützter Bewertungs- und Auswahlprozeß mit FLUVIUS

Entwicklung eines Kriteriensystems

Die meisten Bewertungsverfahren setzen Kriterien voraus. Es lassen sich verschiedene Arten von Kriterien unterscheiden:

Kriteriensysteme für Bewertungsverfahren

- Mit kategorialen Kriterien kann eine Zuordnung vorgenommen werden. Im einfachsten Fall erfüllt eine Idee ein Kriterium, oder sie erfüllt es nicht (Ja/Nein-Abfrage).
- Bei den graduellen Kriterien sind Erfüllungsgrade anzugeben. Diese werden in der Regel auf einer Skala abgebildet. Eine Idee erfüllt z.B. ein Kriterium in hohem Maße; es erhält den Wert 4 auf einer 5er-Skala.
- Bei den integrativen Kriterien werden alle Bewertungsaspekte in einer Kennzahl zusammengefaßt; hier sind insbesondere monetäre Kennzahlen zu nennen.

Die Kriterien sind vor dem Bewertungs- und Auswahlprozeß zu ermitteln. Sie können aus den Zielen (Umsatzziel, Zeitziele) und Restriktionen (Investitionsbudget, Produzierbarkeit mit vorhandenen Anlagen) abgeleitet werden. Ein einmal entwickeltes Kriteriensystem kann man für den gleichen Zweck innerhalb eines überschaubaren Zeitraums wiederholt anwenden.

Vierstufiger Prozeß

Aufbauend auf ein Kriteriensystem sei im folgenden in vier Stufen ein Bewertungs- und Auswahlprozeß dargestellt. Es handelt sich um die Stufen:

- des Sichtens und Siebens,
- der Positiv-Auswahl,
- der Analyse und
- der Grobplanung.

Stufe 1 - Sichten und Sieben (Negativ-Auswahl)

Nach einer Strukturierung und Sichtung (Zusammenfassungen, Verweise, Umgliederungen) aller Ideen wird in der ersten Stufe des Auswahlprozesses die Muß-Auswahl vorgenommen. Erfüllt ein Projektvorschlag ein Muß-Kriterium nicht, so scheidet er aus; ansonsten wird er in die Soll-Auswahl überführt. Ein Muß-Kriterium wird dabei in Form einer Ja/Nein-Frage geprüft.

Muß-Auswahl und

... Soll-Auswahl

Im Anschluß an die Muß-Auswahl kommen weitere kategoriale Kriterien in der Form von Ja/Nein-Fragen zur Anwendung. Jedoch handelt es sich um Kriterien, die weniger strikt zu beachten sind als die Muß-Kriterien. Daher wird ein Vorschlag nicht sofort deswegen aussortiert, weil er eines der Soll-Kriterien nicht erfüllt, sondern erst die Überschreitung einer vorzugebenden Schwelle negativer Antworten führt auch hier zum Streichen von der Ideenliste (Soll-Auswahl).

Abteilung der Kriterien

Die Ja/Nein-Fragen in dieser Stufe sollten aus den Zielen und Restriktionen der Aufgabenstellung abgeleitet werden. Quellen dafür sind: Leitbild, Unternehmensphilosophie, Unternehmensstrategie, operative Ziele sowie faktische Grenzen und Randbedingungen. Erfahrungen zeigen, daß in dieser Stufe etwa 10 bis 12 Ziele oder Restriktionen gesammelt werden sollten, aus denen sodann die Kriterien abgeleitet werden. Die in dieser Phase gesammelten Ziele und Restriktionen werden auch zur Generierung der graduellen Kriterien für die später folgende Nutzwertanalyse benötigt.

Beispiel des Sichtens und Siebens bei der Opti GmbH

Beispiel: Opti GmbH
Parallel zu den abstrakten Ausführungen werden Vorgehen und Methoden an einem Beispiel demonstriert. Als Unternehmen für das Gesamtbeispiel dient ein Unternehmen aus der Optik-Branche, welches im folgenden kurz vorgestellt wird: Die Opti GmbH ist ein mittelständischer Fami-

lienbetrieb mit 335 Beschäftigten. *Hergestellt werden Brillengläser, optische Geräte für den Optik-Fachhandel und Geräte für die Spektralanalyse. Der Umsatz stagniert. Der Vertrieb über den Optik-Fachhandel gibt nur wenig Spielraum für Produktdifferenzierung und Neuproduktplanung. Eine Erweiterung des Exports scheitert an zu hohen Kosten für eine weltweite Präsenz. Das Industrie- und Behördengeschäft steht unter starkem Importdruck aus Billiglohnländern. Der Ertrag geht kontinuierlich zurück; Arbeitsplätze sind gefährdet. Nur neue, zukunftsweisende Produkte können die Situation der Opti GmbH nachhaltig verbessern. Zur Lösung dieses Problems wurde ein Kreativ-Workshop angesetzt, in dem neue Produktideen für die Opti GmbH generiert wurden.*

Mit dem vorgestellten dreistufigem Auswahlverfahren wurden im Anschluß an den Workshop schnell und effizient aus der großen Anzahl von vagen Ideen Projektvorschläge herausgearbeitet.

Folgende Muß-Kriterien wurden angewendet:
- *Ist das Produkt in unserer Fabrik herstellbar?*
- *Paßt das Produkt zu unserer Unternehmensstrategie?*

Folgende Soll-Kriterien kamen zum Einsatz:
- *Ist der Investitionsaufwand kleiner als 5 Mio. DM?*
- *Ist das notwendige Know-how zur Entwicklung verfügbar?*
- *Kann das Produkt in zwei Jahren auf den Markt gebracht werden?*

Zwei dieser Soll-Kriterien mußten erfüllt sein, damit ein Vorschlag weiter kam.

Stufe 2 - Positiv-Auswahl

Muß- und Soll-Auswahl sind als Screening zu verstehen, durch die die Ideen, die nicht dem Rahmen entsprechen, aussortiert werden; es findet eine Negativauswahl statt. Über die Wertigkeit der verbleibenden Ideen ist damit noch keine Aussage gemacht. In der nächsten Stufe werden die verbleibenden Vorschläge differenziert bewertet, so daß die besten ausgewählt werden können. Es wird eine Positiv-Auswahl vorgenommen.

Für diese Bewertungs- und Auswahlsituation eignet sich die Nutzwertanalyse. Sie kann eine Reihe unterschiedlicher Kriterien berücksichtigen, wobei eine qua-

Nutzwertanalyse zur Bewertung und Auswahl

litative Einschätzung ausreicht. Dies entspricht der Situation bei der frühen Bewertung von Innovationsideen; eine Abschätzung des ökonomischen Nutzens sowie genaue Wirtschaftlichkeitsrechnungen sind noch nicht möglich. Es müssen daher ersatzweise Kriterien angewendet werden, bei deren Erfüllung erwartet werden kann, daß sich ebenfalls ein ökonomischer Erfolg einstellt.

Schrittfolge der Nutzwertanalyse

Bei der Nutzwertanalyse geht man in folgenden Schritten vor:

1. Zunächst ermittelt man die graduellen Kriterien, für die ein Erfüllungsgrad abgeschätzt werden kann und die somit auf einer Skala gemessen werden können.
2. Da den einzelnen Kriterien unterschiedliche Bedeutung für den kumulierten „Wert" zukommt, werden sie mit einem Faktor gewichtet.
3. Der Grad, mit dem ein Projektvorschlag ein gegebenes Kriterium erfüllt, wird auf einer Skala zum Ausdruck gebracht. Fünf Abstufungen der Skala entsprechen dabei am besten den menschlichen Fähigkeiten zur differenzierten Bewertung: „1": Vorschlag erfüllt Kriterium sehr schlecht; „5": Vorschlag erfüllt Kriterium sehr gut.
4. Aus der Multiplikation von Kriteriengewicht und Erfüllungsgrad (Skalenpunktwert) ergibt sich der Nutzenbeitrag. Die Addition aller Nutzenbeiträge eines Projektvorschlags ergibt den gesamten Nutzwert dieses Vorschlags.

Anhand der Nutzwerte läßt sich dann eine eindeutige Prioritätenfolge für alle bewerteten Projektvorschläge aufstellen.

Beispiel: Positiv-Auswahl bei der Opti GmbH

Beispiel: Opti GmbH
Am Beispiel der Opti GmbH sei die Nutzwertanalyse illustriert. Aus den vielen Projektvorschlägen sind nach Durchlauf der Negativauswahl einige konkrete und erfolgsversprechende Ideen entstanden bzw. übriggeblieben, die nun genauer anhand der Kriterien in Tabelle 3-1 untersucht werden. Es entstehen zunächst Einzelbewertungen für jeden Vorschlag (Tabelle 3-2), die in einer Prioritätenliste geordnet werden können (Tabelle 3-3).

Tabelle 3-1: Kriterien und Gewichtungsfaktoren

	Kriterium	Gewicht
1	Innovationshöhe	30 %
2	Dauerhaftigkeit des erzielten Wettbewerbsvorteils	25 %
3	Anwendungsbreite des Projektergebnisses	25 %
4	Nutzung des Vertriebskanals	15 %
5	FuE-Aufwand	5 %

Tabelle 3-2: Bewertete Ideen

Idee	Kriterium					Nutzwert
	1	2	3	4	5	
Hautkrebsbestimmungsgerät; Gerät zum Analysieren von Hautkrebs am lebenden Organismus anhand von Farbanomalitäten auf der Haut.	4.	2.	3.	3.	2.	3.00
Farbsehtestgerät zur Analyse der Farbenerkennungsfähigkeit des Auges; z.B. zur Entwicklung von Farbfiltern und Farbabsorptionsbrillen.	3.	2.	2.	4.	1.	2.55

Tabelle 3-3: Prioritätenliste

Nutzwert	Projekt
3.90	Gerät zum Auszählen von bestimmten Zellen in Gewebeproben über natürliche Farbeigenschaften oder Farbmanipulationen
3.00	Hautkrebsbestimmungsgerät; Gerät zum Analysieren von Hautkrebs am lebenden Organismus anhand von Farbanomalitäten auf der Haut
2.60	Gerät zur Diagnose von Allergien, Krankheiten oder Mangelerscheinungen durch Interpretation von Farbveränderungen der Haut oder des Auges
2.55	Farbsehtestgerät zur Analyse der Farbenerkennungsfähigkeit des Auges; z.B. zur Entwicklung von Farbfiltern und Farbabsorptionsbrillen
2.50	Geräte für Spektralanalyse (Industrie- und Behördengeschäft)
2.30	Brillengläser

Rangfolge der Projektvorschläge

Nach der Nutzwertanalyse liegen die Projektvorschläge in einer Rangfolge vor. Es läßt sich dann eine Positivauswahl vornehmen; z.B. die ranghöchsten zehn Projektvorschläge werden intensiv analysiert und konzeptionell weiterentwickelt. Sie sollten mit dieser Entscheidung in Vorprojekte überführt werden, wobei jeder einzelne Vorschlag ein Vorprojekt wird.

Stufe 3 - Analysen

Analysen zur weiteren Informationsbeschaffung

Für die ausgewählten aussichtsreichen Projektvorschläge sind tiefergehende Analysen durchzuführen; in der Regel werden dafür detailliertere Informationen zu beschaffen sein. Folgende Analysen werden in der Praxis durchgeführt:

- Risikoanalysen (z.B. FMEA),
- Erfolgsfaktoren-Analysen,
- Absatzpotential-Analysen (Conjoint-Analyse),
- Kostenanalysen.

In dieser Stufe steht das Ausscheiden nicht mehr im Vordergrund; alle Vorschläge haben ein attraktives Potential. Vielmehr geht es darum, die getroffenen Annahmen zu untermauern und Schwachstellen sowie Risiken zu erkennen. Die Schwachstellen sind auszumerzen, die Risiken sollen reduziert werden.

EDV-gestütztes Analyseverfahren mit PRUV

In dieser Stufe kann das Programm PRUV eingesetzt werden (vgl. EGGERT-KIPFSTUHL, KIRCHHOFF 1994). PRUV ist eine spezielle Form der Nutzwertanalyse, die für Zwecke der Bewertung von Produktvorschlägen aus den Ergebnissen der empirischen Erfolgsfaktorenforschung von Cooper und Kleinschmidt abgeleitet wurden (KLEINSCHMIDT, GESCHKA, COOPER 1996). Bei PRUV sind 30 Fragen für jeden Produktvorschlag zu beantworten; die Antworten sind als Skalenwerte zwischen 0 und 10 einzugeben. Außerdem ist für jede Frage die Sicherheit (Kompetenz) anzugeben, mit der der einzelne Bewerter die Fragen beantworten kann. Das Programm ermittelt ein Profil des Vorschlags für die wichtigsten neun Innovationserfolgsfaktoren und gibt eine Erfolgswahrscheinlichkeit an.

PRUV sollte nur für wenige Vorschläge (<10) angewendet werden. In dieser Stufe geht es vor allem darum, die vorliegenden Vorschläge zu analysieren und zu verbessern. PRUV leistet dieses Anliegen; das Erfolgsfaktorenprofil zeigt Schwächen und Informationslücken auf, die gezielt behoben werden können.

Für die konzeptionelle Konkretisierung der einzelnen Vorschläge kann in dieser Stufe auf Methoden der Konstruktionsmethodik (für Maschinenbau, Elektrotechnik und verwandte Branchen) sowie auf die morphologische Konzeptentwicklung zurückgegriffen werden. Bei der Methode des Morphologischen Tableaus - auch Morphologischer Kasten genannt - wird das Thema, z.B. der Vorschlag für ein neues Produkt, in Komponenten zerlegt, die voneinander weitgehend unabhängig gestaltet werden können. Für diese Komponenten werden Einzellösungen gesucht; die Einzellösungen können dann zu einer Gesamtlösung zusammengeführt werden.

Konzeptionelle Konkretisierung der Vorschläge, und zwar

... mit der Methode des Morphologischen Tableaus

Die morphologische Konzeptentwicklung eignet sich besonders für Softwareunterstützung, da das Vorgehen analytischer Natur ist, häufig werden Umformulierungen und Ergänzungen vorgenommen. Ein einmal entwickeltes Morphologisches Tableau kann immer wieder eingesetzt werden kann. Entsprechende Programme sind daher bereits Ende der 80er Jahre auf den Markt gekommen. Zu erwähnen sind MORPHOS und MOSEL (vgl. SCHLICKSUPP 1993, S. 89; SCHLICKSUPP, BERGER 1988; GESCHKA 1993).

Stufe 4 - Grobplanung und Entscheidung

Diese Stufe ist im engeren Sinn keine Auswahlstufe mehr. Sie dient primär einer Aufbereitung und Fundierung der verbliebenen Projektvorschläge, so daß sie einem höheren Managementgremium zur Entscheidung vorgelegt werden können. Natürlich kommt es auch vor, daß dabei negative Aspekte zu Tage treten, die zum Ausscheiden oder Zurückstellen einzelner Vorschläge zwingen.

Für die einzelnen Projektvorschläge sind ein grober Projektplan (Arbeitspakete, Meilenstein-Termine, Projektaufwand) und ein Plan für die Finanzströme (Business Plan) zu erstellen sowie Wirtschaftlichkeits- und Investitionsrechnungen vorzunehmen (siehe hierzu auch den Beitrag von PLEISSNER in diesem Buch). In dieser letzten Stufe des Bewertungsprozesses sind auch die Synergien der Projektvorschläge untereinander sowie mit den laufenden FuE-Projekten zu untersuchen.

Projektplan, Finanzplan, Wirtschaftlichkeits- und Investitionsrechnungen

Gesamtdarstellung der Projektvorschläge

Für die Präsentation vor dem Entscheidergremium sind die Projektvorschläge in eine Rangfolge zu bringen; hilfreich sind auch übersichtliche Gesamtdarstellungen, z.B. Portfolio-Darstellungen, Balkendiagramme u.ä. Speziell für diesen Zweck konzipierte Portfolio-Darstellungen sind die Know-how-Nutzungsmatrix (GESCHKA 1988, GESCHKA 1992) oder das FuE-Programm-Portfolio (MÖHRLE 1988). In dieser Stufe kann für die Bildung einer Prioritätenrangfolge die Methode des Paarvergleichs angewendet werden. Sie wird durch das Gruppenabstimmungssystem MULTIVOTER voll unterstützt. Mit Hilfe des gleichen Systems kann jede Form einer Portfolio- oder Balkendiagrammdarstellung fall- und firmenspezifisch entwickelt werden. Die schnelle Informationsverarbeitung durch die hinterlegte Software läßt es auch zu, daß das Topmanagement selbst mit diesen Methoden arbeitet.

Projekteinplanung mit Hilfe von KAPRI

Das Problem der Einplanung von FuE-Projektvorschlägen wurde eingangs bereits dargestellt. Es geht darum, die FuE-Projekte so nacheinander in Angriff zu nehmen, daß eine zügige Projektbearbeitung sichergestellt werden kann. Die Situation wird auch durch Bild 3-3 charakterisiert.

Das Softwareprogramm KAPRI wurde dafür entwickelt, die Projekte kapazitätsorientiert entsprechend den gebildeten Prioritäten abzuarbeiten. KAPRI steht für „Kapazitätsplanung auf der Basis von Prioritäten der Projekte".

Voraussetzungen für die Anwendung von KAPRI

Für die Anwendung von KAPRI müssen folgende Voraussetzungen erfüllt sein:

1. Die neu zu bearbeitenden Projekte liegen in einer Rangfolge vor. Dies ist bereits gegeben, wenn der Bewertungs- und Auswahlprozeß so vorgenommen wird, wie es im vorangehenden Abschnitt beschrieben wurde. Sollte noch keine eindeutige Rangfolge vorliegen, dann sollten die Projektvorschläge an dieser Stelle im Prozeß nach der Methode Nutzwertanalyse oder Paarvergleich in eine Rangfolge gebracht werden.

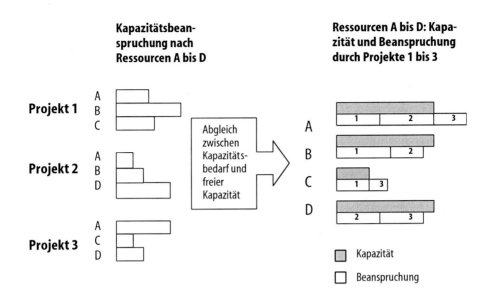

Bild 3-3: Kapazitätsabgleich bei der Einplanung von FuE-Projekten

2. Für die vorgeschlagenen Projekte liegen Schätzungen der Kapazitätsanforderungen vor, d.h. für alle Arbeitspakete ist aufgeführt, welche Kapazitäten sie wie lange in Anspruch nehmen. Beispiel: Die Dauertests mit der Prüfmaschine X dauern 11 Arbeitstage. Oder: Entwickler Klug benötigt 15 Arbeitstage für den konstruktiven Entwurf.
3. Für alle Entwicklungskapazitäten (Mitarbeiter, Arbeitsgruppen, Labor- und Versuchseinrichtungen) liegt die Jahreskapazität sowie die aktuelle Auslastung durch laufende Projekte für die kommende Planungsperiode (z.B. ein Jahr) vor.

Der systematische Kapazitätsabgleich läuft nach folgendem grundsätzlichen Schema ab: Zunächst werden unbegrenzte Kapazitäten vorausgesetzt; alle Projekte können durchgeführt werden. Erst im nächsten Schritt werden die Kapazitäten auf die realen Werte begrenzt und die dadurch erzeugten Engpässe erkannt. Schließlich können mehrere Möglichkeiten der Kapazitätsnutzung entwickelt werden.

Dieses Vorgehen hat den Vorteil, daß die Projekte unbeeinflußt beurteilt werden und nicht bei der Kapazitätszuordnung schon auf freie Kapazitäten geachtet

Ablauf des systematischen Kapazitätsabgleichs

werden muß. Die Engpässe werden so in ihrer realen Größe aufgedeckt.

Aufnahme aller unternehmensspezifischen Daten in KAPRI

Das Computerprogramm KAPRI wird auf das Unternehmen zugeschnitten. Dazu müssen alle vorhandenen Ressourcen in das Ressourcensystem eingegeben werden. Das bedeutet, daß alle Mitarbeiter, Einrichtungen, Arbeitsgruppen und Budgetarten aufzunehmen sind. Dieses Ressourcensystem wird einmalig und zunächst ohne Werte, d.h. ohne Kapazitäten, aufgebaut.

Außerdem ist eine generelle Projekttypologie einzuführen. Es können nur gleichartige Projektvorschläge bzw. Projekte miteinander verglichen werden. Die Typenbildung kann sich an der Bedeutung des Projekts, an der Stufe im Prozeß oder am Innovationsgrad orientieren. Die Auswertung wird für die verschiedenen Projekttypen getrennt vorgenommen.

Festlegen eines Planungshorizonts

Vor dem Kapazitätsabgleich muß ein Zeitraum festgelegt werden. In der Regel wird dies ein Jahr sein. In manchen Fällen ist es aber auch sinnvoll, einen längeren Planungshorizont zu wählen, z.B. fünf Jahre, um langfristige Perspektiven zu berücksichtigen. Für das Feintuning ist dagegen ein vierteljährlicher Abgleich angebracht.

Schrittfolge von KAPRI:

Die Projekteinplanung mit KAPRI wird in fünf Schritten durchgeführt:

... Ermitteln der benötigten Ressourcen,

1. Schritt: Ermitteln der benötigten Ressourcen für die Projekte

Alle Projekte werden sequentiell auf Ressourcenbedarf untersucht. Hierzu wird ein Projekt aktiviert und alle benötigten Ressourcen werden abgefragt, z.B. Wieviel Stunden wird Herr Meier an dem Projekt XY im nächsten Planungszeitraum arbeiten?

... Ermitteln der freien Kapazität,

2. Schritt: Ermitteln der freien Kapazität der Ressourcen

Die freie Kapazität für den Planungszeitraum der Ressourcen wird ermittelt, z.B. Wieviel Zeit hat Herr Meier in dem Planungszeitraum noch zur Verfügung?

... Ermitteln von Engpässen,

3. Schritt: Ermitteln der Engpässe

Sind alle Abfragen durchgeführt worden, so wird ein vorläufiges Portfolio erstellt. In diesem Portfolio werden alle Projekte durchgeführt; die Kapazitätsgrenzen werden hierbei ignoriert. Die Analyse dieses Portfolios zeigt dann alle Engpässe und den Grad der Überbelegung auf (Bild 3-4).

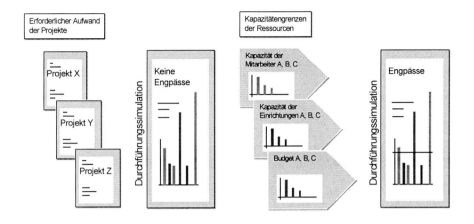

Bild 3-4: Ermittlung von Engpässen bei der Projekteinplanung

4. Schritt: Abgleich der Engpässe

Die aufgedeckten Engpässe werden durch Wegnahme von Projektvorschlägen abgebaut, so daß möglichst viele Projekte durchgeführt und Kapazitäten voll genutzt werden, dabei kommen Projektvorschläge höchster Priorität vorrangig zum Zuge.

Hierbei eröffnen sich verschiedene Kombinationsmöglichkeiten. Dieser Schritt kann also mehrmals wiederholt werden, so daß verschiedene durchführbare FuE-Programmvorschläge entstehen. Ein pragmatischer Ansatz geht dahin, die Projekte nach umgekehrter Priorität zu analysieren und bei Verbrauch von Engpaßkapazitäten zu eliminieren. Andere Maßnahmen können darauf abzielen, die Ressourcen zwischen Projekten auszutauschen, Projekte zu verkleinern oder die Bearbeitungsintensität der Projekte zu reduzieren.

Die FuE-Programmvorschläge sind nicht als statische Soll-Pläne zu verstehen; vielmehr sind sie in einem dynamischen Prozeß zum optimal ausgerichteten FuE-Programm weiterzuentwickeln. Prioritäten, Synergieeffekte und die Möglichkeiten der Projektbeschleunigung müssen berücksichtigt werden.

Das Ergebnis dieses Prozeßschrittes sind verschiedene, mit den verfügbaren Kapazitäten durchführbare FuE-Programmvorschläge. Die entwickelten FuE-Programmvorschläge können sich in der strategischen Stoßrichtung durchaus unterscheiden.

... Abgleich der Engpässe und

... Entscheidung

5. Schritt: Entscheidung für einen FuE-Programmvorschlag

Ausschlaggebend für die Auswahl eines FuE-Programmvorschlages sollte der Grad an Zielerreichung sein. Die Zielerreichung wird durch den Nutzwert, der in der Regel als Grundlage der Priorisierung dient, abgebildet. Der Nutzwert liegt bereits vor.

Weiter sollte für jedes Projekt gesondert das Realisierungsrisiko abgeschätzt und der Kapitalwert ermittelt werden.

Jeder gebildete FuE-Programmvorschlag läßt sich in einem Vorschlagssteckbrief darstellen. Folgt man den oben vorgenommenen Indikatoren, so ergibt sich eine Darstellung nach Bild 3-5. Dabei ist ein FuE-Programmvorschlag dann besonders gut, wenn viele Projekte im linken, oberen Quadranten positioniert werden. Als Maß für die Güte eines FuE-Programmvorschlages kann die Fläche der Projekte in diesem Quadranten herangezogen werden.

Für jeden Projekttyp sollten drei bis höchstens fünf FuE-Programmvorschläge aufgestellt werden. Für jeden FuE-Programmvorschlag ist ein "Steckbrief" zu erstellen, in dem neben einer Grafik und den entsprechenden Zahlenwerten auch qualitative Aussagen über die strategischen Vor- und Nachteile sowie über die Art der Risiken und Unsicherheiten aufgeführt sind.

Ein Lenkungsgremium kann dann entscheiden, welcher FuE-Programmvorschlag realisiert werden soll.

Kapazitätsplanung am Beispiel der Opti GmbH

Beispiel: Opti GmbH

Zur Verdeutlichung der Vorgehensweise werden die fünf Schritte am Beispiel der Opti GmbH aufgezeigt:

1. Schritt: Ermitteln der benötigten Ressourcen für die Projekte

Nach dem in der Tabelle 3-4 gezeigten Schema werden sequentiell alle Projekte bearbeitet. Für jedes Projekt liegt anschließend eine daraus abgeleitete Aufwandstabelle vor.

2. Schritt: Ermitteln der freien Kapazität der Ressourcen

Alle freien Ressourcen werden für den Planungszeitraum in die Ressourcentabelle eingegeben (Tabelle 3-5).

3. Schritt: Ermitteln der Engpässe

Das Programm KAPRI ermittelt die Engpässe. Alle Soll-Kapazitäten (Fettdruck) werden den vorhandenen Kapazitäten gegenübergestellt.

Im Beispiel ergaben sich sieben Engpässe (Tabelle 3-6): Fr. Walter, Dipl.-Ing. Kaiser, Dipl.-Kfm. Friedrichs, Labor A und Labor C können die ihnen übertragenen Projektaufgaben nicht abarbeiten; Budget A und Budget B werden überschritten.

4. Schritt: Abgleich der Engpässe

Es werden vier Projektvorschläge eliminiert.

Tabelle 3-4: Benötigte Ressourcen

Projekt	Farbsehtestgerät zur Analyse der Farbenerkennungsfähigkeit des Auges; z.B. zur Entwicklung von Farbfiltern bzw. Farbabsorptionsbrillen.				
	Mitarbeiter (Std.)		Einrichtungen (Std.)		Finanzmittel (DM)
Mitarbeiter	Kapazität	Einrichtung	Kapazität	Finanzmittel	Kapazität
Hr. Fritz	50	Labor A	50	Budget A	10.000
Fr. Walter	150	Labor B	50	Budget B	
Dr. Simon		Labor C	30	Budget C	4.000
Dipl.-Ing. Kaiser	300	Labor D	40	FuE-Etat 1997	
Dipl.-Kfm. Friedrichs				BMBF 1997	20.000
Summe	**500**		**170**		**34.000**

Tabelle 3-5: Freie Kapazität

	Mitarbeiter (Std.)		Einrichtungen (Std.)		Finanzmittel (DM)
Mitarbeiter	Kapazität	Einrichtung	Kapazität	Finanzmittel	Kapazität
Hr. Fritz	500	Labor A	300	Budget A	30.000
Fr. Walter	400	Labor B	600	Budget B	25.000
Dr. Simon	500	Labor C	150	Budget C	17.000
Dipl.-Ing. Kaiser	300	Prüfmaschine D	150	FuE-Etat 1997	60.000
Dipl.-Kfm. Friedrichs	300			BMBF 1997	5.000
Summe	**2000**		**1200**		**137.000**

Tabelle 3-6: Engpässe

Mitarbeiter (Std.)		Einrichtungen (Std.)		Finanzmittel (DM)	
Mitarbeiter	Kapazität	Einrichtung	Kapazität	Finanzmittel	Kapazität
Hr. Fritz	500	Labor A	300	Budget A	30.000
	390		420		50.000
Fr. Walter	400	Labor B	600	Budget B	25.000
	500		350		70.000
Dr. Simon	500	Labor C	150	Budget C	17.000
	490		380		14.000
Dipl.-Ing. Kaiser	300	Prüfmaschine D	150	FuE-Etat 1997	60.000
	730		130		
Dipl.-Kfm. Friedrichs	300				
	350				
Summe	2000		1200		72.000
	2460		**1280**		**134.000**

5. Schritt: Zusammenstellung durchführbarer FuE-Programmvorschläge

Ein durchführbarer FuE-Programmvorschlag besteht aus den Projekten:
- *Gerät zum Auszählen von bestimmten Zellen in Gewebeproben über natürliche Farbeigenschaften oder Farbmanipulationen;*
- *Hautkrebsbestimmungsgerät; Gerät zum Analysieren von Hautkrebs am lebenden Organismus anhand von Farbanomalitäten auf der Haut sowie*
- *Gerät zur Diagnose von Allergien, Krankheiten oder Mangelerscheinungen durch Interpretation von Farbveränderungen der Haut oder des Auges.*

Der FuE-Programmvorschlag wird in einem Profilbogen zusammengestellt (Bild 3-5).

Zusammenfassung

Das FuE-Programm bestimmt die durchzuführenden Projekte für den nächsten Planungszeitraum. Schwierigkeiten bereitet das Erkennen und Auswählen von

FuE-Programmvorschlag: A1

Portfolio:

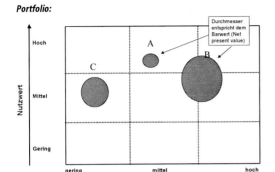

Quantitative Aussagen
Datum: 10.2.98
Zeitrahmen: 5.3.-15.6.98
Barwert (NPV): 2.343 Tsd. DM
Nutzwert (NW): 6,4

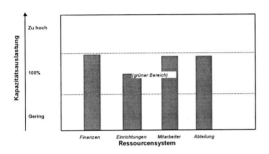

Qualitative Aussagen
Stärken:
echte Innovation für das Unternehmen
Schwächen:
Projekte haben lange Laufzeiten
Risiko:
hoch, da grundlegende Neuentwicklung

Bild 3-5: Profilbogen für einen FuE-Programmvorschlag

erfolgversprechenden Projekten und die Zusammenstellung zu einem strategiekonformen FuE-Programm.

Die Basis für die Zusammenstellung eines FuE-Programms bildet die systematische Bearbeitung der Vorphase des Innovationsprozesses:

- Durch die Strategische Orientierung wird die Stoßrichtung des FuE-Programms festgelegt.
- Eine systematisch angelegte Ideenfindung und -auswahl schöpft die internen und externen Innovationsideen ab und legt so den Grundstock für das FuE-Programm.
- Die Auswahl, Typologisierung und Bewertung siebt und priorisiert die Vorprojekte.

- Kapazitätsbetrachtungen und bewußte Ressourcenzuteilungen sind die Voraussetzungen für eine zügige Projektbearbeitung.
- Kennzahlen und Portfoliodarstellungen machen die unterschiedlichen FuE-Programme meßbar und damit vergleichbar, insbesondere erlauben sie auch eine kapazitätsmäßige Planung.

Als ein wichtiges und hilfreiches Arbeitsmittel bieten sich in diesem Zusammenhang verschiedene Software-Programme an, die in diesem Beitrag vorgestellt wurden.

Literatur

EGGERT-KIPFSTUHL, KARIN; KIRCHHOFF, GUIDO: Bewertung von Produktvorschlägen mit Hilfe einer auf empirischen Erkenntnissen beruhenden Software namens PRUV, in: ZAHN, ERICH (HRSG.): Technologiemanagement und Technologien für das Management. Stuttgart: Schäffer-Poeschl 1994, S. 427-437.

GESCHKA, HORST: Diversifikation: Planung und Aufbau neuer Geschäftsfelder, in: POTH, L. (HRSG.): Marketing. (Loseblatt-Werk), 2. Aufl., Neuwied 1988, S. 1-53.

GESCHKA, HORST: Der Ansatz der sequentiellen Morphologie und seine Nutzung im PC-Programm MOSEL, in: AUTORENTEAM: Erfolg mit Morphologie. Glarus: Baeschlin 1993, S. 109-119.

GESCHKA, HORST; HÜBNER, HEINZ: Innovation Strategies. Amsterdam et al.: Elsevier 1992.

GESCHKA, HORST; KIRCHHOFF, GUIDO: FLUVIUS – An idea management software system, in: GESCHKA, HORST ET AL. (HRSG.): Creativity and innovation – The power of synergy – Proceedings of the fourth european conference on creativity and innovation. Darmstadt: Geschka & Partner Unternehmensberatung 1994, S. 141-149.

GESCHKA, HORST; ET AL.: Szenarien – Ein Instrument der Unternehmensplanung, in: ZERRES, M. P.; ZERRES, I. (HRSG.): Unternehmensplanung. Erfahrungsberichte aus der Praxis. Frankfurt: FAZ 1996, S. 55-68.

KLEINSCHMIDT; ELKO J.: ET AL.: Erfolgsfaktor Markt. Berlin et al.: Springer 1996.

MÖHRLE, MARTIN G.: Das FuE-Programm-Portfolio – Ein Instrument für das Management betrieblicher Forschung und Entwicklung, in: technologie & management, 37 (1988) 4, S. 12-19.

PROCTOR, TONY: New developments in computer assisted creative problem solving, in: Creativity and innovation management, 6 (1997) 2, pp 94-98.

SCHLICKSUPP, HELMUT: Kreativ-Workshop. Würzburg: Vogel 1993.

SCHLICKSUPP, HELMUT; FAHLE, R.: MORPHOS – Methoden systematischer Problemlösung. Handbuch zur Software. Würzburg: Vogel 1988.

SPECHT, GÜNTER; BECKMANN, CHRISTOPH: FuE-Management. Stuttgart: Schäffer-Poeschl 1996.

TIEMEYER, ERNST: Kreativitätstechniken zur Problemlösung – Unterstützung durch Computersoftware, in: Zeitschrift für Unternehmensentwicklung und Industrial Engineering, 46 (1997) 3, S. 126-130.

4 Strategisches Portfolio-Management von FuE-Projekten[1]

JULIANA HSUAN, ARI VEPSÄLÄINEN

Im ersten Teil des Buches ging es um „Unscharfes", um Kreatives, um die nicht immer leichte Abstimmung zwischen Strategie und FuE- bzw. Innovationsprogramm. Führungskräfte sollten diesem Bereich besondere Aufmerksamkeit zuwenden, da das vorhandene Ideenpotential die Voraussetzung für eine wirkungsvolle Selektion und damit für eine erfolgsversprechende Innovation bildet. Anders formuliert: Ohne Ideen hilft der ausgefeilteste Bewertungs-, Variations- und Auswahlprozeß nichts, mit vielen guten Ideen kommt ihm hingegen entscheidende Bedeutung für die zukünftige Gestaltung eines Unternehmens zu.

Die Bewertung, Variation und Auswahl von FuE- bzw. Innovationsprojekten steht im Mittelpunkt des zweiten Teils des Buchs, stets auf das Ziel gerichtet, ein harmonisches, gut zusammenpassendes FuE- bzw. Innovationsprogramm zu erzeugen.

Im ersten Beitrag dieses Teils konzipieren Juliana Hsuan und Ari Vepsäläinen ein Technologievorteil-Kundennutzen-Portfolio. Die Autoren, beide Wissenschaftler an der Helsinki School of Economics and Business Administration in Finnland und beide mit breiter Anwendungserfahrung ausgestattet, legen ihrer Konzeption das Denken in Kernkompetenzen und Kernfähigkeiten eines Unternehmens zugrunde. Daß sie den dynamischen Aspekt in einem Portfolio herausstellen, nämlich die gewollten und ungewollten Änderungen von Positionen wie z.B. von Snobs zu Flops oder Fads, macht einen besonderen Reiz bei der Lektüre dieses Beitrags aus.

---

[1] Die englische Originalfassung des hier übersetzten und gekürzten Beitrags kann aus dem World Wide Web geladen werden: http://wiwi.tu-cottbus.de/pi

Einführung

Zunehmende Bedeutung des Portfolio-Managements in den letzten Jahren

In den letzten Jahren hat das Portfolio-Management zunehmende Bedeutung in der industriellen Anwendung gefunden. So wurden beispielsweise von der Boston Consulting Group (BCG), McKinsey und anderen (ABELL, HAMMOND 1979) verschiedene Portfolio-Matrizen vorgeschlagen und eingesetzt. Diese Matrizen dienen dazu, Produkt-Markt-Kombinationen hinsichtlich der Marktattraktivität, der Marktwachstumsrate und der Möglichkeit, einen deutlichen Wettbewerbsvorteil zu erzielen, zu charakterisieren. Portfolio-Matrizen und Portfolio-Techniken ermöglichen auch die systematische Analyse von Produkten und FuE-Projekten, und insoweit stellen sie wirkungsvolle Instrumente für das FuE-Management dar. Darüber hinaus lenken sie die Aufmerksamkeit des FuE-Managements auf die unterschiedlichen Finanzierungserfordernisse und sonstigen Gegebenheiten der verschiedenen FuE-Projekte. Jedes FuE-Projekt läßt sich in einer Portfolio-Matrix grafisch repräsentieren, und dadurch kann das FuE-Management solche Maßnahmen erkennen, die zur gelungenen Zusammenstellung des Unternehmens-Portfolios notwendig sind. Insgesamt erlauben Portfolio-Matrizen und Portfolio-Techniken also eine ansatzweise Optimierung des langfristigen Unternehmenswachstums und der Profitabilität.

Portfolios als Werkzeuge des FuE-Managements

Bei geschickter Anwendung können Portfolio-Techniken sehr wirkungsvolle Werkzeuge des FuE-Managements sein. Allerdings ist ihre Anwendung eingeschränkt, denn die überwiegende Mehrzahl der Darstellungsmöglichkeiten, die man in Portfolio-Techniken verwendet, ist hinsichtlich der Variablenanzahl und der daraus generierbaren Indikatoren beschränkt. Es stellt sich somit die Frage, wieviele Variablen man benutzen muß, um eine geschickte Auswahl und Bewertung der FuE-Projekte vornehmen zu können. Daran anknüpfend möchte man wissen, in welcher Weise diese Variablen kombiniert werden sollen, um Orthogonalität zu sichern.

Unternehmen sind dem schnellen technischen Fortschritt und dynamischen Märkten ausgesetzt

Das Wettbewerbsumfeld vieler Unternehmen ist durch schnellen technischen Fortschritt und durch hohe Dynamik des Marktes gekennzeichnet. Jedes Unternehmen sollte daher seine relativen Stärken und Schwächen einschätzen können. In technologieorientierten Unternehmen stellt die Produktinnovation eine der Kernkompetenzen und Kernfähigkeiten dar. Sie ist ein Schlüsselerfolgsfaktor, der den Grad des Erfolgs beeinflußt, den ein Unternehmen auf einem Markt erzielen kann. Ergänzend zu erfolgreicher Produktinnovation sollte der Marktführer über ein ausgeglichenes Portfolio bereits existierender Projekte und Produkte verfügen, und er sollte dieses ausgeglichene Portfolio über die Zeit halten können, so daß er daraus weitere Wettbewerbsvorteile erzielen kann.

In diesem Aufsatz wird das Technologievorteil-Kundennutzen-Portfolio für FuE-Projekte präsentiert (vgl. auch MÖHRLE 1988 mit dem Technologiedruck-Marktsog-Portfolio, einem vergleichbarem Ansatz mit etwas anderer Schwerpunktbesetzung). Es handelt sich dabei um eine Portfolio-Matrix, mit deren Hilfe FuE-Projekte und Produkte bewertet und ausgewählt werden können. Die Bewertung und Auswahl basiert dabei auf den Kernkompetenzen und Kernfähigkeiten eines Unternehmens unter besonderer Berücksichtigung der Frage, welcher Grad an Bedürfnisbefriedigung des Kunden mit diesen Kernkompetenzen und Kernfähigkeiten erreicht werden kann. Der Aufsatz gliedert sich in vier Abschnitte:

Bewertung und Auswahl von FuE-Projekten und Produkten mittels Technologievorteil-Kundennutzen-Portfolio

- Zuerst wird die Portfolio-Analyse von FuE-Projekten und Produkten diskutiert.
- Die Kernkompetenzen und Kernfähigkeiten eines Unternehmens spielen eine zentrale Rolle für das Technologiemanagement.
- Aus der Diskussion im vorgenannten Abschnitt leitet sich das hier vorgeschlagene strategische Modell, das Technologievorteil-Kundennutzen-Portfolio für FuE-Projekte ab.
- Nach einer Einordnung der FuE-Projekte in die vorgenannte Matrix stellen sich etliche Fragen der Positionsveränderung.

Portfolio-Analyse von FuE-Projekten und Produkten

Portfolio-Techniken sind Werkzeuge für das strategische Management. Man ermittelt mit ihrer Hilfe, inwieweit ein Mix von FuE-Projekten und Produkten günstig ist hinsichtlich des langfristigen Umsatz- und Ertragswachstums eines Unternehmens. Portfolio-Techniken eröffnen einen Überblick über zukünftige Chancen und

Portfolio-Techniken als Werkzeuge des strategischen Managements

Ziel: ausgeglichenes Portfolio und

... Ableitung langfristig orientierter Strategien

Abgleich der Kernkompetenzen und Kernfähigkeiten des Unternehmens mit den Kundenbedürfnissen

Effektives Technologiemanagement als Schlüsselfaktor für Wettbewerbsfähigkeit

Wettbewerbsstärken ebenso wie über die Schwächen der verschiedenen Geschäfte eines Unternehmens.

Anzustreben ist jeweils ein ausgeglichenes Portfolio, also eine Zusammenstellung von Geschäften oder Projekten, die es einem Unternehmen auf der einen Seite erlauben, Umsatzwachstum und Ertragswachstum in Übereinstimmung mit der Unternehmensstrategie zu erzielen, aber andererseits das Unternehmen nicht in unbekannte und unkalkulierbare Risiken drängen (HILL, JONES 1992). Die Portfolio-Analyse von FuE-Projekten umfaßt die detaillierte Bewertung einer ausgewählten Untermenge der Produkte und FuE-Projekte eines Unternehmens. Sie illustriert die Wettbewerbsposition dieser Produkte und FuE-Projekte; darüber hinaus zeigt sie Bereiche auf, in denen Lücken und Verbesserungsnotwendigkeiten bestehen. Eine auf eine Portfolio-Matrix aufbauende Auswahl von FuE-Projekten und Produkten sollte in Übereinstimmung mit der Unternehmensstrategie stehen, wozu es eines sorgfältigen Abgleichs bedarf. Die Portfolio-Analyse sollte das Management dazu führen, langfristige Perspektiven zu verfolgen, anstatt nur auf kurzfristige Bedürfnisse zu reagieren.

Einer der bedeutendsten Faktoren für ein ausgeglichenes Portfolio besteht in der Fähigkeit, interne Kernkompetenzen und Kernfähigkeiten mit externen Kundenbedürfnissen und Kundenwünschen in Abgleich zu bringen. Um diesen Faktor erfüllen zu können, bedarf es einer engen Verbindung und einer flüssigen Kommunikation zwischen Marketing, FuE und der Produktion. Beispielsweise gibt es in der Automobilelektronikindustrie etliche Kräfte, die zu hoher Dynamik eines solchen ausgeglichenen Portfolios führen. Die geschichtliche Entwicklung der Industrie, Regeln und Gesetze, Standards, Marktkräfte, technologische Unsicherheiten, die operative Umgebung und die Herstellungsmöglichkeiten können sich in starkem Maße auf das Management von FuE-Projekten und Produkten auswirken.

Effektives Technologiemanagement ist einer der Schlüsselerfolgsfaktoren für langanhaltende Wettbewerbsfähigkeit in High-tech-Unternehmen. Die Fähigkeit, interne Kernkompetenzen mit den Kundenwünschen zu vernetzen, ist ähnlich wichtig. High-tech-Unternehmen müssen mit verschiedenen Herausforderungen fertig werden, unter anderem mit den Veränderungen des industriellen Umfelds, den technologischen Unsicherheiten, dem Wandel in den Kundenwünschen und -bedürfnissen, den Änderungen in der Ressourcenverfügbarkeit. Unternehmen, die diesen Herausforderungen mit Erfolg begegnen und die die entsprechenden Risiken beherrschen, sind die Führer in ihren Märkten.

Das bisher Gesagte führt zu verschiedenen Konsequenzen. High-tech-Unternehmen sollten Know-how über ihre Kerntechnologien aufbauen, und zwar in einer kontinuierlichen, nie endenden Weise. Sie sollten über die Zeit ein ausgeglichenes Portfolio der Produkte sowie der FuE-Projekte gewährleisten und sich dadurch einen Brückenkopf an Technologien, die für neue Wettbewerbsherausforderungen benötigt werden, erarbeiten. Eine wirkungsvolle Strategie für das zukünftige Umsatz- und Ertragswachstum eines Unternehmens besteht darin, daß man sich zum einen bewußt ist und daß man zum anderen in der Lage ist, effektiv externe Kräfte, die die Dynamik eines solchen Portfolios beeinflussen, zu managen. Ein Portfolio von FuE-Projekten und Produkten aus der Automobilelektronik umfaßt beispielsweise zahlreiche Projekte, die bereits angelaufen sind, und noch nicht abgeschlossene Projekte, die durch umfangreiche experimentelle Versuche und Tests gekennzeichnet sind. Letztere Projekte sollten nicht vollständig abgebrochen werden, denn die Erfahrungen, die man aus diesen Projekten gewinnen kann, stärken die Know-how-Basis des Unternehmens.

Der Erfolg einer Innovation hängt von verschiedenen Faktoren ab. Ein Blick in die Literatur zeigt, daß schon allein die Definition des Begriffes „Projekterfolg" schwierig ist.

- Die Portfolio-Matrix der Boston Consulting Group (BCG) umfaßt vier Felder und verwendet den relativen Marktanteil und die Wachstumsrate als Meßgrößen für den Erfolg von strategischen Geschäftseinheiten.
- Ähnlich dazu verwendet die Matrix nach McKinsey die Wettbewerbsposition eines Unternehmens und die Geschäftsfeldattraktivität als Erfolgsgrößen.

Kontinuierlicher Know-how-Aufbau

Erfolgsfaktoren von Innovationen:

... relativer Marktanteil und Wachstumsrate,

... Wettbewerbsposition eines Unternehmens und Geschäftsfeldattraktivität,

... Geschäftsstärke und Geschäftsfeldattraktivität,	• Eines der ersten Produkt-Portfolio-Modelle wurde von DAY (1977) entwickelt. Diese Matrix sollte ein Unternehmen dazu führen, seine Ressourcen nach Geschäftsstärke und Geschäftsfeldattraktivität anzusiedeln. Die Matrix bietet aber keine Hilfestellung für die Technologiebeurteilung und die Auswahl von verwandten Produkten, mit denen das Unternehmen in Zukunft zu tun haben wird.
... Integration von Technologie- und Marktstrategien,	• Um letzteres zu ermöglichen, wurde von CAPON, GLAZER (1987) das Technologie-Portfolio entwickelt, das als Raster zur Integration von Technologie- und Marktstrategien dient.
... Veränderungen des Produktes infolge von Veränderungen des Prozesses und	• Die Produkt-/Prozeßentwicklungs-Projektmatrix von CLARK, WHEELWRIGHT (1993) zeigt die Veränderungen des Produktes infolge von Veränderungen des Prozesses auf. Gleichwohl geht es nicht auf andere Faktoren ein, die den Erfolg eines Unternehmens begründen.
... faktoranalytische Methoden zur Bestimmung des Erfolges	• Das wohl umfassendste Modell ist das Leistungs-Diagramm von COOPER, KLEINSCHMIDT (1995), bei dem faktoranalytische Methoden verwendet wurden, um die Erfolgsdimensionen eines neuen Produktes zu bestimmen. Es unterscheidet ferner zwischen fünf verschiedenen Leistungstypen in Abhängigkeit von zwei Leistungsdimensionen, nämlich der zeitlichen Dimension und der finanziellen Dimension.

Kernkompetenzen und Kernfähigkeiten

Kernkompetenzen und Kernfähigkeiten eines Unternehmens bestimmen dessen Wettbewerbsfähigkeit	Erfolgreiche Unternehmen haben langanhaltende Wettbewerbsvorteile, die sie aus ihren Kernkompetenzen und Kernfähigkeiten entwickelt haben. Mit anderen Worten: Kernkompetenzen und Kernfähigkeiten begründen die Stärke eines Unternehmens, mit der es Wettbewerbsvorteile gegenüber seinen Konkurrenten erzielen kann. Kernkompetenzen und Kernfähigkeiten sind die Mittel, mit denen ein Unternehmen die Befriedigung von Kundenwünschen und -bedürfnissen in Angriff nehmen kann, wobei es die Wettbewerbsvorteile durch seine einzigartige Stärke in bestimmten Kernkompetenzen und Kernfähigkeiten erzeugt. Kernkompetenzen und Kernfähigkeiten können auf verschiedenen Feldern liegen. Beispiele hierfür sind Vermarktungs- und Werbeerfahrung, hervorragende Ferti-

gungsfähigkeiten, ein exzellentes Umfeld im Kundenservice, ein gutes Verhältnis mit den Vorlieferanten und/oder mit den Absatzmittlern, ein effektives Logistikmanagement, um nur einige wenige zu nennen. Ein Unternehmen sollte seine Kernkompetenzen und Kernfähigkeiten klar erkennen und dies im Prozeß der Geschäftsfeldplanung nutzen.

PRAHALAD, HAMEL (1990) weisen darauf hin, daß Kernkompetenzen aus dem kollektiven Lernen einer Organisation entstehen, insbesondere zum einen aus der Art, wie Produktionskenntnisse koordiniert werden, und zum anderen aus der Art, wie mehrere Ströme von Technologien miteinander verknüpft werden. Diese Kernkompetenzen zeichnen sich durch folgende Charakteristika aus:

Entstehung von Kernkompetenzen

- Sie eröffnen den möglichen Eintritt in eine Vielzahl von Märkten.
- Sie leisten einen deutlichen Beitrag zu dem gewünschten Kundennutzen des letztendlichen Produkts.
- Sie sind schwierig zu imitieren, also für Wettbewerber nicht einfach zugänglich.

Anknüpfend an die Kernkompetenzen und Kernfähigkeiten kann ein fortlaufender Wettbewerbsvorteil eines Unternehmens durch die fortlaufende Nahrung seiner Kernkompetenzen und Kernfähigkeiten erzeugt werden. Beispiele hierfür sind:

Permanente Anstrengung

- technologische Durchbrüche mit radikalen Produktinnovationen,
- Fortschritte oder Verbesserungen in den Fertigungsfähigkeiten,
- effektive Kostenkontrolle und Cash-Flow-Management,
- Flexibilität in Produktionsprozessen,
- Qualitätsverbesserungen bestehender Produkte,
- Markenloyalität der Kunden,
- kürzere Entwicklungszeiten,
- schnelle Einführung von Innovationen in den Markt,
- fertigungsgerechte Produktentwicklung,
- die geschickte Verknüpfung von Produkten und Prozessen.

Das Technologievorteil-Kundennutzen-Portfolio für FuE-Projekte

Technologievorteil-Kundennutzen-Portfolio zur strategischen Steuerung von FuE-Projekten

Anknüpfend an die Kernkompetenzen und Kernfähigkeiten eines Unternehmens wird im folgenden das Technologievorteil-Kundennutzen-Portfolio zur strategischen Steuerung von FuE-Projekten vorgeschlagen. Es dient als Kommunikationsinstrument für die Mitglieder des FuE-Managements mit dem Ziel, FuE-Projekte oder Produkte zu identifizieren, welche hohen Kundennutzen auf der einen Seite und Wettbewerbsvorteile auf der anderen Seite miteinander verbinden (vgl. auch LAURO, VEPSÄLÄINEN 1986 sowie VEPSÄLÄINEN, LAURO 1988). Die Matrix unterstützt ebenso die Auswahl von FuE-Projekten mit einem hohen Potential am Markt, also mit hohen Erfolgsaussichten. Die Matrix setzt sich aus zwei Kriterien zusammen: dem Technnologievorteil und dem Kundennutzen (Bild 4-1). Diese beiden Kriterien wurden ausgewählt, um einerseits in der Matrix die Stärken und Schwächen eines Unternehmens abzubilden und andererseits bestimmte Kernkompetenzen und Kernfähigkeiten mit der Befriedigung von Kundenwünschen zu verknüpfen. Beide zusammen formen die Basis für langanhaltende Pflege und weiteren Ausbau der Kernfähigkeiten eines High-tech-Unternehmens.

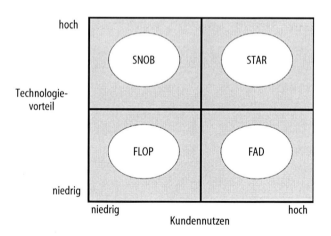

Bild 4-1: Technologievorteil-Kundennutzen-Portfolio für FuE-Projekte

Bedeutung des Technologievorteils

Der Technologievorteil als Teil des gesamten Wettbewerbsvorteils eines Unternehmens umfaßt ein weites Feld. Ein Technologievorteil kann beispielsweise durch bestimmte Produkteigenschaften, das Produktimage, eine kundenorientierte Produktentwicklung, Fertigungsfähigkeiten, Produktionstechnologie, Design und Logistik-Management erreicht werden. Im High-tech-Unternehmen der verarbeitenden Industrie liegt der Technologievorteil beispielsweise in starkem Maße auf dem Fertigungsprozeß und den verfügbaren Fertigungseinrichtungen. Der Technologievorteil eines Unternehmens beruht darauf, inwieweit und wie schnell ein solches Unternehmen die Kundenwünsche in physische Produkte umsetzen kann und wie effektiv die Koordination und Kommunikation zwischen den betrieblichen Funktionen des Marketings und der FuE/Arbeitsvorbereitung/Fertigung verläuft. Sind die Unternehmen proaktiv oder reaktiv, wenn sie mit Herausforderungen aus dem Marketing konfrontiert werden? Sind Ertrags- und Wertschöpfungsbereiche geschützt durch Patente, Lizenzen, Urheberrechte oder andere zeitliche Monopole? In manchen Fällen erlaubt es auch ein überragendes Logistikmanagement, die Kontrolle über den Distributionskanal zu erlangen und damit einen Vorteil gegenüber den Wettbewerbern zu gewinnen.

Bedeutung des Kundennutzens

Der Kundennutzen kann umschrieben werden als die Gesamtheit der Produkte sowie Dienstleistungen und des Nutzens, den eine Firma ihren Kunden anbieten kann. In gewisser Weise steht der Kundennutzen auch für die Anstrengung, die ein Unternehmen mit seinen Produkten zur Befriedigung der Kundenbedürfnisse unternimmt. Indikatoren für den Kundennutzen liegen in hochqualitativen Produkten, „value for money", dem Service nach Kaufabschluß, Trainingsmöglichkeiten, einzigartigen und/oder individuellen Nutzenprofilen etc. Jedes Unternehmen sollte die Kundenwünsche vom Kundenstandpunkt aus betrachten, diese Kundenwünsche beschreiben, bewerten und sie in eine Sprache übersetzen, die von jedem Mitarbeiter – egal ob in FuE, Design, Marketing oder der Fertigung beschäftigt – verstanden wird.

Die vier Quadranten des Technologievorteil-Kundennutzen-Portfolios:	Das hier vorgeschlagene Technologievorteil-Kundennutzen-Portfolio ist in vier Quadranten eingeteilt. FuE-Projekte, die im oberen rechten Quadranten positioniert sind, heißen Stars. Sie verknüpfen hohen technischen Vorteil mit hohem Kundennutzen, was natürlich die Idealposition für ein FuE-Projekt darstellt. Den
... Stars,	
... Flops,	Gegensatz zu den Stars bilden die Flops, die durch schwachen technischen Vorteil und gleichzeitig niedrigen Kundennutzen charakterisiert sind. In den seitlichen Feldern zwischen den Stars und den Flops liegen die Snobs und die Fads. Im oberen linken Feld der
... Snobs und	Portfolio-Matrix sind die Snobs positioniert, bei denen sich hoher technischer Vorteil mit einem nur geringen Kundennutzen verbindet. Gegenüber liegen die Fads,
... Fads	bei denen zwar der Kundennutzen in angemessener Weise befriedigt werden kann, die aber keine solide Basis für einen akzeptablen technischen Vorteil liefern. In den folgenden Abschnitten werden Stars, Flops, Snobs und Fads ausführlich vorgestellt.

Seinen besonderen Wert beweist das Technologievorteil-Kundennutzen-Portfolio bei der Untersuchung derjenigen FuE-Projekte, die zukünftig bearbeitet werden sollen. So besteht eines der am weitesten verbreiteten Probleme des FuE-Managements darin, FuE-Projekte zu selektieren, die von Designern weitergeführt werden sollen. Auch stellt sich stets die Frage, in welchem Maße bestehende Produkte weiter gefördert werden sollen: Welche Produkte sollen Priorität in der finanziellen Unterstützung erhalten? Gibt es Produkte, die schnellstens vom Markt genommen werden sollten? Welche Kriterien sollten zur Unterstützung dieser Entscheidungen herangezogen werden? Das Technologievorteil-Kundennutzen-Portfolio beantwortet diese Fragen, und es führt das FuE-Management zu einer größeren Sicherheit, zu einem größeren Vertrauen für seine Entscheidung.

Stars

Hoher technischer Vorteil und Kundennutzen	Stars sind FuE-Projekte mit gleichzeitig hohem technischen Vorteil und hohem Kundennutzen. Diese FuE-Projekte und ggf. auch Produkte liefern typischerweise ein hohes Qualitätsniveau und verbinden dies mit Eigenschaften und ergänzenden Dienstleistungen auf eine Weise, daß hohe Hürden für konkurrierende Un-

ternehmen entstehen. Produkte, die als Stars eingeordnet werden, ähneln wiederum typischerweise „eierlegenden Wollmilchsäuen". Sie vermögen die gesamte Systemleistung zu erhöhen, dies an Stellen mit hoher Kundenpriorität, zu relativ geringen Kosten für diese Aktivitäten, mit einem hohen Maß an Leistungssteigerung, so daß die relevanten Mitbewerber nur schwer mithalten können. Mit anderen Worten: Stars sind äquivalent zu erfolgreichen Innovationen.

Auch Produkte, die für Nischenmärkte gestaltet sind, fallen unter die Kategorie der Stars. Wenn die Marktanforderungen und Spezifikationen bekannt sind, bietet sich für High-tech-Unternehmen die Chance, in ausgewählten Industriesegmenten ein profitables Geschäft zu entwickeln. Dadurch können sie das Industriesegment dominieren, in dem sie eben für dieses Segment spezielle Kompetenzen entwickeln. In Folge der Konzentration auf ein Segment können beispielsweise Dienstleistungsangebote besser erarbeitet und bewertet werden, woraus auch wieder die Möglichkeiten zum Erkennen und Befriedigen von geänderten Kundenbedürfnissen resultieren.

Varianten von Stars

Das erfolgreiche Umsetzen von Stars verspricht dem Unternehmen eine Reihe von Vorteilen. Zum einen wird es als erfolgreicher Innovator eine langandauernde Reputation gewinnen und Vorteile bei dem Markteintritt für sich verbuchen können. Es wird eher als andere Preisaufschläge durchsetzen können. Auch kann es schneller die Lernkurve durchlaufen und somit eher als andere zu niedrigen Kosten produzieren, was sich wiederum in größeren Marktanteilen niederschlagen kann (SCHERER 1992).

Vorteile der Stars

So attraktiv die genannten Vorteile auch klingen, gibt es doch auch nennenswerte Nachteile, die mit der Star-Postition verbunden sind. So werden Stars häufig in Märkten mit einer hohen Anzahl an Wettbewerbern produziert, und auch der Produktlebenszyklus mag recht kurz sein. FuE-Projekte oder Produkte im Star-Feld werden also möglicherweise nicht allzu lange diesen attraktiven Status einnehmen können. Sie können möglicherweise zu Snobs werden, wenn infolge des Wettbewerbs der ursprüngliche Kundennutzen von anderen Produkten besser erfüllt wird. Wenn Produkte im Star-Feld ihren technischen Vorteil nicht halten können, dann findet man sie bald im Fad-Feld wieder.

Mit Star-Position verbundene Nachteile

Treffen beide Effekte zusammen, dann können aus Stars sogar Flops werden.

Flops

Geringer technischer Vorteil und Kundennutzen

Im Gegensatz zu den soeben skizzierten Stars tragen Flops nur in geringem Maße zum technischen Vorteil bei, ebenso wie sie nur in geringem Maße Kundenbedürfnisse befriedigen können. Es scheint eher unwahrscheinlich, daß solche FuE-Projekte oder Produkte in der Lage sein werden, einen Ertrag für das Unternehmen zu liefern. Es mag zudem notwendig sein, weiteres Kapital in Flops zu investieren, nur um die bestehende Position zu halten. Wenn Flops nicht in Fads oder Snobs umgewandelt werden können, sollten solche FuE-Projekte aus dem Portfolio herausgenommen werden, sofern keine übergeordneten Aspekte dem entgegenstehen. Die dabei freiwerdenden Ressourcen können nützlicher für andere Projekte eingesetzt werden.

Wenn Flops nicht umgewandelt werden können, diese FuE-Projekte aus dem Portfolio nehmen

Fads

Hoher Kundennutzen und geringer technischer Vorteil

Im rechten unteren Feld der Matrix sind die FuE-Projekte oder Produkte positioniert, die hier als Fads bezeichnet werden. Sie vereinen hohen Kundennutzen auf der einen Seite mit niedrigem technischen Vorteil auf der anderen Seite. Diese Charakteristik tritt oft bei solchen FuE-Projekten oder Produkten auf, bei denen es um eine Imitation eines bestehenden Produktes oder einer bestehenden Technologie geht. Selbst wenn das imitierte Produkt nur eine modifizierte Version eines existierenden Produktes ist, können Fads durchaus profitabel sein, sofern der Kunde die Veränderungen wahrnimmt und honoriert. Beispielsweise können deutliche Verbesserungen in einem existierenden Montage- oder Fertigungsprozeß zu kürzeren Durchlaufzeiten und geringeren Produktkosten führen, damit sinken gegebenenfalls auch die Verkaufspreise. Ferner kann dem Produkt ein neuer Wert beigefügt werden, indem man die Technologie verbessert und die Funktionalität des Produkts erhöht. Allerdings bergen Fads immer die Gefahr in sich, daß konkurrierende Unternehmen mit überzeugenden neuen Produkten den Markt erobern und daß das eigene Unternehmen dem nichts entgegenzusetzen hat.

Ein Beispiel für ein Unternehmen, in dem sehr viele FuE-Projekte und Produkte dem Fads-Feld angehören, ist die japanische AIWA-Corporation. Dieses Unternehmen hat in der hart umkämpften Unterhaltungselektronikindustrie überlebt, indem es die Produkte der Wettbewerber kopiert hat, und das besser und billiger. Mit dieser Strategie konnte sich AIWA von einem fast bankrotten Fertigungsunternehmen in Japan zu einem Unternehmen mit einem Umsatz von 3 Milliarden Dollar entwickeln (Stand: 1995). Im Jahr 1987 hat AIWA 850 Tsd. Imitate des SONY-Walkmans in Singapur hergestellt, wo die Löhne deutlich niedriger als in Japan gewesen sind. AIWA hat seine Walkman-Version als „personal stereos" bezeichnet. Diese personal stereos hatten ein einfacheres und funktionelleres Design als die Originalgeräte von SONY, Sharp und anderen Wettbewerbern. AIWA bot sie mit Preisnachlässen von 25% bis zu 65% gegenüber den Preisen der Konkurrenz an. AIWA hat mit dieser Strategie mehr als 11 Millionen solcher personal stereos weltweit verkauft und damit den Platz 2 nach SONY eingenommen. Das Unternehmen hat ähnliche Erfolge mit tragbaren CD-Spielern und kleinen Farbfernsehern erzielt (WINBERG 1996).

Beispiel: Produktimitation bei AIWA

Snobs

Den Gegensatz zu den Fads bilden die Snobs. FuE-Projekte oder Produkte im Snobs-Feld verbinden hohen technischen Vorteil mit einem geringen Maß an Befriedigung der Kundenwünsche. Letzteres mag beispielsweise durch hohe Produktions- oder Vertriebskosten verursacht sein, möglicherweise auch durch einen geringen geschätzten Bedarf. Es ist nicht unüblich, daß technologisch anspruchsvolle FuE-Projekte unter die Snobs-Kategorie fallen, wie man sie beispielsweise in der pharmazeutischen, biotechnologischen, EDV-technischen Industrie, der Automobilelektronik, der Luft- und Raumfahrttechnik sowie der Chemie findet.

Die Ausgaben, die die Entwicklung, Produktion und Markteinführung von Snobs erfordern, können sehr hoch sein, manche Snobs sind „hungrig nach Cash". Das FuE-Management sollte solche FuE-Projekte mit besonderer Beachtung bedenken, wenn es über die langfristige Investitions- und Entwicklungslinie entscheidet. Insbesondere ist die Frage zu klären,

Hoher technischer Vorteil und geringer Kundennutzen

ob Snobs-Produkte mit dem strategischen Geschäftsplan des Unternehmens übereinstimmen, denn möglicherweise eröffnen sie in der Zukunft Erträge und Umsätze. Wenn Snobs in der richtigen Weise behandelt werden, können sie sich in Stars verwandeln.

Ableitungen aus dem Portfolio-Denken

Schlußfolgerungen dieser Portfolio-Technik

Das Denken im Portfolio eröffnet eine wichtige, aus verschiedenen Umfeldern herrührende Sicht auf die FuE-Projekte. Es stellen sich nach einer Positionierung dieser FuE-Projekte jedoch wichtige Fragen:
- Wie können Stars in ihrer Position stabilisiert werden?
- Können Fads, Snobs und Flops zu Stars entwickelt werden?

Wie können Stars in ihrer Position stabilisiert werden?

Hoher Aufwand zur Bewahrung von Star-Positionen

Stars sind normalerweise in der Position eines technologischen Führers, hieraus können in diesem Feld positionierte FuE-Projekte eine ganze Reihe von Vorteilen ziehen. Gleichwohl ist es gerade in einer solchen Position schwierig, die erworbenen Vorteile über eine lange Zeit zu bewahren, denn es kann in manchen Fällen mit hohem Aufwand verbunden sein, ein FuE-Projekt in der Position eines Stars zu halten. Besondere Anstrengungen sind für diesen Zweck auf die kontinuierliche, anhaltende Produktinnovation zu richten, die durch mehrere Verbesserungsgenerationen des Produkts, durch Ausnutzen der Lernkurve im Produktionsprozeß und durch die Fähigkeit, Verbesserungen billiger als der Wettbewerb umsetzen zu können, getragen werden müssen (SCHERER 1992).

Wie können Fads die Position eines Stars erlangen?

Bei Fads handelt es sich in aller Regel um imitierte Produkte oder um Massenprodukte, bei denen keiner der Wettbewerber einen besonderen Vorteil aufweist. Natürlich ist es das Bestreben in jedem Unternehmen, FuE-Projekte aus der Fad- in die Star-Position zu entwickeln. Allerdings besteht auch die Möglichkeit, daß anstelle der gewünschten Star- die weniger gewünschte

Snob- und die ungewünschte Flop-Position erreicht werden (Bild 4-2).

Wie können Fads zu Stars entwickelt werden?

Fads zu Stars zu entwickeln, ist eine schwierige Aufgabe. Es gilt, in einer neuen Produktgeneration mit Neuerungen aufzuwarten, gleichzeitig soll der von den Kunden in der bisherigen Generation wahrgenommene Nutzen nicht geschmälert werden. Dazu sind verschiedene Faktoren zu berücksichtigen, vor allem sollte den Führungskräften im Unternehmen stets die Orientierung an den Kernkompetenzen und -fähigkeiten gelingen. Die Transformation aus der Fad- in die Star-Position wird erleichtert, wenn signifikante Verbesserungen am imitierten Produkt möglich sind, beispielsweise eine deutliche Reduktion der Abmaße oder des Gewichts, eine Ausstattung mit ästhetischen Komponenten oder ein geringerer Preis durch die bessere Beherrschung des Fertigungsprozesses. In jedem Fall muß es sich um Verbesserungen handeln, die die Kunden wahrnehmen können.

Reduktion von Fads zu Flops

Wenn die Transformation aus der Fad- in die Star-Position von den Führungskräften nicht gut genug beherrscht wird, kann das FuE-Projekt in der Flop-Position anstelle der Star-Position enden. Per Definition mangelt es heutigen FuE-Projekten in der Fad-Position an technologischem Reiz. Wenn morgen auch das Kun-

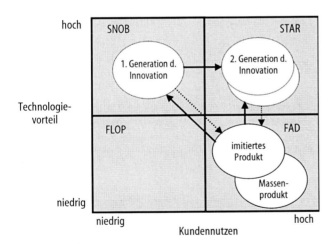

Bild 4-2: Dynamik, verursacht durch Innovation und Imitation

deninteresse schwindet, wandeln sie sich sehr schnell zu Flops. Führungskräfte sollten sich daher vor einer Transformationsanstrengung vier Fragen stellen:
- Läßt die dem FuE-Projekt zugrundeliegende Technologie noch Potential erhoffen?
- Können Vorteile im Projektergebnis, d.h. dem Produkt, in Form von neuen oder verbesserten Produkteigenschaften oder von günstigeren Fertigungsmöglichkeiten erzielt werden?
- Welche Verbesserungen sind erforderlich, hilft beispielsweise eine veränderte Marktabgrenzung oder -bearbeitung weiter?
- Ist eine radikale Produkt-/Prozeßveränderung geboten?

Entwicklung von Fads zu Snobs

In manchen Fällen gelangen FuE-Projekte aus der Fad- auch in die Snob-Position. Dies passiert vor allem dann, wenn sich das Management auf ein mehr oder weniger konstantes Fortbestehen des Kundeninteresses an dem Produkt verläßt und es einseitig seine Anstrengungen auf technologische Verbesserungen richtet.

Ein Beispiel für die Entwicklung von Fads zu Stars

Wie die japanische Industrie in den 70er Jahren den US-amerikanischen Markt für Farbfernsehstandgeräte erobert hat, ist ein gutes Beispiel dafür, wie FuE-Projekte und Produkte aus der Fad- in die Star-Position gelangen können (vgl. SCHERER 1992). Zuvor waren US-amerikanische Hersteller führend in der Gestaltung und Herstellung von Schwarz-weiß- und Farbfernsehgeräten mit Transistortechnologie. Die Firma Radio Corporation of America (RCA) war sogar der Pionier bei Schwarz-weiß-Geräten und besaß die zentralen Patente für die Farbfernsehgeräte. Beide Technologien konnten von Neueinsteigern in den Markt durch Lizenzierung erworben werden, daher war an dieser Stelle nur eine geringe Investition in Forschung und Entwicklung erforderlich. Dies eröffnete dem Wettbewerb Tür und Tor, und vor allem japanische Unternehmen nutzten diese Eintrittsmöglichkeit. Sie beließen es aber nicht bei einem einfachen Nachbau, was einem FuE-Projekt in der Fad-Position entsprochen hätte, sondern führten die Farbfernsehgeräte durch signifikante Verbesserungen der Produkt- und Herstellungsqualität in die Star-Position. Im Jahre 1976 hatten die japanischen Unternehmen damit die US-amerikanischen weitgehend vom Markt verdrängt.

Wie können Snobs die Position eines Stars erlangen?

FuE-Projekte in der Snob-Position besitzen hohe technologische Vorteile, sie lassen aber die Befriedigung von Kundenbedürfnissen noch nicht in ausreichendem Maß erkennen. Häufig handelt es sich um die allererste Generation einer Innovation, um technologisch herausfordernde FuE-Projekte (Bild 4-2).

Die Gründe für die schlechte Einschätzung von Kundenseite können vielschichtig sein: Vielleicht war oder ist die Marketingstrategie nur diffus, nicht ausgereift oder nicht gut umgesetzt. Vielleicht haben schlecht gestaltete Herstellungsprozesse oder eine mangelhafte Logistik die laufenden Kosten oder die Durchlaufzeiten in einer Weise erhöht, daß die Preisgestaltung für die Kunden unbefriedigend erscheint.

Gründe, die zur Einschätzung eines geringen Kundennutzens führen

Unter den skizzierten Umständen sollten Unternehmen bei FuE-Projekten in der Snob-Position vor allem ihren Servicegrad steigern und ihre Anstrengungen auf ein erfolgreiches Marketing richten. Die Frage, warum die Kunden das Projektergebnis nicht akzeptieren wollen, sollte eine Schlüsselrolle spielen. Liegen die Gründe darin, daß die Kunden nicht genügend Wissen über das Projektergebnis haben, verursacht vielleicht durch verfehlte Werbung oder eine unüberschaubare Komplexität in der Produktbenutzung? In welchem Ausmaß sollte das Unternehmen den Markt überhaupt erschließen? War möglicherweise der Markteinführungszeitpunkt falsch gewählt? Ein Beispiel für letzteres ist bei den Fahrzeugnavigationssystemen zu finden. Sie sind technologisch schon seit langem machbar und wurden in der Vergangenheit mehrmals erfolglos an den Markt gebracht. Ihr Erfolg ist erst erkennbar, seit die Kunden den Nutzen der Systeme und den dafür geforderten Preis als in einem akzeptablen Verhältnis stehend empfinden.

Steigerung des Servicegrades und veränderte Marketingstrategie

Wenn der Wettbewerbsvorteil durch interne Ineffizienzen verloren gegangen sein sollte, muß ein Unternehmen seine Prozesse neu organisieren. Können die Entwicklungszeiten verkürzt werden? Soll dazu das Personal in Forschung und Entwicklung ausgebaut werden? Können die Produktionskosten durch Techniken wie DFMA (Design for Manufacturing and Assembly) oder durch die Verwendung von mehr Standardteilen gesenkt werden (vgl. hierzu auch den Beitrag von PLEISSNER in diesem Buch)?

Reorganisation erforderlich

In manchen Fällen können die Antworten auf die oben gestellten Fragen die Führungskräfte eines Unternehmens zur Anbahnung von externen Kooperationen und Allianzen mit Wettbewerbern veranlassen, vor allem dann, wenn das Marktschließungsrisiko oder ein anderes Risiko als sehr hoch erscheinen. Die Chip-Industrie wendet dieses Vorgehen beispielsweise an, um das mit jeder neuen Generation von Chips erhöhte Investitionsrisiko zu verteilen.

Können Flops überhaupt die Position eines Stars erlangen?

Radikaler Wandel möglich?

In diametralem Gegensatz zu FuE-Projekten in der Star-Position befinden sich die in der Flop-Position. Sie leisten nur einen geringen Beitrag zu den Wettbewerbsvorteilen, und es mangelt ihnen auch an technologischer Attraktivität. Um FuE-Projekte in der Flop-Position zu revitalisieren, müssen zum einen die technologischen Aspekte wesentlich verändert werden, zum anderen muß der Nutzen, den die Kunden wahrnehmen, deutlicher als heute herausgestellt werden (Bild 4-3).

Revitalisierung von Flops nur mit hohem Aufwand

Es ist daher ein sehr aufwendiges Unterfangen, FuE-Projekte in der Flop-Position zu revitalisieren, u.a. auch deswegen, weil sie häufig nur geringe Rückflüsse erbringen, wendet man ihnen nur wenig Aufmerksamkeit

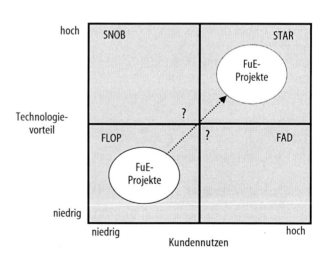

Bild 4-3: Können sich Flops zu Stars entwickeln?

zu. Bei einer Revitalisierung sollten die Führungskräfte sequentiell vorgehen, also sich entweder für die technologische oder die marktorientierte Seite entscheiden und diese dann zuerst verbessern. Beides zugleich ist in der Regel eine „Mission impossible", und häufig wird man FuE-Projekte in der Flop-Position auch einfach aus dem Portfolio streichen.

Das Ziel: Ein ausgeglichenes Portfolio

Ein ausgeglichenes Portfolio setzt sich aus FuE-Projekten und Geschäften zusammen, die dem Unternehmen mittel- und langfristig Wachstum und Gewinn sichern helfen und dabei ein unkalkulierbar hohes Risiko vermeiden helfen (vgl. HILL, JONES 1992). Im Technologie-Kundennutzen-Portfolio spiegelt sich ein solches Portfolio dann wider, wenn FuE-Projekte in der Star-, der Fad- und der Snob-Position vorliegen, manchmal gehören selbst Flops zu einem ausgeglichenen Portfolio. Diese FuE-Projekte bewegen sich – wie in den vorhergehenden Abschnitten ausgeführt – von einer zu einer anderen Position. Je nach Marktgegebenheiten und Umfeldeinflüssen müssen manchmal selbst Projekte aus der Star-Position zurücktreten und Raum für andere Projekte geben.

Warum sollte ein ausgeglichenes Portfolio auch FuE-Projekte in der Fad-Position enthalten? Zwei Gründe mögen hierfür ausschlaggebend sein. Zum einen können Fads hochprofitabel sein - auch wenn sie technologisch nicht weiterführend sind. Zum anderen können Fads sich durchaus zu Stars entwickeln. Da normalerweise Projekte in der Fad-Position auf die Imitation von Konkurrenzprodukten gerichtet sind, läßt sich darüber hinaus auch das Markteinführungsrisiko deutlich senken. Letztlich besitzen Fads alle Vor- und Nachteile eines technologischen Folgers.

Bedeutung von Fads

Fast ebenso wichtig wie Projekte in der Fad-Position sind solche in der Snob-Position, dies gilt insbesondere für Unternehmen in High-tech-Branchen. Solche Projekte führen zu einem Anstieg der technologischen Kompetenz, in manchen Fällen liefern sie eine Durchbruchsplattform für völlig neue Geschäfte. Wenn es gelingt, aus einem Snob einen Star zu machen, können sie die Kernkompetenzen und -fähigkeiten eines Unter-

Bedeutung von Snobs

nehmens stärken und erweitern, sie können einen Vorsprung schaffen, der von den Wettbewerbern nur schwer aufzuholen ist.

Literatur

ABELL, DEREK F.; HAMMOND, JOHN S.: Strategic market planning – Problems and analytical approaches. Englewood Cliffs: Prentice Hall 1979.

CAPON, NOEL; GLAZER, RASHI: Marketing and technology – strategic coalignment, in: Journal of Marketing, 51 (1987) July, pp. 1–14.

CLARK, KIM B.; WHEELWRIGHT, STEVEN C.: Managing new product and process development – Text and cases. New York: The Free Press 1993.

COLE, GEORGE: Technology – Making sense of the future, in: Financial Times, (1995) September, p. 15.

COOPER, ROBERT G.; KLEINSCHMIDT, ELKO J.: Major new products – What distinguishes the winners in the chemical industry, in: Journal of Product Innovation Management, 10 (1993) 2, pp. 90-111.

COOPER, ROBERT G.; KLEINSCHMIDT, ELKO J.: Performance typologies of new product projects, in: Industrial Marketing Management, 24 (1995), pp. 439-456.

DAY, GEORGE: Diagnosing the product portfolio, in: Journal of Marketing, 41 (1977) 2, pp. 29-38.

GEORGE, LAURO L.; VEPSÄLÄINEN, ARI. P.J.: Assessing technology portfolios for contract competition – An analytic hierarchy process approach, in: Socio-Economic Planning Science, 20 (1986) 6, pp. 407-415.

GOODING, CLAIRE: Survey of international standards – Pioneer uses of IT, in: Financial Times, (1995) October, p. 13.

HILL, CHARLES W.; JONES, GARETH R.: Strategic management – An integrated approach. Boston, MA: Houghton Mifflin 1992.

NOORI, HAMID: Managing the dynamics of new technology – Issues in manufacturing management. Englewood Cliffs, New Jersey 1990.

PORTER, MICHAEL E.: Competitive advantage – Creating and sustaining superior performance. New York: The Free Press 1985.

PRAHALAD, C. K.; HAMEL, GARY: The core competence of the corporation, in: Harvard Business Review, (1990) May-June, pp. 213-225.

SCHERER, FREDERIC M.: International high-technology competition. Cambridge, Massachusetts: Harvard University Press 1992.

SEGEV, ELI: Corporate strategy, Portfolio Models. London: International Thomson Publishing 1995.

VEPSÄLÄINEN, ARI P. J.; LAURO, GEORGE L.: Analysis of R&D portfolio strategies for contract competition, in: IEEE Transactions on Engineering Management, 35 (1988) 3, pp. 181-186.

WINBERG, NEIL: Good news, bad news man; in: Forbes, (1996) 1, pp. 58-59.

5 Szenariobasierte Zusammenstellung von Innovationsprogrammen

MARTIN G. MÖHRLE

Im vorhergehenden Beitrag haben Juliana Hsuan und Ari Vepsäläinen die Bewertung von FuE- und Innovationsprojekten mit dem Technologievorteils-Kundennutzen-Portfolio vorgeschlagen. Dieser Gedanke wird nun vom Herausgeber im Grundsatz fortgeführt, im Detail zum Technologiedruck-Marktsog-Portfolio variiert und um szenariobasiertes Denken ergänzt. Das hieraus resultierende Instrument der szenariobasierten Zusammenstellung von Innovationsprogrammen dient zur zukunftsorientierten Ausrichtung des Leistungsspektrums eines Unternehmens. Durch darauf aufbauende projekt- und programmorientierte Strategien kann der FuE- bzw. Innovationsmanager zudem das in seinem Programm liegende Synergiepotential erhöhen und das Gefahrenpotential deutlich verringern.

Einführung

Wohl kaum jemals in der Geschichte der Bundesrepublik war die Notwendigkeit von Innovationen so spürbar wie heute. In traditionellen Industriezweigen wie dem Maschinenbau, der Textilindustrie und der Unterhaltungselektronik brechen Unternehmen weg, in anderen ebenfalls traditionellen Zweigen wie der klassischen Chemie und der Elektrotechnik stagnieren sie. Gleichzeitig wachsen Unternehmen in der Software-Industrie, der Pharmazeutik sowie bei den Finanzdienstleistungen. Dies im Verbund betrachtet belegt die These, daß ein großer Teil des Geschäfts der Zukunft mit innovativen, also neuartigen oder neuartig hergestellten Produkten und Dienstleistungen bestritten werden wird. Allerdings hat die Industrie der Bundesrepublik Deutschland insbesondere in diesen Bereichen ihre Schwächen

Tendenzielle Entwicklung in Deutschland: Abkehr von traditionellen Industriezweigen hin zu (vgl. MÜLLER-MERBACH 1994, S. 83-85, mit einer Analyse des Revealed Comparative Advantage von 15 Ländern in Produkten der Spitzentechnik).

... innovativen Produkt- und Dienstleistungsbranchen

Die Handlungsempfehlung auf die besagte These und damit auch das Rezept zur Überwindung der deutschen Strukturkrise klingt einfach: Statt traditioneller sollten die Unternehmen innovative Produkte und Dienstleistungen erstellen und anbieten. Trotz dieses einfachen Klanges besteht ein zentrales Problem im Aufspüren der Felder, in denen die neuen Produkte und Dienstleistungen eingesetzt werden können. Dieses Problem resultiert nicht zuletzt aus der Unsicherheit bis hin zur Ungewißheit, mit der zukünftige Entwicklungen behaftet sind.

Inhaltlicher Überblick:

In diesem Aufsatz wird als Instrument zur zukunftsorientierten Ausrichtung des Leistungsspektrums eines Unternehmens die szenariobasierte Zusammenstellung von Innovationsprogrammen vorgeschlagen. Sie knüpft an das konzeptionelle Technologiedruck-Marktsog-Denken an, auf das ein gleichnamiges Portfolio aufbaut (vgl. auch den Beitrag von HSUAN, VEPSÄLÄINEN in diesem Buch) und eignet sich insbesondere für die mittelfristig und langfristig angelegte Planung der Innovationen.

... Grundversion,

- Die Grundversion der szenariobasierten Zusammenstellung von Innovationsprogrammen wird im Zusammenspiel mit dem Technologiedruck-Marktsog-Portfolio entwickelt.

... Variation,

- Die Grundversion kann in verschiedener Weise variiert und damit an die situativen Gegebenheiten in verschiedenen Unternehmen angepaßt werden. Auch zeigt ein Blick über die Grenzen der szenariobasierten Zusammenstellung alternative Vorgehensmöglichkeiten auf.

... Integration

- Die szenariobasierte Zusammenstellung von Innovationsprogrammen bildet einen Teil eines umfassenderen Szenario-Managements im Unternehmen, das u. a. die Verwendung von Leitszenarien vorsieht und dessen Grundzüge im Ausblick skizziert werden. Die Chancen, die sich hieraus für die Unternehmen der bundesdeutschen Industrie ergeben, sollten nicht ungenutzt bleiben.

Grundversion der szenariobasierten Zusammenstellung von Innovationsprogrammen

Experten schätzen zukünftige Entwicklungen häufig in unterschiedlicher Weise ein. Die Gründe hierfür liegen u.a. in unterschiedlichen Annahmen über die maßgebenden Einflußfaktoren und deren Verknüpfung, aber auch in unterschiedlichen Lebenseinstellungen wie der Risikoneigung sowie der optimistischen oder pessimistischen Grundhaltung. Aus den Unterschieden bei der Zukunftseinschätzung resultiert es, daß Experten ein und dasselbe Innovationsprojekt – trotz allseitig ernsthaften Bemühens – verschieden einschätzen (vgl. MÖHRLE, VOIGT 1993, S. 982-983, mit den Ergebnissen einer Fallstudie aus der Mikroelektronik). Als neues Instrument sei nun die szenariobasierte Zusammenstellung von Innovationsprogrammen eingeführt. Sie löst aus der Beurteilungs- und Zusammenstellungsaufgabe die Annahmenexplizierung heraus, und sie vermag damit:

- die Experten zu einer gemeinsamen Sicht zu führen,
- sie für strategische Aspekte zu sensibilisieren,
- die Zusammenstellung eines Innovationsprogramms begründbar und damit besser kommunizierbar zu machen.

Die szenariobasierte Zusammenstellung von Innovationsprogrammen ist in verschiedenen Varianten vorstellbar (vgl. ZENTNER 1982 und VON ILSEMANN 1980 mit einem Vorläufer, der szenariobasierten Beurteilung von Großinvestitionen bei der Shell AG). Ihre Grundversion knüpft an das Denken in Technologiedruck- und Marktsog-Aspekten an, wie es im gleichnamigen Portfolio in konzeptioneller und graphischer Form zum Ausdruck kommt. Die Grundversion umfaßt sechs Teilaufgaben (Bild 5-1):

1. Das Innovationsprogramm eines Unternehmens oder Unternehmensbereichs setzt sich aus allen in einer bestimmten Periode laufenden ebenso wie den zu beginnenden Innovationsprojekten zusammen. Dabei unterscheidet sich ein Innovationsprogramm – neben der inhaltlichen Abgrenzung der betrachteten Projekte – vor allem darin von einem Investitionsprogramm, daß bereits laufende Projekte stan-

Experten schätzen die zukünftigen Entwicklungen verschieden ein

Die szenariobasierte Zusammenstellung von Innovationsprogrammen als neues Instrument

Grundversion der szenariobasierten Zusammenstellung von Innovationsprogrammen

Sechs Teilaufgaben:

... Aufbereitung der Projekte und Projektideen,

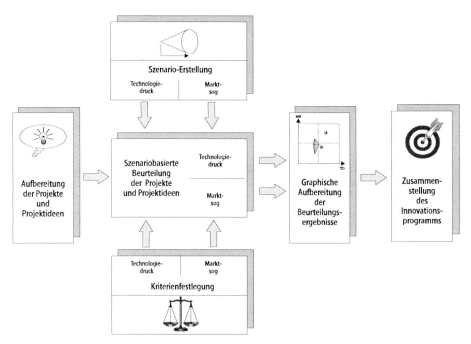

Bild 5-1: Grundversion der szenariobasierten Zusammenstellung von Innovationsprogrammen

dardmäßig nochmals in Frage gestellt werden (vgl. zu Investitionsprogrammen u. a. BLOHM, LÜDER 1995, S. 271-273). Dies läßt sich durch unterschiedliche Entscheidungsnotwendigkeiten begründen: Während bei einer Investition in der Regel eine einmalige Entscheidung genügt und die größten Auszahlungen typischerweise kurz nach der Entscheidung anfallen, bedarf es bei Innovationsprojekten mit längerer Laufzeit und über die Laufzeit verteiltem Mittelabfluß mehrmaliger, auch Umfeldentwicklungen berücksichtigende Go-/Nogo-Entscheidungen. Dafür sind die zur Überprüfung oder zur Aufnahme in das Innovationsprogramm vorgesehen, entweder bereits bestehenden oder erst in Ideenskizzen vorliegenden Projekte aufzubereiten und in beurteilbarer Form darzustellen.

... Szenario-Erstellung,

2. Die beurteilenden Experten erstellen in gemeinsamer Arbeit Szenarien für die Zukunft, und zwar jeweils zwei oder mehr Szenarien für die zukünftige Technologielandschaft sowie zwei oder mehr Szenarien für das zukünftige wirtschaftliche Umfeld.

3. Ebenso einigen sie sich auf ein Verfahren zur Bestimmung von Technologiedruck und Marktsog eines Innovationsprojekts. Beispielsweise können sie zwei Kriterienraster und deren Amalgamation festlegen.

... Kriterienfestlegung,

4. Vor dem Hintergrund der Szenarien für die zukünftige Technologielandschaft beurteilen die Experten den Technologiedruck der vorgeschlagenen Innovationsprojekte, vor dem Hintergrund der Szenarien für das zukünftige wirtschaftliche Umfeld den Marktsog.

... szenariobasierte Beurteilung der Projekte und Projektideen,

5. Die Ergebnisse finden Eingang in das Technologiedruck-Marktsog-Portfolio. Für jedes Innovationsprojekt entsteht dabei eine Chancen-/Gefahrenfläche. In diesem Aufsatz wird bewußt für die Streuung der Einschätzungen für ein Innovationsprojekt das Begriffspaar der Chancen und Gefahren gewählt, um eine klare Abgrenzung zum Risikobegriff nach SCHNEIDER (1992, S. 35) im Sinne der „mangelnden Beherrschung dessen, was eintreten wird" – vorzunehmen.

... Aufbereitung der Beurteilungsergebnisse und

6. Die Experten beurteilen die Innovationsprojekte im einzelnen, sie stellen probeweise mögliche Innovationsprogramme zusammen und diskutieren sie, und sie legen ein abschließendes Innovationsprogramm fest. Dabei haben sie verschiedene Taktiken zur Auswahl.

... Zusammenstellung des Innovationsprogramms

Bei allen sechs Teilaufgaben, insbesondere aber bei Teilaufgabe 2, scheint das Hinzuziehen eines erfahrenen Moderators nützlich, der sich mit der Szenario-Technik einerseits und mit der Beurteilung von Innovationsprojekten andererseits auskennt.

Hinzuziehen eines erfahrenen Moderators ist nützlich

Das Beispiel eines Elektrokleingeräteherstellers illustriert im folgenden die Grundversion der szenariobasierten Zusammenstellung von Innovationsprogrammen, wobei alle sechs Teilaufgaben weiter ausgeführt werden. Das Beispiel wurde im Rahmen eines Seminars von Studierenden entwickelt, gleichwohl wurden Innovationsprojekte und Szenarien mit Unternehmensvertretern abgestimmt, und sie sind dabei als durchaus praxisnah eingestuft worden.

Teilaufgabe 1:

Aufbereitung der vorgeschlagenen Innovationsprojekte

Sprachliche und inhaltliche Aufbereitung

Alle Innovationsprojekte, die für das Innovationsprogramm vorgeschlagen wurden, sind sprachlich und inhaltlich aufzubereiten:

- Zunächst scheint die Formulierung der in den Innovationsprojekten verfolgten Aufgabenstellungen in einfacher Sprache, ohne allzuviele Fachwörter empfehlenswert. Diese Empfehlung resultiert analog zur Methodik des Erfindens nach ALTSCHULLER, SELJUZKI (1983) und findet ihre Entsprechung bspw. auch in dem Beitrag von DIRLEWANGER in diesem Buch.
- Zur Vorbereitung einer Begutachtung bedarf es neben einer Beschreibung der Projektidee weiterer Angaben, beispielsweise des vorhandenen Mitarbeiterpotentials, des Zukaufs von Know-how, der Produzierbarkeit etc. In vielen Unternehmen existiert hier ähnlich wie in der Investitionsplanung ein Standardformular, das es zu bearbeiten gilt (siehe auch den Beitrag von GESCHKA und LENK in diesem Buch).

Beispiel aus der Elektrokleingeräteindustrie: drei Innovationsprojekte aus dem Bereich der Heißgetränkezubereitung

In dem Beispiel aus der Elektrokleingeräteindustrie möge es um drei Innovationsprojekte aus dem Bereich der Heißgetränkezubereitung gehen. Auch wenn die Projektideen ungewohnt erscheinen mögen, verlangt doch keine von ihnen einen technologischen Durchbruch, der heute noch nicht in Sicht wäre:

- Wasserhärteabhängiges Brühverfahren: Je nachdem, welches Wasser (insbesondere mit welcher Härte) zum Brühen von Heißgetränken verwendet wird, ergibt sich ein spezieller Geschmack. Durch Messung der Wasserhärte und Anpassung des Brühverfahrens kann dieser teilweise unerwünschte Effekt vermindert werden.
- Physiologisch ausgelöste Kaffeezubereitung: Heutzutage wird die Kaffeezubereitung durch aktives menschliches Handeln ausgelöst. In der Zukunft könnte man aber auch physiologische Kenngrößen des Menschen wie Pulsschlag und Hautwiderstand messen, darin etwa mittels wissensbasierter Klassifikation Erschöpfungszustände erkennen und via Funksignal die Kaffeeproduktion einleiten.
- Heißgetränk für unterwegs: In einer Dose werden Wasser, Tee oder Kaffee im Beutel sowie ein bioche-

misches Gemisch eingebracht. Nach Öffnen der Dose kommen Wasser und Kaffee oder Tee miteinander in Berührung, und das biochemische Gemisch erzeugt soviel Wärme, daß nach 30 Sekunden eine frisch gebrühte Tasse Kaffee oder Tee bereitsteht.

Teilaufgabe 2:

Erstellung von Szenarien, getrennt nach Technologiedruck und Marktsog

Um gemeinsame Annahmen über zukünftige Situationen zu bilden, eignet sich das Denken in Szenarien. Szenarien sind „Bilder der Zukunft", die mittels einer nachvollziehbaren Erstellungsweise ausgehend vom Stand der Gegenwart entwickelt werden. GESCHKA und V. REIBNITZ nennen die Erstellungsweise „Szenario-Technik" (vgl. grundlegend GESCHKA, V. REIBNITZ 1983 sowie V. REIBNITZ 1992, im Zusammenspiel mit strategischer Unternehmensplanung GÖTZE 1993, MEYER-SCHÖNHERR 1992 sowie GESCHKA, WINCKLER 1989, in besonderer Betonung der Robustheit von Szenarien GAUSEMEIER, FINK, SCHLAKE 1995, sich kritisch mit den kognitiven Wirkungen von Szenarien auseinandersetzend PIATTELLI-PALMARINI 1997, S. 119-123). Fünf der von ihnen vorgeschlagenen acht Schritte zur Erstellung von Szenarien liegen den für die szenariobasierte Zusammenstellung von Innovationsprogrammen benötigten Umfeldszenarien zugrunde (Bild 5-2):

- Im ersten Schritt strukturieren die Experten das Untersuchungsfeld, nachdem sie sich über die Aufgabenstellung geeinigt haben.
- Im zweiten Schritt ermitteln die Experten, in der Regel durch Anwendung einer Kreativitätstechnik unterstützt, Einflußfaktoren, die sich auf das Untersuchungsfeld auswirken.
- Im dritten Schritt werden für alle Einflußfaktoren Deskriptoren gewählt. Deskriptoren sind „greifbare", zumeist quantitativ faßbare Variablen; für sie können unterschiedliche Ausprägungen in Form von Projektionen angegeben werden.
- Im vierten Schritt beurteilen die Experten die Stimmigkeit von alternativen Annahmen. Durch die Szenario-Assumption-Ranking-Technik lassen sich hieraus konsistente Bündel von Annahmen ableiten. Bei

Szenariobasiertes Denken zur geistigen Vorwegnahme zukünftiger Situationen

Fünf Schritte der Szenario-Entwicklung:

... Strukturierung des Untersuchungsfeldes,

... Einflußfaktoren

... Deskriptoren der Einflußfaktoren wählen,

... Beurteilung der Stimmigkeit von alternativen Annahmen und

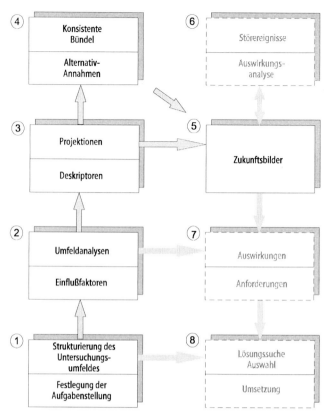

Bild 5-2: Erstellung von Umfeldszenarien in fünf Schritten. Quelle: In Anlehnung an Geschka und Winckler (1989, S. 19).

... Szenarien aufstellen

geschickter Anwendung umfassen die konsistenten Bündel deutlich unterschiedliche Situationen der Zukunft.

- Im fünften Schritt formulieren die Experten in der Regel mehrere Szenarien, die jeweils auf einem konsistenten Annahmenbündel aufbauen und meist in Form einer kurzen „Geschichte" dargestellt werden.

Szenario-Technik je einmal für den Technologiedruck und

Für die szenariobasierte Zusammenstellung von Innovationsprogrammen ist die Szenario-Technik zweimal anzuwenden: einmal für den Technologiedruck und einmal für den Marktsog. Beim Technologiedruck bedarf es der Technologieszenarien. GESCHKA (1993) empfiehlt zur Erfassung der für eine Technologie relevanten Einflußfaktoren ein Denkschema, den Technologie-Komplex. Im Technologie-Komplex werden die Beziehungen zwischen der betrachteten Technologie, ihren

Vorgänger- und Nachfolgertechnologien sowie komplementären und substituierenden Technologien hergestellt. Hingegen bedarf es beim Marktsog der Nachfrage- und Wettbewerbsszenarien (vgl. GESCHKA, V. REIBNITZ 1983 mit einer Anwendung in der Freizeitbranche).

... den Marktsog anwenden

Im Beispiel des Elektrokleingeräteherstellers wurden je drei Szenarien für den Technologiedruck und drei Szenarien für den Marktsog entwickelt. Aus Gründen der Verkürzung seien nur drei Szenarien herausgestellt, und zwar die Szenarien Technologiedruck 1 und 2 zur Illustration der Unterschiede innerhalb des Technologiedrucks und das Szenario Marktsog 2 zur Illustration der Unterschiede zwischen Technologiedruck und Marktsog:

Das Beispiel des Elektrokleingeräteherstellers:

- Szenario Technologiedruck 1 „Durchstarten der µ-Techniken": Die µ-Techniken (Mikroelektronik, Mikrosystemtechnik, Mikromechanik) sind durchgestartet. Aufbauend auf das in den 90er Jahren erreichte hohe Niveau wurden weitere Fortschritte erzielt, insbesondere bei der Verknüpfung zwischen Sensortechnik (mikromechanisch hergestellt) und intelligenter Auswertung (mikroelektronisch/softwaremäßig) realisiert. Verbunden mit dem erwarteten Ausbau der Telematik sind fernmessende Einheiten und fernausgelöste Steuerungen kein Problem mehr. Etwas enttäuschend war der Verlauf der Gentechnik, die trotz langsamen Vordringens in die Ernährungstechnologie noch nicht für eine Revolution gesorgt hat.

... Szenario Technologiedruck 1 „Durchstarten der µ-Techniken",

- Szenario Technologiedruck 2 „Welt der Gene": Der Durchbruch der Gentechnik ist gelungen: Nicht nur medikamentöse Behandlung, auch ein Großteil der menschlichen Ernährung basiert auf genetisch veränderten Pflanzen und Kleinlebewesen. Neue Sensibilität und Begeisterung für die Biochemie geht mit diesem Trend einher, individuell schmeckende Speisen stellen kein technisches Problem mehr dar. Gegenüber den Fortschritten in der Gentechnologie sind die Fortschritte in anderen Technikfeldern wie den µ-Techniken oder der Telematik zurückgeblieben, wenngleich auch dort Verbesserungen erzielt werden konnten. Das zentrale Forschungsthema ist die unmittelbare Kopplung zwischen Bioorganismen und µ-Elektronik, um die gentechnische Produktion über Software-Leitstände steuern zu können.

... Szenario Technologiedruck 2 „Welt der Gene",

- Szenario Technologiedruck 3 „Dominante Telematik"
- Szenario Marktsog 1 „Neue Kunden, neue Anforderungen"

...Szenario Marktsog 2 „Durchwursteln – Probleme werden fortgeschleppt"

- Szenario Marktsog 2 „Durchwursteln – Probleme werden fortgeschleppt": Die strukturellen Probleme der Bundesrepublik, die sich Ende der 90er Jahre offenbart haben, konnten nur unzureichend gelöst werden. Die düstere Vision einer 1/3-Gesellschaft, bei der ein Drittel der Beschäftigten hochqualifiziert tätig und die übrigen zwei Drittel ohne Arbeit sind, ist Wirklichkeit geworden. Mit dem ansteigenden Individualismus nimmt bei den zwei Dritteln der Unbeschäftigten die Vereinsamung zu. Diese Bürger agieren teils zunehmend gewalttätig, teils schließen sie sich zu Selbsthilfegruppen zusammen. Die Massenkaufkraft sinkt, in ihrer Freizeit greifen die Bürger auf Altbekanntes zurück. Das Drittel der hochqualifiziert Tätigen hat zwar ein teilweise üppiges Einkommen, doch fehlt ihm die Freizeit, um dieses Einkommen für Konsumgüter auszugeben.
- Szenario Marktsog 3 „Wandel zum Ökomarkt".

Teilaufgabe 3:

Bestimmung von Technologiedruck und Marktsog

Technologiedruck-Marktsog-Portfolios ermöglichen eine zweigeteilte Einschätzung der Innovationsprojekte

Analog zu den Szenarien, bei denen zwischen Technologie- und Nachfrage- bzw. Wettbewerbsszenarien unterschieden wurde, legt die Konzeption des Technologiedruck-Marktsog-Portfolios eine zweigeteilte Einschätzung der Innovationsprojekte nahe. Der Technologiedruck steht dabei für eher technologisch-strategische Aspekte eines Innovationsprojekts, der Marktsog für die nachfrage- und wettbewerbsbezogenen Aspekte. Beide, Technologiedruck und Marktsog, verkörpern eher unternehmensexterne Größen, die schwer durch eigene Aktionen zu beeinflussen sind, gleichwohl aber signifikanten Einfluß auf den Projekterfolg haben (vgl. etwa die auf Vergleichen zwischen erfolgreichen und erfolglosen Innovationsprojekten beruhenden Ergebnisse von KLEINSCHMIDT, GESCHKA, COOPER 1996, S. 29). Zur Bestimmung von Technologiedruck und Marktsog gibt es mehrere Möglichkeiten (vgl. BROCKHOFF 1998, S. 327-357, mit einem Überblick über Methoden der Bewertung von Innovationsprojekten), u.a.:

- das Anwenden eines Kriterienrasters und die Zusammenführung der Kriterien über eine Nutzwertanalyse (vgl. u.a. MÖHRLE 1988, S. 14-16, MÖHRLE, VOIGT 1993, S. 981-984, ferner den ausführlichen Kommentar von MARTIN 1992, S. 416-421),
- die jeweilige Generierung mittels eines Analytic-Hierachy-Process-Ansatzes (vgl. zum Analytic Hierarchy Process in diesem Zusammenhang LIBERATORE 1987, zu einer beispielhaften Anwendung den Beitrag von SCHRANK und PERLITZ in diesem Buch),
- der ganzheitliche Vergleich zwischen den Innovationsprojekten hinsichtlich von Technologiedruck und Marktsog (vgl. SPECHT, BECKMANN 1996, S. 222-225).

Als Kriterien für den Technologiedruck eignen sich vor allem die Neuheit eines Innovationsprojekts, die Übertragbarkeit der bei der Projektbearbeitung gewonnenen Erkenntnisse und Technologien auf andere Innovationsprojekte sowie die vorhandene Kompetenz zur erfolgreichen Projektdurchführung. Der Marktsog umfaßt den mit dem Ergebnis eines Innovationsprojekts möglichen Ertrag, die Vorteile gegenüber den Wettbewerbern, ferner die Nachhaltigkeit der möglichen Vorteile.

Zur Quantifizierung von Technologiedruck und Marktsog gibt es zahlreiche Ausführungen, ihre Illustration am Beispiel des Elektrokleingeräteherstellers sei daher auf die genannten drei Kriterien für den Technologiedruck und die genannten drei Kriterien für den Marktsog mit gleicher Gewichtung und additiver Amalgamation vereinfacht.

Teilaufgabe 4:

Beurteilung der Innovationsprojekte

In der Beurteilung der Innovationsprojekte fließen die Ergebnisse der vorgenannten drei Teilaufgaben zusammen. Jedes Innovationsprojekt wird mehrfach beurteilt; in der Hauptsache abhängig von der Gestaltung der Bestimmung von Technologiedruck und Marktsog:

Marginalien:
- Mehrere Möglichkeiten:
- ... Kriterienraster und Nutzwertanalyse,
- ... Analytic-Hierarchy-Process-Ansatz und
- ... ganzheitlicher Vergleich
- Geeignete Kriterien für Technologiedruck und
- ... Marktsog
- Beispiel des Elektrokleingeräteherstellers
- Beurteilung der Innovationsprojekte

- Wird der Technologiedruck (bzw. der Marktsog) anhand eines Kriterienrasters ermittelt, dann beurteilen die Experten die Ausprägung jedes Kriteriums für jedes Innovationsprojekt vor dem Hintergrund jedes Szenarios des Technologiedrucks (bzw. des Marktsogs). Bei drei Kriterien für den Technologiedruck, zehn zu beurteilenden Innovationsprojekten und drei Technologiedruck-Szenarien kommt es dann zu 3*10*3=90 Einschätzungen. Mittels Amalgamation werden diese 90 Einschätzungen sodann auf drei Werte, jeweils einen pro Szenario, konzentriert.
- Wird der Technologiedruck (bzw. der Marktsog) anhand eines Analytic-Hierarchy-Process-Ansatzes oder anhand eines einfachen ganzheitlichen Vergleichs bestimmt, dann muß dieser Prozeß für jedes Szenario des Technologiedrucks (bzw. des Marktsogs) wiederholt werden.

Beispiel des Elektrokleingeräteherstellers

Im Beispiel des Elektrokleingeräteherstellers sind die drei Innovationsprojekte vor dem Hintergrund der jeweils drei Szenarien für den Technologiedruck und den Marktsog zu beurteilen (Tabellen 5-1 und 5-2). Die Experten stellen dabei – empfehlenswerter Weise in gemeinsamer Sitzung – die Beurteilungsfrage nicht wie herkömmlich in der Form: „Wie ist die Neuheit des Heißgetränks für unterwegs zu beurteilen?", sondern in der szenariobasierten erweiterten Formulierung: „In der Welt hat sich die Gentechnik durchgesetzt, und die Biochemie stößt ebenfalls in neue Anwendungsgebiete vor. Dies hat auch zu entsprechender Kompetenzbildung in unserem Unternehmen geführt (Szenario Technologiedruck 2). Inwieweit ist in einer solchen Situation ein Heißgetränk für unterwegs neuartig?"

Teilaufgabe 5:

Graphische Aufbereitung der Ergebnisse im Technologiedruck-Marktsog-Portfolio

Grobeinschätzung im Technologiedruck-Marktsog-Portfolio

Die Ergebnisse der Beurteilung bieten sich zur graphischen Aufbereitung an. Als Hilfsmittel eignet sich dazu das Technologiedruck-Marktsog-Portfolio, aus dem zudem – bei geeigneter Skalierung – eine erste Einschätzung der Innovationsprojekte nach Rennern (Stars),

Tabelle 5-1: Bestimmung des Technologiedrucks im Beispiel des Elektrokleingeräteherstellers (WhB: „Wasserhärteabhängiges Brühverfahren", PaK: „Physiologisch ausgelöste Kaffeezubereitung", Hfu: „Heißgetränk für unterwegs")

	Szenario Technologiedruck 1			Szenario Technologiedruck 2			Szenario Technologiedruck 3		
	WhB	Pak	Hfu	WhB	Pak	Hfu	WhB	Pak	Hfu
Neuheit	4	9	7	5	9	5	5	8	7
Übertragbarkeit	8	9	1	7	8	3	7	9	1
Kompetenz	10	7	4	7	6	10	7	7	4
Technologiedruck	7,3	8,7	4	6,3	7,7	6	6,3	8	4

Tabelle 5-2: Bestimmung des Marktsogs für Innovationsprojekte im Beispiel des Elektrokleingeräteherstellers (WhB: „Wasserhärteabhängiges Brühverfahren", PaK: „Physiologisch ausgelöste Kaffeezubereitung", Hfu: „Heißgetränk für unterwegs")

	Szenario Marktsog 1			Szenario Marktsog 2			Szenario Marktsog 3		
	WhB	Pak	Hfu	WhB	Pak	Hfu	WhB	Pak	Hfu
Ertrag	4	9	10	4	8	8	6	7	3
Vorteil	2	10	5	3	10	5	4	9	1
Nachhaltigkeit	4	8	5	4	8	5	4	8	1
Marktsog	3,3	9	6,7	3,7	8,7	6	4,7	8	1,7

Drückern (Snobs), Ziehern (Fads) und Schläfern (Flops) vorgenommen werden kann.

Für jedes Innovationsprojekt können die Experten mehrere Positionen in das Portfolio eintragen: jeder Technologiedruck-Wert eines Projekts bei jedem Technologiedruck-Szenario läßt sich mit jedem Marktsog-Wert eines Projekts bei jedem Marktsog-Szenario kombinieren. So entstehen bei je drei Technologiedruck- und Marktsog-Szenarien 3x3=9 Positionen. Um die mit einem Innovationsprojekt verbundenen Chancen und Gefahren zu visualisieren, hat sich das Eintragen einer entsprechenden Fläche bewährt, die als Viereck ausgestaltet ist und in drei Schritten konstruiert wird:

Konstruktion von Chancen-/Gefahrenflächen

- Zuerst berechnen die Experten jeweils für Technologiedruck und Marktsog einen Durchschnittswert (einfaches arithmetisches Mittel).
- Als Eckpunkte der Chancen-/Gefahrenfläche werden sodann vier Punkte eingetragen: das Maximum des Technologiedrucks und der Durchschnittswert des Marktsogs, das Minimum des Technologiedrucks und der Durchschnittswert des Marktsogs, der Durchschnittswert des Technologiedrucks und das Maximum des Marktsogs, letztlich der Durchschnittswert des Technologiedrucks und das Minimum des Marktsogs.
- Die Experten verbinden die vier Punkte miteinander, wobei sie neben dem äußeren Kantenzug noch ergänzend den Schwerpunkt (Durchschnittswert des Technologiedrucks und des Marktsogs) eintragen.

Definition: Chancen und Gefahren

An dieser Stelle sei auf die Definition von Chancen und Gefahren im hier vorgeschlagenen Ansatz hingewiesen:
- Als Chance für Technologiedruck oder Marktsog sei der Bereich oberhalb des jeweiligen Durchschnittswerts bezeichnet,
- als Gefahr für Technologiedruck und Marktsog sei der Bereich unterhalb des jeweiligen Durchschnittswerts bezeichnet.

Beispiel des Elektrokleingeräteherstellers

Im Beispiel aus der Elektrokleingeräteindustrie ergeben sich für die drei Innovationsprojekte unterschiedliche Beurteilungen (Bild 5-3):
- Am unsensibelsten auf die Szenarien reagiert das Innovationsprojekt der „Physiologisch ausgelösten Kaffeezubereitung". Es bleibt zudem bei jeder Kombination im Feld der Renner.
- Nicht viel sensibler verhält sich das Innovationsprojekt des „Wasserhärteabhängigen Brühverfahrens". Auch bei diesem Innovationsprojekt liegen alle Eintragungen im selben Feld, in diesem Fall im Feld der Zieher.
- In starkem Maße sensibel, was mögliche Umfeldsituationen angeht, zeigt sich das Innovationsprojekt des „Heißgetränks für unterwegs". Seine Positionen befinden sich in allen vier Feldern des Portfolios; dasselbe Innovationsprojekt kann also je nach Situation ein Renner, Drücker, Zieher oder selbst ein Schläfer sein.

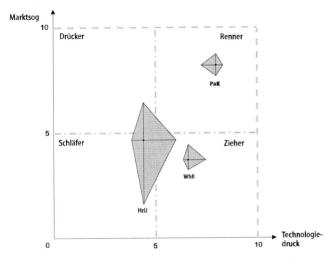

Bild 5-3: Technologiedruck-Marktsog-Portfolio mit Chancen-/Gefahrenflächen für drei Innovationsprojekte (Legende siehe Tabelle 5-1)

Teilaufgabe 6:

Zusammenstellung des Innovationsprogramms

Auf die tabellarische und graphische Aufbereitung der Beurteilungsergebnisse baut die Zusammenstellung des Innovationsprogramms auf. Das der graphischen Aufbereitung dienende Technologiedruck-Marktsog-Portfolio legt einige Auswahlempfehlungen bereits nahe, allerdings eher in der Form von „weichen" Empfehlungen als von „harten" Entscheidungsregeln. Bei szenariobasierter Zusammenstellung kommen weitere Möglichkeiten hinzu, die in vier Taktiken gefaßt seien.	Auf „weiche" folgen „harte" Empfehlungen
Durch die Einteilung des Portfolios in vier Felder (Bild 5-3) erhalten die beurteilenden Experten eine erste Auswahlhilfe (vgl. analog dazu HSUAN, VEPSÄLÄINEN in diesem Buch). Die skizzierte Aufteilung auf die vier Felder ist kein Muß; alternativ könnten Nordwest-Südost-Diagonalen für eine Unterteilung des Portfolios sorgen:	Aufteilung in vier Felder:
• Renner (Stars), gekennzeichnet durch gleichzeitig hohen Technologiedruck und hohen Marktsog, sind Innovationsprojekte, die in der idealen Position liegen. Sie sollten uneingeschränkt gefördert werden.	... Renner,
• Zieher (Fads) verlangt der Markt, ohne daß sie besonderes technologisches Niveau besitzen würden.	... Zieher,

Zieher sollten in einem Innovationsprogramm durchaus auch vertreten sein und in einem ausgewogenen Verhältnis stehen zu den

Marginalie: ... Drücker und

- Drückern (Snobs), die technologisch attraktiv sind, aber (noch) keinen erkennbaren Einfluß auf die Marktseite ausüben.

Marginalie: ... Schläfer

- Schläfer (Flops), erkennbar an gleichzeitig niedrigem Technologiedruck und niedrigem Marktsog, sollten möglichst eingestellt werden, sofern nicht übergeordnete Aspekte dagegensprechen und genügend Alternativen zur Verfügung stehen.

Die skizzierten Empfehlungen sind eher „weich"; sie bilden die Grundlage für eine vertiefende Diskussion zwischen Experten:

- Erstens erfüllt das Technologiedruck-Marktsog-Portfolio die Hauptfunktion eines Kommunikationshilfsmittels in FuE sowie zwischen FuE und Marketing.
- Zweitens gibt es häufig neben den erfaßten Kriterien für den Technologiedruck und den Marktsog noch eine Reihe weiterer entscheidungsrelevanter, aber schwer formalisierbarer Aspekte zu bedenken, beispielsweise unterschiedliche Abhängigkeiten zwischen den Innovationsprojekten, extern vorgegebene Wünsche einer Muttergesellschaft sowie bereits eingegangene vertragliche Verpflichtungen über die Verwendung der Projektergebnisse.

Marginalie: Bei szenariobasierter Zusammenstellung des Innovationsprogramms verbinden sich die Feldempfehlungen mit vier Taktiken:

Bei szenariobasierter Zusammenstellung des Innovationsprogramms verbinden sich die Feldempfehlungen mit vier Taktiken (Bild 5-4; vgl. zum zugrundeliegenden morphologischen Kasten ZWICKY 1989). Vor Anwendung der vier Taktiken können die Experten zudem eine positive oder negative Vorauswahl treffen. Die Taktiken umfassen die Zusammenstellung des Innovationsprogramms:

- auf einer einzigen Position pro Innovationsprojekt beruhend (Taktik 1),
- auf mehreren Positionen und Werten pro Innovationsprojekt beruhend ohne aktive Chancen-/Gefahrenkompensation (Taktik 2),
- auf mehreren Positionen und Werten pro Innovationsprojekt beruhend mit projektbezogener aktiver Chancen-/Gefahrenkompensation (Taktik 3) sowie

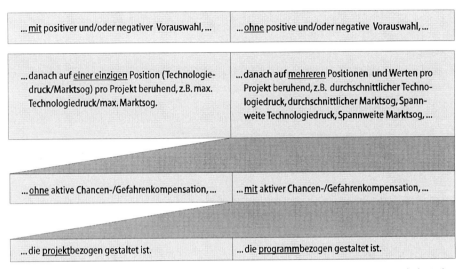

Bild 5-4: Taktiken zur Zusammenstellung von Innovationsprojekten, dargestellt im morphologischen Kasten

- auf mehreren Positionen und Werten pro Innovationsprojekt beruhend mit programmbezogener aktiver Chancen-/Gefahrenkompensation (Taktik 4).

Insbesondere bei den letztgenannten zwei Taktiken gelingt ein Brückenschlag zwischen dem Innovationsmanagement und der aus der Investitionstheorie bekannten Portfolio Selection Theory (vgl. die anschauliche Aufarbeitung der Portfolio Selection bei KRUSCHWITZ 1995, S. 297-319).

Vorauswahl: Möglicherweise wollen die Experten eine Vorauswahl solcher Innovationsprojekte treffen, die in jedem Fall durchzuführen sind, und solcher Innovationsprojekte, die in keinem Fall begonnen oder weitergeführt werden sollen (vgl. analog hierzu den Vorschlag von GACKSTATTER und HABENICHT in diesem Buch). Für eine positive Vorauswahl sprechen z. B. vertragliche Bindungen über die Projektergebnisse; eine negative Vorauswahl bietet sich beispielsweise dann an, wenn trotz positiver Technologiedruck- und Marktsogeinschätzung eines Innovationsprojekts der entscheidende „product champion" (vgl. HAUSCHILDT 1993, S. 118-119) gerade das Unternehmen verlassen hat.

... Taktik 1,

Taktik 1: Den Experten stellt sich die Frage, ob sie jedes Innovationsprojekt auf eine einzelne Position festlegen oder ob sie mit mehreren Positionen und Werten für ein Innovationsprojekt umgehen wollen. Einzig bei Taktik 1 fällt die Entscheidung für die erste Möglichkeit: Die Experten fokussieren auf eine einzelne Position pro Innovationsprojekt, bevor sie in den Zusammenstellungsprozeß eintreten. Als Positionen bieten sich der über alle Szenarien gemittelte Technologiedruck und der ebenso gemittelte Marktsog eines Innovationsprojekts an, für optimistische Experten auch der maximale Technologiedruck und der maximale Marktsog, für pessimistische Experten der minimale Technologiedruck und der minimale Marktsog, schließlich eignet sich auch die Technologiedruck-Marktsog-Kombination bei dem Szenario, das die Experten für das wahrscheinlichste halten. Im Anschluß an die Fokussierung treten die Experten bei Taktik 1 in eine kritische Diskussion ein, wie sie auch bei der Standardversion des Portfolios gefordert ist.

... Taktik 2,

Taktik 2: Die Experten verwenden mehrere Positionen und Werte für jedes Innovationsprojekt, forcieren eine Chancen-/Gefahren-Kompensation zwischen den Innovationsprojekten aber nicht aktiv. Als Werte bieten sich neben den verschiedenen Positionen vor allem die Spannweiten des Technologiedrucks und des Marktsogs, ggf. auch die durch die Spannweiten aufgespannte Fläche an. Ein Ausgleich zwischen den Chancen und Gefahren, wie er bei der Durchführung mehrerer Innovationsprojekte vor dem Hintergrund der verschiedenen Szenarien auftreten kann, wird eher billigend in Kauf genommen, aber nicht gezielt erarbeitet.

... Taktik 3 und

Taktik 3: Genau wie bei Taktik 2 gehen mehrere Positionen und Werte in die Zusammenstellung des Innovationsprogramms ein, allerdings arbeiten hier die Experten projektbezogen auf einen Ausgleich der größten Gefahren hin. Tritt also ein insgesamt attraktives Innovationsprojekt auf, das z.B. eine große Spannweite beim Technologiedruck aufweist, dann bedeutet projektbezogene aktive Chancen-/Gefahren-Kompensation, diesem Innovationsprojekt möglichst ein Innovationsprojekt mit entgegengesetzter Chancen-/Gefahren-Ausprägung zur Seite zu stellen.

... Taktik 4

Taktik 4: Auch bei Taktik 4 gehen mehrere Positionen und Werte in die Zusammenstellung des Innovationsprogramms ein. Hier streben die Experten programmbezogen, also auf die ausgewählte Gesamtheit der Innovationsprojekte bezogen, eine Kompensation der unterschiedlichen Chancen und Gefahren an. Dazu können verschiedene Innovationsprogramme gebildet werden, für die dann die ggf. mit dem Projektvolumen gewichteten Mittelwerte und Streuungen zu berechnen sind. Die Experten können sodann dasjenige Innovationsprogramm auswählen, das die subjektiv günstigste Kombination aus Mittelwert und Streuung aufzuweisen hat. Dies würde auf die Investitionstheorie übertragen der Anwendung einer μ-σ-Regel entsprechen (vgl. zu letzterer KRUSCHWITZ 1995, S. 254-258).

Im Beispiel aus der Elektrokleingeräteindustrie mögen die Experten sich für Taktik 3 entscheiden, also eine projektbezogene Kompensation der Chancen und Gefahren anstreben. Bei den drei zu beurteilenden Innovationsprojekten scheint die „Physiologisch ausgelöste Kaffeezubereitung" völlig unproblematisch (Bild 5-3), auch das „Wasserhärteabhängige Brühverfahren" liegt noch günstig im Zieherfeld und überdeckt nur eine geringe Fläche. Einzig das Innovationsprojekt des „Heißgetränks für unterwegs" erfordert eine Diskussion, und – sofern man sich für die Durchführung entscheidet – eventuell eine Kompensation, und diese insbesondere auf den Marktsog bezogen. Gesucht wäre also hier ein Innovationsprojekt, das beim Marktsog-Szenario 3 „Wandel zum Ökomarkt" wesentlich besser abschneidet als das „Heißgetränk für unterwegs". So könnte man beispielsweise eine Variante dieses Projekts vorschlagen, bei der die Erwärmung des Getränks nicht biochemisch „wegwerforientiert", sondern durch Ausnutzen eines physikalischen Effekts (z.B. Temperaturgradient, Erschütterung) mittels eines wiederverwendbaren, netzstromunabhängigen Kleinstofens geschieht.

Beispiel des Elektrokleingeräteindustrieherstellers

Diskussion: Varianten und Alternativen

Die Grundversion der szenariobasierten Zusammenstellung von Innovationsprogrammen, wie sie ausführlich in den vorhergehenden Abschnitten vorgestellt wurde, eignet sich besonders für Unternehmen mit mittel- bis langfristig angelegten Innovationsprojekten und relativ homogenem Leistungs- und Technologiespektrum.

Für welche Unternehmen eignet sich die Grundversion?

Für andere Unternehmen bieten sich verschiedene Varianten der szenariobasierten Zusammenstellung von Innovationsprogrammen an, die im folgenden nicht ausführlich, sondern im Vergleich mit der Grundversion skizziert werden. Auch stellt sich im Rahmen einer Diskussion die Frage nach den Alternativen zur szenariobasierten Zusammenstellung von Innovationsprojekten. Schließlich mag es von Interesse sein, in welchem Verhältnis eine szenariobasierte Generierung von Innovationsprojektideen zur szenariobasierten Zusammenstellung von Innovationsprogrammen steht.

Varianten der szenariobasierten Zusammenstellung von Innovationsprogrammen

Die Grundversion der szenariobasierten Zusammenstellung von Innovationsprogrammen läßt sich in zweierlei Hinsicht variieren, zum einen nach Kriterien-, zum anderen nach Projektbezug (Bild 5-5).

Variation nach Kriterienbezug und

Kriterienbezug: In der Grundversion wurden zwei Arten von Szenarien verwendet, solche für den Technologiedruck und solche für den Marktsog. Dabei repräsentieren Technologiedruck und Marktsog jeweils ein Bündel einzelner Kriterien, und demzufolge fanden kriteriengruppenspezifische Szenarien Verwendung. Dies läßt sich in dreierlei Hinsicht verändern:

- An die Stelle differenzierter Szenarien können einheitliche, für alle Kriterien maßgebende Szenarien treten. Diese müssen dann möglichst umfassend ab-

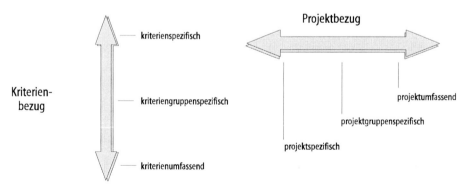

Bild 5-5: Variation der szenariobasierten Zusammenstellung von Innovationsprogrammen, differenziert nach Kriterien- und Projektbezug

gefaßt sein. Einheitliche Szenarien verringern den Beurteilungsaufwand, durch die dafür erforderliche Vermischung technologischer und wirtschaftlicher, ggf. auch gesellschaftlicher Aspekte entstehen aber in der Regel „sperrige", d.h. schwer zu erfassende Szenarien.
- Anstelle der Differenzierung nach Technologiedruck und Marktsog können alternative oder weitere Kriteriengruppen Verwendung finden. Beispielsweise könnten in manchen Unternehmen Fragen der Produzierbarkeit der Projektergebnisse und der Förderfähigkeit seitens staatlicher Institutionen von zentraler Bedeutung sein.
- Auch für einzelne Kriterien lassen sich separate Szenarien erstellen. Dies sollte aber nur in Ausnahmefällen geschehen. Kriterienspezifische Szenarien erhöhen den Beurteilungsaufwand erheblich und verhindern außerdem die Zusammenfassung der Kriterien zu Kriterienbündeln, da letztere gleichartige Szenarien voraussetzen.

Projektbezug: Die in der Grundversion verwendeten Szenarien galten gleichermaßen für alle Innovationsprojekte, sie sind projektumfassend. Der Projektbezug läßt sich mehrfach verstärken:

... Projektbezug

- Bei projektgruppenspezifischen Szenarien werden gleichartige Innovationsprojekte zu Gruppen zusammengefaßt, für die dann dieselben Szenarien verwendet werden. Zwischen den Projektgruppen können aber deutliche Unterschiede auftreten. So empfehlen z.B. SPECHT, BECKMANN (1996, S. 215-220), Innovationsprojekte nach Typen zu gliedern. Als Typen schlagen sie Weiterentwicklungsprojekte, radikale Neuerungsprojekte sowie Plattform- bzw. Nächste-Generation-Projekte vor. Projektgruppenspezifische Szenarien bieten sich beim Technologiedruck beispielsweise dann an, wenn das Unternehmen mit unterschiedlichen, auseinanderliegenden technologischen Schwerpunkten arbeitet, beim Marktsog können regional oder strukturell unterschiedliche Märkte Anlaß zur Bildung von Projektgruppen geben.
- Bei besonderen Innovationsprojekten, etwa bei einem Schlüsselprojekt für einen neuen Markt oder einem technologischen Grundlagenprojekt mit starken Auswirkungen auf die Produktpalette, wird man

den Projektbezug nochmals verstärken und projektspezifische Szenarien einsetzen.

Das Abgehen von den in der Grundversion verwendeten projektumfassenden Szenarien erschwert die Kompensation der Chancen und Gefahren, da bei projektgruppenspezifischen Szenarien eine solche Kompensation nur noch innerhalb der jeweiligen Gruppe und bei projektspezifischen Szenarien eine Kompensation überhaupt nicht mehr ableitbar ist.

Alternativen zur szenariobasierten Zusammenstellung von Innovationsprogrammen

Zwei Alternativen zur szenariobasierten Zusammenstellung:

Durch die skizzierte Variation der Grundversion läßt sich die szenariobasierte Zusammenstellung von Innovationsprogrammen für verschiedene Unternehmen und Situationen anpassen. Doch es stellt sich die grundsätzliche Frage, ob es Alternativen zur szenariobasierten Zusammenstellung gibt. Zwei seien herausgegriffen: die Delphi-Befragung und die Risikoanalyse.

... Delphi-Befragung und

- Bei der Delphi-Befragung handelt es sich um eine anonyme, mehrstufige und rückgekoppelte Befragungsart (vgl. WECHSLER 1978 sowie SALIGER, KUNZ 1981). Bei der Bewertung von Innovationsprojekten könnte man sie in folgender Weise anwenden: Die beurteilenden Experten schätzen in einer ersten Beurteilungsrunde die einzelnen Innovationsprojekte unabhängig voneinander ein. Ein Moderator stellt die Ergebnisse zusammen, meldet sie an die Experten zurück und bittet sie in einer zweiten Beurteilungsrunde um Stellungnahme zu den Ergebnissen und ggf. um Revision der getätigten Einschätzungen. Dieses Verfahren kann sich nochmals wiederholen. Durch die Delphi-Befragung können diejenigen Annahmen der Experten offengelegt werden, die offensichtlich umstritten sind. Die Delphi-Befragung ist insoweit eine Alternative zur szenariobasierten Zusammenstellung von Innovationsprogrammen, als sie ebenfalls die Unsicherheit oder die Ungewißheit zukünftiger Situationen in die aktuelle Planung einbezieht. Die Delphi-Befragung eignet sich vor allem dann, wenn es nur um wenige Annahmen geht, die kritisch für den Erfolg eines Innovationsprojekts sind; dem szenariobasierten Vorgehen ist der Vorzug

zu geben, wenn zukünftig grundlegend unterschiedliche Situationen denkbar sind.
- Die Risikoanalyse zielt auf eine Wahrscheinlichkeits-Ergebnis-Verteilung und beruht auf der expliziten Kombination zwischen allen Annahmenausprägungen, der Einschätzung der Wahrscheinlichkeit einer jeweiligen Annahmenausprägung und der Berechnung des Ergebnisses bei dieser Annahmenausprägung (vgl. MÜLLER-MERBACH 1973, S. 463-469). Die Risikoanalyse ist die theoretisch befriedigendere, gleichwohl in der praktischen Umsetzung wesentlich aufwendigere Lösung des Planungsproblems. Sie ist nur dann einer szenariobasierten Zusammenstellung von Innovationsprogrammen vorzuziehen, wenn nur wenige Innovationsprojekte zu beurteilen sind und die Anzahl der für die Zukunft zu tätigenden Annahmen und deren Ausprägungen eng begrenzt sind.

... Risikoanalyse

Szenariobasierte Generierung oder szenariobasierte Beurteilung?

In diesem Aufsatz wird die szenariobasierte Zusammenstellung von Innovationsprogrammen und dafür grundlegend die szenariobasierte Beurteilung von Innovationsprojekten empfohlen. Man mag sich fragen, ob es nicht effizienter sein könnte, wenn man die Innovationsprojektideen unmittelbar aus verschiedenen Szenarien heraus generierte. Allerdings wäre ein Konflikt zwischen szenariobasierter Ideengenerierung und szenariobasierter Beurteilung der Projektideen konstruiert:

- Zum einen fördert die szenariobasierte Beurteilung auch eine Generierung von Projektideen: Natürlich entstehen beim Umgang mit den Szenarien neue Projektideen. Die Trennung zwischen Beurteilung und Generierung ist in diesem Falle also künstlich.
- Wenn sich ein Unternehmen hingegen nur für die szenariobasierte Generierung von Projektideen entscheidet, ohne eine explizite szenariobasierte Beurteilung vorzusehen, so präjudiziert bereits die Auswahl der Szenarien das spätere Auswahlergebnis der Projektideen, auch in diesem Fall kann von einer unabhängigen Vorgehensweise keine Rede sein.

Nur künstlicher Konflikt zwischen szenariobasierter Generierung und Beurteilung der Projektideen

Letztlich scheint es keine grundsätzliche, sondern nur eine Frage des Schwerpunktsetzens zu sein, ob man bei der szenariobasierten Generierung oder der szenariobasierten Beurteilung ansetzen möchte.

Ausblick: Auf dem Weg zum Szenario-Management im Unternehmen

Szenariobasierte Zusammenstellung von Innovationsprogrammen als erster Schritt auf dem Weg zum Szenario-Management im Unternehmen

Die szenariobasierte Zusammenstellung von Innovationsprogrammen bildet einen ersten Schritt auf dem Weg zum Szenario-Management im Unternehmen. Ein solches Szenario-Management umfaßt:

- zum einen die breitgestreute Kompetenz zur Erstellung und zum Umgang mit Szenarien und
- zum anderen eine Sammlung von wirtschaftlichen und technischen Leitszenarien.

Der Blick in die Zukunft, wie er von Szenarien geöffnet wird, bedarf der methodischen Unterstützung, wie sie bereits bei der Grundversion der szenariobasierten Zusammenstellung von Innovationsprogrammen angesprochen wurde. Hierzu gehören die Moderation von Szenario-Workshops, der Umgang mit Instrumenten wie dem Scenario Assumption Ranking (SAR) bzw. darauf aufbauenden Software-Werkzeugen wie INKA oder Szenario-Manager (vgl. die Übersicht bei NESPETHAL 1997, S. 84). Die Kompetenz zur Erstellung und im Umgang mit Szenarien sollte in einem zukunftsorientierten Unternehmen breit gestreut sein.

Von Einzelfallszenarien zu Leitszenarien

Viele Szenarien werden in kurzer Zeit zur Fundierung einer einmaligen Entscheidung entwickelt. Es gibt aber auch Szenarien, die mit erheblichem Aufwand erstellt und in Form von Studien publiziert werden, einerseits von unternehmensinternen, andererseits von unternehmensexternen Bearbeitern. Für ersteres seien stellvertretend die Arbeiten der Berliner Forschungsgruppe der DAIMLER-BENZ-AG genannt (vgl. u.a. MÜLLER, RESKE, MINX 1985 mit einer konkreten Anwendung der Szenario-Technik auf die zukünftige Ausstattung privater Haushalte mit Pkw sowie SCHADE 1990, S. 59-61, mit einem Überblick über die Forschungsgebiete), für letzteres bspw. die Szenario-Studien der italienischen Fondazione Ugo Bordoni zur Entwicklung des europäischen Marktes für Telekommunikation, u.a. dokumentiert bei SAPIO (1995). Solche Szenarien verkörpern in der Regel einen Leitgedanken, beispielsweise weisen sie die Wege zum Telekommunikationsmarkt des Jahres 2005, und sie werden daher als Leitszenarien bezeichnet. Leitszenarien sollten in einem zukunftsorientierten Unternehmen schnell und von unterschiedlichen Stellen aus verfügbar sein.

Die Delphi-Analyse wurde in den Vereinigten Staaten entwickelt, früh in der Bundesrepublik vorgestellt (vgl. ALBACH 1970), sie gelangte aber erst in den späten 80er Jahren durch das japanische Vorbild zur Geltung – mit dem entsprechenden zeitlichen Nachteil in Europa gegenüber dem japanischen Protagonisten. Beim Szenario-Management ist die Chance einer führenden Umsetzung noch nicht verspielt, aber die Zeit arbeitet nicht für die Unternehmen der Bundesrepublik.

Werden wir die Chance nutzen?

Literatur

ALBACH, HORST: Informationsgewinnung durch strukturierte Gruppenbefragung – Die Delphi-Methode, in: Zeitschrift für Betriebswirtschaft, (1970) Ergänzungsheft, S.11-26.

ALTSCHULLER, GENRICH SAULOWITSCH; SELJUZKI, A.: Flügel für Ikarus – Über die moderne Technik des Erfindens. Leipzig, Jena, Berlin: Urania 1983.

BLOHM, HANS; LÜDER, KLAUS: Investition. 8.Aufl., München: Vahlen 1995.

BROCKHOFF, KLAUS: Forschung und Entwicklung – Planung und Kontrolle. 5. Aufl., München, Wien: Oldenbourg 1998.

GAUSEMEIER, JÜRGEN; FINK, ALEXANDER; SCHLAKE, OLIVER: Entwicklung zukunftsrobuster Leitbilder durch Stakeholder-Szenarien, in: io Management Zeitschrift, 64 (1995) 10, S.32-36.

GESCHKA, HORST: Technologieszenarien – Ein Analyse- und Planungsinstrument des Technologiemanagements, in: ZAHN, ERICH (HRSG.): Technologiemanagement und Technologien für das Management. Stuttgart: Schäffer-Poeschel 1993, S.153-171.

GESCHKA, HORST; REIBNITZ, UTE VON: Die Szenario-Technik – Ein Instrument der Zukunftsanalyse und der strategischen Planung, in: TÖPFER, ARMIN; AFHELDT, HEIK (HRSG.): Praxis der strategischen Unternehmensplanung. Frankfurt/M.: Metzner 1983, S.125-170.

GESCHKA, HORST; WINCKLER, BARBARA: Szenarien als Grundlagen strategischer Unternehmensplanung, in: technologie & management, 38 (1989) 4, S.16-23.

GÖTZE, UWE: Szenario-Technik in der strategischen Unternehmensplanung. 2.Aufl., Wiesbaden: DUV 1993.

HAUSCHILDT, JÜRGEN: Innovationsmanagement. München: Vahlen 1993.

ILSEMANN, WILHELM VON: Die geteilte Zukunft, in: Manager Magazin, (1980) 5, S.115-123.

KLEINSCHMIDT, ELKO J.; GESCHKA, HORST; COOPER, ROBERT G.: Erfolgsfaktor Markt – Kundenorientierte Produktinnovation. Berlin et al.: Springer 1996.

KRUSCHWITZ, LUTZ: Investitionsrechnung. 6.Aufl., Berlin, New York: de Gruyter 1995.

LIBERATORE, MATTHEW J.: An extension of the analytic hierarchy process for industrial R&D project selection and resource allocation, in: IEEE Transactions on Engineering Management, 34 (1987) 1, pp. 12-18.

MARTIN, THOMAS A.: Operatives Forschungs- und Entwicklungscontrolling in Industriebetrieben. Pfaffenweiler: Centaurus 1992.

MEYER-SCHÖNHERR, MIRKO: Szenario-Technik als Instrument der strategischen Planung. Ludwigsburg, Berlin: Wissenschaft & Praxis 1992.

MÖHRLE, MARTIN G.: Das FuE-Programm-Portfolio – Ein Instrument für das Management betrieblicher Forschung und Entwicklung, in: technologie & management, 37 (1988) 4, S.12-19.

MÖHRLE, MARTIN G.: Instrumentelles FuE-Programm-Management – Das Zusammenspiel zwischen FuE-Programm-Portfolio und FuE-Projektverflechtungsgraph, in: ZAHN, ERICH (HRSG.): Technologiemanagement und Technologien für das Management. Stuttgart: Schäffer-Poeschel 1993, S.227-249.

MÖHRLE, MARTIN G.; VOIGT, INGRID: Das FuE-Programm-Portfolio in praktischer Erprobung, in: Zeitschrift für Betriebswirtschaft, 63 (1993) 10, S.973-992.

MÜLLER, ROLF A.; RESKE, JOACHIM; MINX, ECKARD: Eine Zukunftsanalyse der Ausstattung privater Haushalte mit Pkw in der Bundesrepublik Deutschland bis zum Jahre 2010, in: DAIMLER-Benz-AG (HRSG.), Schriftleiter: PHILIPP, PETER A.: Langfristprognosen: Zahlenspielerei oder Hilfsmittel für die Planung? Düsseldorf: VDI 1985, S.79-91.

MÜLLER-MERBACH, HEINER: Operations Research. 3.Aufl., München: Vahlen 1973.

MÜLLER-MERBACH, HEINER: Die Wettbewerbsfähigkeit der Bundesrepublik Deutschland – Eine Realtivierung innerhalb der Triade, in: SCHIEMENZ, BERND; WURL, HANS-JÜRGEN (HRSG.): Internationales Management – Beiträge zur Zusammenarbeit. Wiesbaden: Gabler 1994, S.61-93.

NESPETHAL, UWE: Der betriebliche Einsatz von Software-Tools zur Unterstützung des Innovationsprozesses. Forschungsbericht, BTU Cottbus 1997.

PIATTELLI-PALMARINI, MASSIMO: Die Illusion zu wissen – Was hinter unseren Irrtümern steckt. Reinbek b. Hamburg: Rowohlt 1997.

REIBNITZ, UTE VON: Szenario-Technik. Instrumente für die unternehmerische und persönliche Erfolgsplanung. 2.Aufl., Wiesbaden: Gabler 1992.

SALIGER, EDGAR/KUNZ, CHRISTIAN: Zum Nachweis der Effizienz der Delphi-Methode, in: Zeitschrift für Betriebswirtschaft, 51 (1981) 5, S.470-480.

SAPIO, BARTOLOMEO: SEARCH (Scenario evaluation and analysis through repeated cross impact handling) – a new method for scenario analysis with an application to Videotel services in Italy, in: International Journal of Forecasting, (1995) 11, pp. 113-131.

SCHADE, DIETHARD: Sozialwissenschaftlich orientierte Umfeldforschung in der Industrie, in: DAIMLER-BENZ-AG (HRSG.), Schriftleiter: PHILIPP, PETER A.: Von der strategischen Planung zum Unternehmerischen Handeln. Düsseldorf: VDI 1990, S.53-61.

SCHNEIDER, DIETER: Investition, Finanzierung und Besteuerung. 7. Aufl., Wiesbaden: Gabler 1992.

SPECHT, GÜNTER/BECKMANN, CHRISTOPH: F&E-Management. Stuttgart: Schäffer-Poeschel 1996.

WECHSLER, WOLFGANG: Delphi-Methode – Gestaltung und Potential für betriebliche Prognoseprozesse. München: Florentz 1978.

ZENTNER, RENÉ D.: Scenarios, past, present and future, in: Long Range Planning, 15 (1982) 3, pp. 12-20.

ZWICKY, FRITZ: Entdecken, Erfinden, Forschen im morphologischen Weltbild. 2.Aufl., Glarus: Baeschlin 1989.

6 Ein mehrstufiges, interaktives System zur FuE-Programmplanung

STEFFEN GACKSTATTER, WALTER HABENICHT

Die Planung von FuE- und Innovationsprogrammen erfordert die Berücksichtigung unterschiedlicher Zielkriterien und die Beurteilung der Projekte in ihrem Programmzusammenhang, also unter Berücksichtigung der Abhängigkeiten und Beziehungen zwischen den Projekten. Die daraus resultierende Komplexität der Planungsaufgabe läßt sich nur durch einen geeignet strukturierten Planungsprozeß beherrschen. In den bisherigen Beiträgen wurden dazu Instrumente betrachtet, bei denen der Programmzusammenhang in Form einer visuell wahrnehmbaren Struktur („ausgeglichenes Portfolio") hervortrat. Im folgenden Beitrag des Unternehmensberaters Steffen Gackstatter und des an der Universität Stuttgart-Hohenheim lehrenden Professors Walter Habenicht wird ein Entscheidungsunterstützungssystem für diesen mehrstufigen Planungsprozeß vorgestellt. Der Anwender kann durch eine interaktive Vorgehensweise selbst die Methoden wählen, die ihn bei Vorselektion, Suche und Auswahl des bestmöglichen FuE-Programms unterstützen.

Problemstellung

Die FuE-Programmplanung kann als ein im Rahmen eines rollierenden Planungssystems regelmäßig stattfindender Prozeß der Zusammenstellung von potentiellen FuE-Projekten unter Berücksichtigung der verfügbaren FuE-Ressourcen definiert werden (vgl. HABENICHT, GACKSTATTER 1994, S. 1). Dabei wirken verschiedene Einflußfaktoren auf die FuE-Programmplanung ein (Bild 6-1), vor allem die Menge der potentiellen FuE-Projekte, die Ressourcen und die Anforderungen an das FuE-Programm.

Einflußfaktoren auf die FuE-Programmplanung:

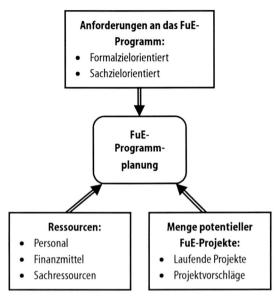

Bild 6-1: Einflußfaktoren auf die FuE-Programmplanung

... Menge potentieller FuE-Projekte,

Die Menge der potentiellen FuE-Projekte besteht aus der Gesamtheit der laufenden Projekte und der konkretisierten Projektvorschläge. Die zum Planungszeitpunkt verfügbaren Projektinformationen betreffen Termine, Ressourcenbedarf, Erfolgsgrößen, Risiken, Interdependenzen zwischen den Projekten sowie Aussagen über deren Kompatibilität zur Unternehmensstrategie (siehe zur gestuften Zusammenstellung dieser Kriterien auch den Beitrag von GESCHKA, LENK in diesem Buch).

Das FuE-Programm wird durch Auswahl der zu realisierenden Projekte gebildet. Dieser Vorgang orientiert sich einerseits an der Verfügbarkeit der einzusetzenden Ressourcen und andererseits an den spezifischen Anforderungen, die an das FuE-Programm zu stellen sind.

... Ressourcen und

Die Höhe der vorhandenen Personal-, Finanz- und Sachressourcen kann strikt vorgegeben (scharfe Nebenbedingungen) oder in Form von Nutzungskorridoren (unscharfe Nebenbedingungen) festgelegt sein.

... Anforderungen an das FuE-Programm

Das zentrale Problem der FuE-Programmplanung liegt in der Umsetzung der formal- und sachzielorientierten Anforderungen. Formalzielorientierte Anforderungen umfassen Kosten-, Erfolgs- und Risikoziele. Ihre Ausprägungen lassen sich aus den Einzelbewertungen der einzelnen Projekte des FuE-Programms herleiten. Sachzielorientierte Anforderungen betreffen die inhaltliche Ausgestaltung des FuE-Programms und umfassen beispielsweise die Verteilung des FuE-Budgets auf unterschiedliche Projektarten, Technologiereifegrade, Geschäftsfelder und Anwendungsbereiche.

Viele, vor allem sachzielorientierte Anforderungen lassen sich nur durch ein komplexes Kriteriensystem erfassen, das auf einer ganzheitlichen Betrachtung des FuE-Programms beruht und nicht aus der Einzelbewertung der Projekte ableitbar ist.

Für die FuE-Programmplanung sind damit zwei Bewertungsebenen zu unterscheiden – die Ebene der Projektbewertung und die Ebene der Programmbewertung. Während die Projektbewertung nur projektindividuell erfaßbare Kriterien berücksichtigen kann, muß die Programmbewertung darüber hinaus die strukturellen Anforderungen an das FuE-Programm sowie die Interdependenzen zwischen den Projekten des Programms erfassen.

Zwei Bewertungsebenen:

Die meisten bisher vorgestellten Ansätze zur FuE-Programmplanung lassen sich als projektorientierte oder als programmorientierte Ansätze bezeichnen (vgl. auch die Übersichten in BROCKHOFF 1994, S. 253 ff. und BÜRGEL, HALLER, BINDER 1996, S. 108 ff.):

- Bei projektorientierten Ansätzen wird aus den projektindividuellen Bewertungen eine Prioritätenliste der potentiellen Projekte erstellt (vgl. z.B. IYIGÜN 1993, S. 8 ff.). Das FuE-Programm wird anschließend anhand der ermittelten Projektprioritäten unter Berücksichtigung der verfügbaren FuE-Ressourcen in einem sequentiellen Auswahlprozeß gebildet. Ein derartiges Vorgehen bietet nur begrenzt Ansatzpunkte für die Berücksichtigung struktureller Anforderungen an das FuE-Programm.

... projektorientierte Ansätze und

- Bei programmorientierten Ansätzen wird durch Aufstellung von Optimierungsmodellen simultan über die Aufnahme der potentiellen FuE-Projekte entschieden (vgl. z.B. HENIG, KATZ 1996). Durch entsprechende Formulierung von Nebenbedingungen können strukturelle Anforderungen berücksichtigt werden. Dennoch ist das Auftreten einer Lücke zwischen Modell und komplexem Realproblem unvermeidbar. Beispielsweise sind die genauen Präferenzstrukturen zu Beginn des Entscheidungsprozesses meist nicht bekannt, so daß das Bilden einer Zielfunktion auf erhebliche Probleme stößt. Diese Mo-

... programmorientierte Ansätze

dellierungslücken führen unvermeidlich zu Akzeptanzproblemen gegenüber der erzeugten Lösung.

Handhabung in der Praxis und

Empirische Studien weisen auf den geringen Einsatz von formalisierten Verfahren zur FuE-Programmplanung in der industriebetrieblichen Praxis hin (vgl. hierzu eine Übersicht in GACKSTATTER 1997, S. 81). Lediglich einfache nutzwertorientierte Verfahren erlangen eine größere Verbreitung. Gefordert werden neue Verfahren zur Entscheidungsunterstützung, die bei einfacher Anwendung dennoch in der Lage sind, die komplexe Problemstellung abzudecken.

... Forderung nach neuen Verfahren zur Entscheidungsunterstützung

Eine größere Akzeptanz von entscheidungsunterstützenden Verfahren und der damit verbundene breitere Einsatz kann nur erzielt werden, wenn der potentielle Anwender den Nutzen durch das System höher als den erforderlichen Aufwand einschätzt. Mit dem in diesem Beitrag vorgestellten System wird ein realitätsnahes Bild des Entscheidungsproblems und ein transparenter, vom Anwender steuerbarer Ablauf angeboten.

Im nächsten Abschnitt erfolgt ein Überblick über den konzeptionellen Aufbau dieses interaktiven, mehrstufigen Systems. Daran schließen sich die Beschreibungen der in den einzelnen Stufen vorgesehenen entscheidungsunterstützenden Methoden an. Die konzeptionelle Vorstellung wird durch einige in einem Prototyp implementierte Visualisierungen ergänzt.

Überblick über den Systemaufbau

FuE-Programmentscheidung in einem mehrstufigen und interaktiven Prozeß

Das im Rahmen dieses Beitrags vorgestellte Entscheidungsunterstützungssystem beruht auf der Konzeption eines strukturierten Entscheidungsprozesses. In dessen Verlauf kann der Entscheidungsträger die Programmentscheidung durch Analyse alternativer FuE-Programme in einem interaktiven Prozeß fällen. In einem mehrstufigen Ansatz werden die Vorteile von projektorientierten und programmorientierten Ansätzen miteinander verknüpft (Bild 6-2). In dem Modell lassen sich formalzielorientierte und sachzielorientierte Anforderungen abbilden. Die Einbindung des Benutzers sorgt für eine höhere Nachvollziehbarkeit des Verfahrensablaufs und damit auch für bessere Akzeptanz.

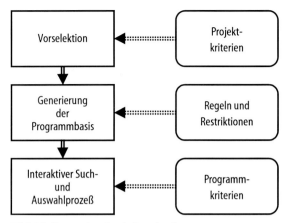

Bild 6-2: Konzeptioneller Aufbau des Systems

In den folgenden Abschnitten werden die drei Module „Vorselektion", „Generierung der Programmbasis" und „Interaktiver Such- und Auswahlprozeß" näher erläutert. Dazu wird jedes Modul beschrieben, anschließend werden die in diesem Modul verwendbaren Kriterien und Nebenbedingungen vorgestellt, und schließlich wird die Systemimplementierung exemplarisch präsentiert.

Das Ziel des Software-Prototyps besteht in der Umsetzung dieser konzeptionellen Vorgehensweise anhand einer nachvollziehbaren Führung durch den Entscheidungsprozeß. Der vorgestellte Prototyp soll einen Eindruck von der einfach zu bedienenden und dennoch strukturierten, umfassenden Art der Entscheidungsunterstützung liefern. Als Werkzeuge zur Programmierung des Prototyps wurden Standardsoftwareprogramme zur Tabellenkalkulation, Datenbankverwaltung und Grafikerstellung verwendet.

Ziel des Software-Prototyps

Vorselektion von Projekten

Den Ausgangspunkt des Entscheidungsprozesses bildet die Betrachtung aller potentiell in das Programm zu integrierenden Projekte. In einem ersten Bewertungsschritt werden diese potentiellen Projekte auf Basis einer projektindividuellen Bewertung in „Muß-Projekte", „Kann-Projekte" und „Stop-Projekte" klassifiziert (Bild 6-3). Dieser Schritt trägt der Tatsache Rechnung, daß oftmals für viele laufende Projekte eine Weiterführung außer

Klassifizierung von Projekten

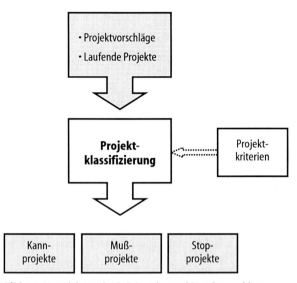

Bild 6-3: Vorselektion der FuE-Projekte und Projektvorschläge

Frage steht, während für andere Projekte ein Projektabbruch erwogen wird. Auch für manche neue Projektvorschläge ist eine definitive Aufnahme in das FuE-Programm vorzusehen, während andere Vorschläge direkt aussortiert werden können. Eine Untersuchung bei 32 FuE-Abteilungen hat ergeben, daß die Klassifizierung laufender Projekte und neuer Projektvorschläge anhand der gleichen formalzielorientierten Anforderungen erfolgt (vgl. GACKSTATTER, LOLK, HABENICHT 1993).

Bedeutung der Projektklassen

Die Muß-Projekte werden in den folgenden Überlegungen nur noch aufgrund ihrer Beziehungen zu anderen Projekten einbezogen, ihre Weiterführung bzw. Annahme steht jedoch fest. Stop-Projekte werden im weiteren Verlauf des Entscheidungsprozesses nicht mehr berücksichtigt. Entscheidungsrelevant sind im folgenden lediglich die Kann-Projekte. Eine Aufgabe bei der Vorselektion besteht darin, die Anzahl der Kann-Projekte so zu bestimmen, daß einerseits der anschließende Rechen- und Verarbeitungsaufwand akzeptabel bleibt und trotzdem keine schlechten Projekte als Muß-Projekte und keine guten Projekte als Stop-Projekte eingestuft werden.

Vorgehensweise bei der Einstufung

Zur Einstufung der Projekte bietet das System fünf Möglichkeiten an:

1. vorgegeben in Projektinformationen (z.B. Muß-Projekt wegen vertraglicher Bindungen),
2. automatisiert im System (z.B. direkte Abhängigkeit mit anderen Muß-Projekten),
3. manuell vom Entscheidungsträger,
4. Angabe von Anspruchsniveaus für die Bewertungskriterien,
5. Festlegung von Mindestprojektwerten.

Ein Entscheidungsspielraum besteht bezüglich der letzten drei Möglichkeiten. Die manuelle Einstufung kann aufgrund besonderer Unternehmensinteressen sinnvoll sein. Der Entscheidungsträger hat dabei die Möglichkeit, die zu Beginn als Kann-Projekte eingestuften Projekte einzeln in die zwei anderen Klassen umzuverteilen (Bild 6-4).

Manuelle Klassifizierung potentieller Projekte

Für die vierte und fünfte Vorgehensweise ist die Festlegung von Projektbewertungskriterien erforderlich. Im Prototyp sind dazu die drei Kriterien „Kapitalwert", „Risikowert" und „ZFP-Wert" vorgesehen. Der Kapitalwert stellt das vermutlich am häufigsten verwendete Kriterium dar. Der Risikowert setzt sich zusammen aus den Schätzwerten für die technologische und die wirtschaftliche Erfolgswahrscheinlichkeit des Projektes. Die zu fördernden Planungseinheiten (ZFP) können z.B. Technologien oder Strategische Geschäftseinheiten umfassen.

Projektbewertungskriterien:

... Kapitalwert,

... Risikowert und

... ZFP-Wert

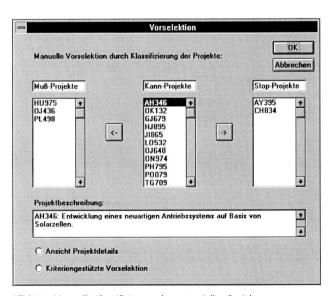

Bild 6-4: Manuelle Klassifizierung der potentiellen Projekte

Kriterienanspruchsniveaus

Der ZFP-Wert gibt den Teil des Projektvolumens an, mit dem diese Planungseinheiten gefördert werden.

Der Entscheidungsträger kann für jedes dieser drei Kriterien ein Anspruchsniveau vorgeben, mit dem sich ein gutes Projekt kennzeichnen läßt. Die Projekte, die keines der Anspruchsniveaus erfüllen, werden als Stop-Projekte klassifiziert, diejenigen Projekte, die alle Anspruchsniveaus erfüllen, als Muß-Projekte. Die Anspruchsniveaus sollten nicht zu restriktiv sein, um nicht Projekte, deren Nutzen hauptsächlich im Programmzusammenhang erkennbar wird, von vorne herein auszusondern.

Mindestprojektwerte

Die Festlegung von Mindestprojektwerten erfolgt durch Gewichtung der drei Kriterien. Die indizierten Ausprägungen eines Projektes bezüglich jedes Kriteriums werden mit diesen Gewichten multipliziert und ergeben zusammengefaßt den Punktwert dieses Projektes. Der Entscheidungsträger gibt zwei Grenzwerte bezüglich dieses Punktwertes an, deren Überschreiten für die Einstufung als Kann- bzw. Muß-Projekt erforderlich ist.

Generierung der FuE-Programmbasis

Das bisherige Vorgehen war projektorientiert; bei der Vorselektion hat der Entscheidungsträger seine laufenden Projekte und die Projektvorschläge einzeln beurteilt. Nunmehr wechselt die Betrachtungsebene. Im folgenden wird der Entscheidungsträger stets über verschiedene Kombinationen von FuE-Projekten urteilen, das Vorgehen ist programmorientiert.

Die zur Wahl stehenden potentiellen FuE-Programme können unter Beachtung der verfügbaren FuE-Ressourcen und der strukturellen Anforderungen an das FuE-Programm als Kombination aller Muß-Projekte mit einigen Kann-Projekten gebildet werden (Bild 6-5). Die Gesamtheit der vom System erzeugbaren FuE-Programme bildet die FuE-Programmbasis. Im Rahmen dieser Generierung erfolgt eine Grobbewertung der Programme, die die wesentlichen Beurteilungsaspekte des späteren FuE-Programms abdeckt.

FuE-Programmbasis

Für die Generierung der Programmbasis lassen sich unter Beachtung der bisherigen Klassifizierung und der

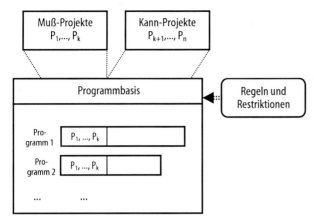

Bild 6-5: Generierung der Programmbasis

Interdependenzen zwischen den Projekten folgende Regeln formulieren. Enthalten sind:
- alle Muß-Projekte,
- kein Stop-Projekt,
- einander ausschließende Projekte,
- Projektkombinationen bei bestehenden Abhängigkeiten.

Der Anwender kann durch Angabe weiterer Restriktionen die Menge potentieller Programme auf möglichst sinnvolle Alternativen reduzieren. Die erste Einschränkung dieser Alternativen erfolgt durch Angabe der minimalen und maximalen Anzahl der im zu bildenden FuE-Programm enthaltenen Projekte. Eine weitere wichtige Restriktion besteht in der Angabe der maximalen Budgetüberschreitung für die kommende Planungsperiode.

Berücksichtigung weiterer Restriktionen

Nach der Klassifizierung und der Festlegung von Regeln und Restriktionen schätzt das System die Rechenzeit für die Generierung der verbleibenden Alternativen. In Abhängigkeit von diesem Wert kann der Entscheidungsträger die Restriktionen auf Wunsch lockern bzw. verschärfen oder unmittelbar zur nächsten Stufe des Entscheidungsprozesses übergehen.

Interaktiver Such- und Auswahlprozeß

Die Suche nach dem besten FuE-Programm innerhalb der Programmbasis erfolgt durch Erzeugen eines oder

Bewertungskriterien der FuE-Programme

einer Folge von Programmvorschlägen. Unter einem Programmvorschlag soll eine begrenzte Anzahl (5 bis 12) von Programmen der Programmbasis verstanden werden. Der Ablauf des interaktiven Such- und Auswahlprozesses ist in Bild 6-6 schematisch dargestellt und wird in den folgenden Abschnitten im einzelnen beschrieben.

Das Kriteriensystem zur Bewertung der FuE-Programme ist unternehmensspezifisch festzulegen. Der hier vorgestellte Prototyp umfaßt die in Tabelle 6-1 beschriebenen sechs Kriterien, die laut einer empirischen Untersuchung eine besondere Bedeutung für die FuE-Programmplanung besitzen (vgl. GACKSTATTER, LOLK, HABENICHT 1993). Dieses Kriteriensystem ermöglicht eine hochaggregierte Bewertung aller potentiellen FuE-Programme.

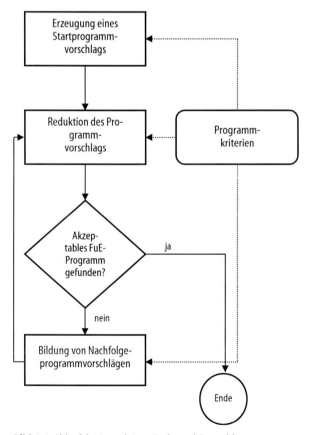

Bild 6-6: Ablauf des interaktiven Such- und Auswahlprozesses

Tabelle 6-1: Übersicht der Kriterien zur Bewertung des FuE-Programms

Kriterium	Bedeutung / Zusammensetzung
Kapitalwert:	Summe der geschätzten Kapitalwerte der im FuE-Programm enthaltenen Projekte
Risikowert:	Mit ihrem Anteil am Programmvolumen gewichtete technische und ökonomische Erfolgswahrscheinlichkeiten der Projekte
Synergiewert:	Normierte Summe der Synergie- und Konkurrenzkennzahlen zwischen den Projekten
ZFP-Wert:	Programmvolumen für vorher identifizierte „Zu Fördernde Planungseinheiten" (ZFP), wie z.B. Strategische Geschäftseinheiten und Technologien
Ressourcenwert:	Kennzahl für die durchschnittliche Abweichung von Ressourcenbedarf und Ressourcenverfügbarkeit
Balancewert:	Kennzahl für die Einhaltung der strukturellen Anforderungen bzgl. festgelegter Verhältnisse der Klassifizierungsausprägungen

Auf die Anwendung von multikriteriellen Methoden (vgl. u.a. STEWART 1991 und HABENICHT 1990 und 1992) zur Steuerung des interaktiven Such- und Auswahlprozesses wird im folgenden näher eingegangen.

Erzeugung eines Startprogrammvorschlags

Das System bietet mehrere Vorgehensweisen zur Erzeugung eines Startprogrammvorschlags an, die auf dem definierten Kriteriensystem basieren (Bild 6-7).

Verschiedene Vorgehensweisen:

a. Angabe von Anspruchsniveaus:

Der Entscheidungsträger definiert Anspruchsniveaus, d.h. Mindestanforderungen, hinsichtlich der sechs Programmkriterien. Der Startprogrammvorschlag setzt sich dann aus den Programmen der Programmbasis zusammen, die alle Anspruchsniveaus erfüllen. Sollte auf diese Weise die angestrebte Programmanzahl nicht erreicht werden, sind einzelne Anspruchsniveaus zu verändern.

... Angabe von Anspruchsniveaus,

b. Angabe von Zielniveaus:

Der Entscheidungsträger definiert einen Kriterienvektor, der sein angestrebtes Realisationsniveau hinsicht-

... Angabe von Zielniveaus,

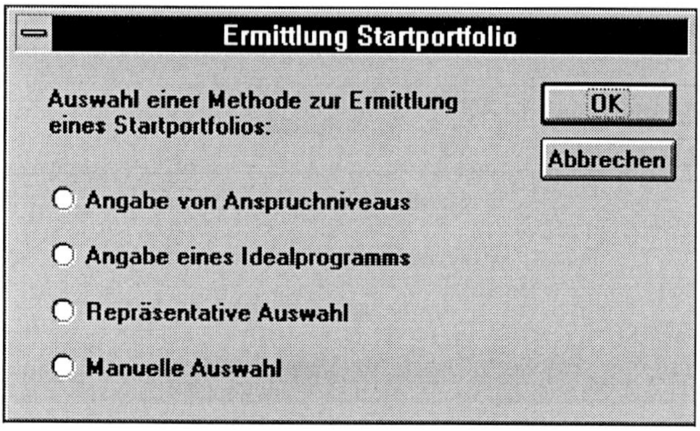

Bild 6-7: Alternativen zur Erzeugung eines Startportfolios („Startportfolio" ist hier identisch mit "Startprogrammvorschlag")

lich jedes Kriteriums beschreibt. Der Startprogrammvorschlag wird dann aus den Programmen der Programmbasis gebildet, die diesem Zielniveau gemäß eines zu definierenden Abstandsmaßes am nächsten kommen.

... repräsentative Auswahl und

c. Repräsentative Auswahl:

Ist der Entscheidungsträger nicht in der Lage, Anspruchs- oder Zielniveaus zu definieren, sollte er einen Startprogrammvorschlag wählen, der den Wertebereich der realisierbaren Kriterienwerte möglichst gut abdeckt. In diesem Fall wird der Startprogrammvorschlag aus Programmen gebildet, deren Bewertungsvektoren möglichst gleichmäßig über den Bereich realisierbarer Kriterienwerte streuen.

... manuelle Auswahl

d. Manuelle Auswahl:

Der Entscheidungsträger hat ferner die Möglichkeit, den Startprogrammvorschlag nach eigenen Vorstellungen zusammenzusetzen. Dies bietet sich besonders dann an, wenn der Entscheidungsträger bereits ein gutes FuE-Programm im Sinn hat. Ebenfalls sinnvoll können Modifikationen des bestehenden FuE-Programms sein.

Exception Report als Auswahlhilfe für das Startprogramm

Das Bilden der Programmvorschläge führt zu einer Konfrontation des Entscheidungsträgers mit einer begrenzten Zahl realisierbarer FuE-Programme, aus denen eine Auswahl zu treffen ist. Im Exception Report werden mögliche Programme und Kriterien tabellarisch gegenübergestellt (Bild 6-8). Durch das Ampeldesign erfährt der Entscheidungsträger, bei welchen Kriterien die einzelnen Programme stark sind (grün), wo sie Schwächen aufweisen (gelb) oder das Anspruchsniveau nicht erfüllen (rot). Die Farbausprägungen werden über Wertebereiche der Kennzahlen festgelegt. Der Entscheidungsträger kann die Grenzwerte durch Angabe von absoluten Größen oder durch Festlegen von Abständen zu bestimmten Idealwerten verändern.

Reduktion des Startprogrammvorschlags

Die Reduktion des Startprogrammvorschlags erfolgt entweder direkt im Exception Report oder in einem sequentiellen Eliminationsprozeß durch paarweise Programmvergleiche. Dabei wird das bisher definierte Kriteriensystem aufgrund seines hohen Abstraktionsgrades nur in Ausnahmefällen zu eindeutigen Präferenzaussagen verhelfen. Die Paarvergleiche erfordern detaillierte Informationen über die involvierten Programme. Die Auf-

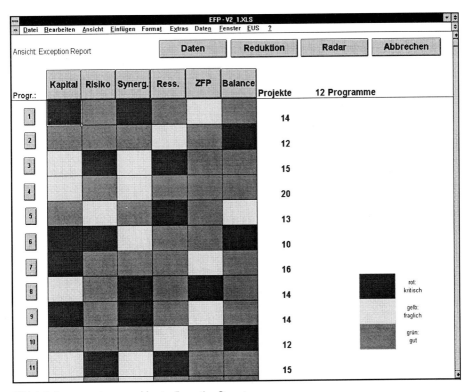

Bild 6-8: Startprogrammvorschlag im Exception Report

Vorgehensweisen:

gabe des Entscheidungsunterstützungssystems besteht in der Visualisierung der aufbereiteten Detailinformationen.

Dazu sind ausgehend vom Exception Report zwei „drill-down"-Vorgehensweisen möglich, die eine Detaillierung bezüglich der Programme und der Kriterien ermöglichen, die Programmdetaillierung und die Kriteriendetaillierung.

... Programmdetaillierung und

Die Programmdetaillierung ermöglicht das detaillierte Betrachten eines Programms durch Aufspalten in eine Multiprojektsicht. Von dieser Sichtweise aus lassen sich einzelne Kernprojekte identifizieren und genauer analysieren.

... Kriteriendetaillierung

Die Kriteriendetaillierung führt zu Programmvergleichen hinsichtlich einzelner Kriterien.

Eine Detaillierung des Kapitalwert-Kriteriums erfolgt durch Darstellen der Cash-flow-Verläufe aller Programme. Zur genauen Untersuchung von Extremwerten läßt sich zudem eine Betrachtung der Cash-flow-Verläufe einzelner Projekte im Programm heranziehen (vgl. hierzu auch den Beitrag von PLEISSNER in diesem Buch).

Der Risikowert kann durch Aufspalten in technologische und wirtschaftliche Einflüsse detaillierter beschrieben werden. Eine Konkretisierung des Wirkungszusammenhangs zwischen den Projekten aus dem Synergiewert erfolgt z.B. durch Projektverflechtungsgraphen (vgl. MÖHRLE 1994, S. 235 ff.). Die „Zu Fördernden Planungseinheiten" sind unternehmensspezifisch festgelegt. Zur Darstellung der im Programm geförderten Technologien finden z.B. Technologieportfolios Verwendung.

Der Ressourcenwert kann in die Elemente Budget, Personal (Abteilungen) und Sachmittel (Anlagen) aufgespalten werden (Bild 6-9). Für jede dieser Ressourcen läßt sich zudem ein detaillierter Vergleich von Bedarf und Verfügbarkeit im Zeitverlauf erstellen.

Der Balancewert setzt sich aus den Verhältnissen der Ausprägungen von vorher festgelegten Klassifizierungskomponenten zusammen. Beispiele für diese Klassifizierungskomponenten sind Projektarten, Kunden und Erzeugnisgruppen. Für jede Komponente läßt sich ein Vergleich des als ideal definierten Verhältnisses mit dem aus dem betrachteten Programm resultierenden Verhältnis ermitteln.

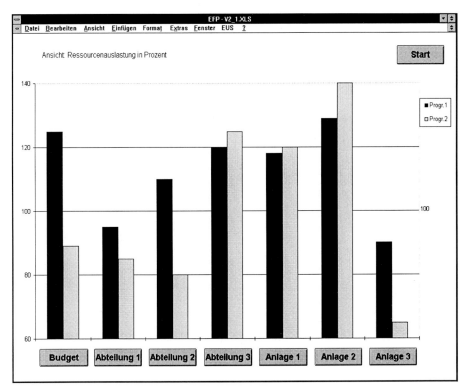

Bild 6-9: Ressourcenauslastung im Programmvergleich

Am Ende der Reduktion des Starprogrammvorschlags steht das Identifizieren des bis dahin am besten eingestuften FuE-Programms. Falls es sich hierbei aus Sicht des Entscheidungsträgers um ein akzeptables FuE-Programm handelt, kann der Suchprozeß beendet werden.

Bildung von Nachfolgeprogrammvorschlägen

Bei Vermutung besserer Programme in der Programmbasis ist der Suchprozeß durch Bilden eines Nachfolgeprogrammvorschlags fortzusetzen. Hierfür werden mit der kriterienorientierten Richtungs- und der projektorientierten Nachbarschaftssuche zwei mögliche Vorgehensweisen skizziert, deren Aufruf aus dem reduzierten Startprogrammvorschlag erfolgt. Von dem System wird aufgrund der Angaben des Entscheidungsträgers die Anzahl der Programme aus der Programmbasis („Treffer") bestimmt, die die neuen Bedingungen erfüllen.

Zwei verschiedene Vorgehensweisen:

... kriterienorientierte Richtungssuche und

a. Kriterienorientierte Richtungssuche:

Bei der kriterienorientierten Richtungssuche wird der Entscheidungsträger nach den Kriterien gefragt, hinsichtlich derer noch keine Zufriedenheit besteht (Bild 6-10). Das Bilden des Nachfolgeprogrammvorschlags wird dann durch zusätzliches Betrachten derjenigen Programme gebildet, die hinsichtlich der verbesserungsbedürftigen Kriterien bessere Werte aufweisen (unter Inkaufnahme von Verschlechterungen in anderen Kriterien). Existieren keine derartigen Programme in der Programmbasis, kann dies zur Akzeptanz des zuletzt betrachteten Programms führen. Ist die Zahl der gefundenen Programme zu groß, wird man zunächst solche Programme betrachten, die dem Ausgangsprogramm am ähnlichsten sind. Der so erzeugte Programmvorschlag wird dann wiederum einem Reduktionsschritt unterzogen.

... projektorientierte Nachbarschaftssuche

b. Projektorientierte Nachbarschaftssuche:

Die projektorientierte Nachbarschaftssuche setzt bei der Zusammensetzung des zuletzt betrachteten FuE-Programms an, indem sie den Entscheidungsträger unter den Kann-Projekten dieses Programms wichtige Kernprojekte identifizieren läßt (Bild 6-11). Die Nachfolgeprogrammvorschläge werden dann aus allen Program-

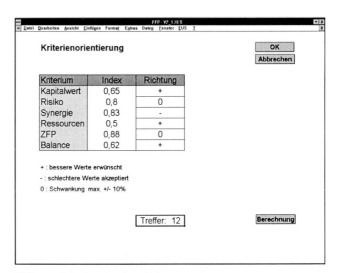

Bild 6-10: Kriterienorientierte Richtungssuche

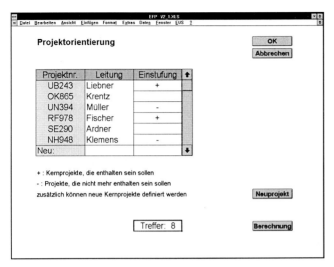

Bild 6-11: Projektorientierte Nachbarschaftssuche

men der Programmbasis, die mit dem Ausgangsprogramm alle Kernprojekte (und alle Muß-Projekte) gemeinsam haben, gebildet.

Die FuE-Programme, die von der Elimination betroffen waren, werden im weiteren Verlauf des Prozesses nicht mehr berücksichtigt. Das Bilden der Nachfolgeprogrammvorschläge und die anschließende Reduktion sollten so lange fortgeführt werden, bis der Entscheidungsträger keine Verbesserungsmöglichkeit mehr erwartet. Das resultierende FuE-Programm stellt dann die präferierte Zusammenstellung potentieller FuE-Projekte dar.

Ende des Verfahrens

Schlußfolgerung

Das Ziel dieses Beitrags bestand in der Vorstellung eines Prototyps, anhand dessen die konzeptionellen Möglichkeiten bei der Gestaltung eines Entscheidungsunterstützungssystems zur ganzheitlichen FuE-Programmplanung aufgezeigt wurden. Eine wesentlich detailliertere Darstellung dieses Ansatzes findet man bei GACKSTATTER (1997). Das dort vorgestellte und wesentlich umfangreichere System wurde neun potentiellen Anwendern vorgeführt. Acht der Beteiligten stimmten der Aussage zu, daß ein ganzheitlicher Ansatz für die FuE-Programmplanung sinnvoll sei. Umfang und Komplexität eines hierfür angemessenen Systems hängen von der Anzahl der Projekte, dem Informationsbedarf der Entscheidungsträger und den zur Verfügung stehenden Entwicklungsressourcen ab.

Literatur

BROCKHOFF, KLAUS: Forschung und Entwicklung, Planung und Kontrolle. 4. Aufl., München, Wien: Oldenburg 1994.

BÜRGEL, H.D.; HALLER, C.; BINDER, M.: FuE-Management. München: Vahlen 1996.

GACKSTATTER, STEFFEN: Entscheidungsunterstützung zur FuE-Programmplanung. Wiesbaden: DUV 1997.

GACKSTATTER, STEFFEN; LOLK, E.; HABENICHT, WOLFGANG: Kriterien für die FuE-Programmplanung. Arbeitspapier 3/93, Lehrstuhl für Industriebetriebslehre, Universität Hohenheim 1993.

HABENICHT, WOLFGANG: Die Bewertung neuer Technologien mit Verfahren des Multi-Criteria-Decision-Making, in: KISTNER, K.-P. ET AL. (HRSG.): Operations Research Proceedings 1989. Berlin 1990, S. 342-349.

HABENICHT, WOLFGANG: Neuere Entwicklungen auf dem Gebiet der Vektoroptimierung – Ein Überblick, in: BÜHLER, W. ET AL. (HRSG.): Operations Research Proceedings 1990. Berlin 1992, S. 204-218.

HABENICHT, WOLFGANG; GACKSTATTER, STEFFEN: Ganzheitliche Planung des FuE-Programms – Ein erreichbares Ziel? Arbeitspapier 3/94, Lehrstuhl für Industriebetriebslehre, Universität Hohenheim 1994.

HENIG, M.; KATZ, H.: R&D Project selection – A decision process approach, in: Journal of multi-criteria decision analysis, 5 (1996), pp. 169-177.

IYIGÜN, M.G.: A decision support system for R&D project selection and resource allocation under uncertainty, in: Project Management Journal, 24 (1993) 4, pp. 5-13.

MÖHRLE, MARTIN G.: Instrumentelles FuE-Programm-Management – Das Zusammenspiel von FuE-Programmportfolio und FuE-Projektverflechtungsgraph, in: ZAHN, E. (HRSG.): Technologiemanagement und Technologien für das Management. Stuttgart: Schäffer-Poeschel 1994, S. 227-249.

STEWART, T. J.: A multi-criteria decision support system for R&D project selection, in: Journal of the Operational Society, 42 (1991) 1, pp. 17-26.

7 Transparenz durch FuE-Planung – Eine Analyse in der Kfz-Zulieferindustrie und ein Konzept zur zielgerichteten Umgestaltung der Produktinnovation

ULF PLEISSNER

Schneller technologischer Wandel, Globalsourcing, Ertragsunsicherheiten in den Nachfragemärkten und dadurch geänderte Finanzierungsspielräume bei Großunternehmen, das sind die Schlagworte, vor deren Hintergrund Ulf Pleissner sein Konzept eines straffen, eng an Rentabilitätskennzahlen orientierten FuE-Programm-Managements entwickelt. Ulf Pleissner, der mehrjährige Berufs- und Beratungserfahrung im FuE-Programm-Management gesammelt hat, bereichert damit die bisherigen drei Beiträge um einen lebendigen Erfahrungsbericht der Situation in der Kfz-Zulieferindustrie. Gleichzeitig plädiert er für eine enge Abstimmung zwischen Produkt- und FuE-Programm und für einen integrierten Planungsansatz. Er fordert die finanzwirtschaftliche Analyse von FuE-Anforderungen und schlägt hierzu eine Variante der Kapitalwertmethode vor. Pleissner zielt mit seinem Ansatz vor allem auf Unternehmen, die im Business-to-Business-Segment positioniert sind.

Die Kfz-Zulieferindustrie im Wandel

„Eine mittelfristige Prognose für die deutsche Zulieferindustrie zu versuchen, bedeutet derzeit ein Unterfangen, das sich bildhaft mit dem viel zitierten 'Stochern im Nebel' vergleichen läßt", so Dr. Günter Baumann, Vizepräsident des Dachverbandes der europäischen Kfz-Zulieferindustrie, in einem Gespräch mit der Zeitschrift Automobil Industrie im Mai 1994. Das „Stochern im Nebel" beginnt bei vielen Unternehmen schon bei der Frage nach ihrem zukünftigen FuE- und Produktprogramm, nach den Synergien zwischen den Produkten und nach einem durchgängigen FuE-Planungsprozeß im Unternehmen.

„Stochern im Nebel"

Wandel in der
Kfz-Zulieferindustrie

Der Markt hat sich für die Kfz-Zulieferindustrie nachhaltig gewandelt, was sich in fünf Trends zeigt:

- Die Nachfragemacht wird von den Automobilherstellern als strategische Waffe eingesetzt. Die daraus resultierenden Zielpreisvorgaben schaffen für die Zulieferindustrie eine existenzbedrohende Ertragsunsicherheit.
- Der internationale Wettbewerb im Zuliefermarkt wird ständig härter. Globalsourcing der Automobilhersteller führt zu Umsatz- und Stückzahlunsicherheiten. Jeder neue Auftrag muß erkämpft, erteilte Aufträge müssen durch permanente Kostensenkungen verteidigt werden.
- Trotz der Kostensenkung sinkt auch der Gewinn. Das kurzfristige Unternehmensergebnis wird durch den Abbau des "Fixkostenblocks" Personal verbessert. Nur wenige Unternehmen stellen sich jedoch die Frage, wieviel Verlust auf mittlere Sicht durch den dabei in Kauf genommenen Abfluß von Knowhow entsteht. Bei schwankenden Umsätzen und ständigem Preiskampf wird der mittelfristig erzielbare Gewinn zur wichtigsten Kennzahl.
- Der Wandel in der Automobiltechnik beschleunigt sich und bringt ständig neue Phasen gravierender Änderungen. Flexibilität, schnelle Reaktionsfähigkeit und Treffsicherheit bei der Produktinnovation werden zu Überlebensfragen. Das hohe Tempo der Veränderungen muß aufgrund der schwierigen Ertragslage mit einem immer kleiner werdenden FuE-Budget bewältigt werden.
- Weltprodukte verlangen die Entwicklung von Plattformen und die Zusammenfassung von Produkten zu Systemen. Die Entwicklung von Plattformen und Systemen bedingt ein transparentes und straffes Produktmanagement. Kleine Fehler haben bei den hohen Stückzahlen einen starken Hebel auf das Unternehmensergebnis.

Inhaltlicher Überblick:

Die Unternehmensplanung muß immer mehr auf den kleinsten Elementen der Geschäftsprozesse, den Produkten und den FuE-Projekten als Quelle zukünftiger Produkte, basieren. Um eine derart konzipierte Planung geht es in diesem Aufsatz:

- Jede FuE-Planung muß sich an den Einflußfaktoren des Produktinnovationsprozesses orientieren. Im Fall

der Kfz-Zulieferindustrie sind vor allem die technologische Dynamik, die Marktgegebenheiten und die organisatorischen Rahmenbedingungen zu bedenken.
- Die FuE-Planung ist damit das zentrale Instrument zur Innovationssteuerung. Sie erzeugt die Transparenz über das FuE-Gesamtprogramm und zeigt die Auswirkungen der einzelnen FuE-Projekte auf den zukünftigen Erfolg des Unternehmens auf.
- Die Erkenntnisse aus der FuE-Planung finden ihren Niederschlag in der Projektrealisierung. Jedes FuE-Projekt besitzt hierbei einen spezifischen Hebel zur Ergebnisverbesserung und verlangt eine konkrete Maßnahmenplanung zur Umsetzung.

Die Einflußfaktoren auf den Produktinnovationsprozeß

Es wirken heute von allen Seiten gefährdende Kräfte auch auf solche Unternehmen der Kfz-Zulieferindustrie ein, die noch in jüngster Vergangenheit eine solide Erfolgsbasis aufweisen konnten. Es sind nicht nur die Zielpreisvorgaben der Kunden und der Preiskampf um neue Marktanteile, es ist auch die technologische Produktveränderung in so kurzen Zyklen, daß ein geruhsames Überlegen nicht mehr möglich ist. Das Wissen um die eigene Organisation sowie die Transparenz des FuE- und Produktprogramms werden zu entscheidenden Faktoren des Unternehmenserfolgs.

Was gefährdet die Kfz-Zulieferindustrie?

Technologische Dynamik

Die Lebenszyklen der Produkte und der in den Produkten eingesetzten Technologien entwickeln sich asynchron. So erfährt ein Produkt innerhalb seiner Marktphase durch neue Technologien zunehmende technische Redesigns, ohne wesentlichen zusätzlichen Umsatz zu erzeugen (Bild 7-1).

Eine zentrale Ursache für die technologische Dynamik in der Kfz-Zulieferindustrie liegt in der Funktionsverlagerung von der Mechanik in die Hard- und Software, die zu einer Veränderung des Aufbaus der Produkte innerhalb kurzer Zeit führt. Dabei kann ein in der Projektierung festgelegtes Hard- und Softwarekonzept

Ursachen

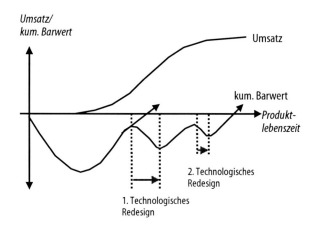

Bild 7-1: Beschleunigung des Technologiewandels

Beispiel Halbleiterbauelemente

Folgen

schon in der Realisierung durch neue Funktionsanforderungen teilweise oder völlig in Frage gestellt werden.

Ein Beispiel: Im Bereich der Speicher- und sonstiger Halbleiterbauelemente ist dieser Trend besonders deutlich auszumachen. Neue rechenintensive Funktionen, erweiterte Diagnoseanforderungen sowie Bussysteme verlangen neue Konzepte von der Elektronikentwicklung. Eine Lösung wurde z.B. in der Entwicklung von kundenspezifischen integrierten Schaltkreisen gesucht, die als ICs zugekauft werden. Dies birgt aber eine grundlegende Gefahr, denn der Lebenszyklus solcher ICs ist um ein Vielfaches kürzer als der Lebenszyklus der Produkte, einschließlich des Ersatzgeschäftes. Der Produzent der kundenspezifischen ICs wird nach einer gewissen Zeit aufgrund neuer Technologien und geringer Stückzahlen die Produktion der eingesetzten ICs einstellen. Um aber die eingegangenen Lieferverträge auch im Ersatzgeschäft erfüllen zu können, muß das Kfz-Zulieferunternehmen diese ICs in geschätzter Menge auf Lager legen. Damit wird der Erfolg der Produkte über den Lebenszyklus negativ beeinflußt und das wirtschaftliche Risiko bei Funktionsänderungen wesentlich erhöht.

Die technologische Dynamik hat zwei miteinander gekoppelte Folgen, die Fehlallokation der Entwicklungsressourcen und gleichzeitig geringere FuE-Budgets:

- Heute wird ein Großteil der Entwicklungsressourcen dafür benötigt, ein schon bestehendes Produkt weiter zu entwickeln und zu pflegen, anstatt für den Markt Neuprodukte und damit zusätzlichen Umsatz zu erzeugen. Konnte noch vor zehn Jahren ein Produkt über eine Laufzeit von fünf Jahren technologisch unverändert am Markt bestehen, erfährt es heute jährlich technologische Redesigns. Dieser Trend wird sich weiter verstärken.

- Angesichts begrenzter Mittel muß das FuE-Programm mit einem immer kleiner werdenden Budget realisiert werden. Dies steht im extremen Gegensatz zu den benötigten Entwicklungsressourcen aufgrund der asynchronen Entwicklung der Produkt- und Technologielebenszyklen.

Neben einer FuE-Planung, wie sie später in diesem Beitrag skizziert wird, eignen sich vor allem zwei technische Lösungen zum Umgang mit der technologischen Dynamik: Standardisierung von Hard- und Software sowie Plattformkonzepte für die Zulieferteile.	Lösungsansätze:
- Bisher sind nur geringe Anteile der Hard- und Software standardisiert oder modularisiert. Das modulare Konzept einer Softwarearchitektur befindet sich in vielen Unternehmen noch auf dem Stand der Konstruktionssystematik von vor 25 Jahren. Die nicht vorangetriebene Standardisierung liegt sicherlich darin begründet, daß die einzelnen Automobilhersteller zu unterschiedlichen Zeitpunkten Funktionen wie Diagnose oder Bussysteme in ihren Produkten einführen. Hier liegt ein noch nicht voll ausgeschöpftes Kostensenkungspotential in den einzelnen Kfz-Zulieferunternehmen. Um das Standardisierungspotential erkennen zu können, ist eine ausreichende Transparenz über das zukünftige FuE- und Produktprogramm von elementarer betriebswirtschaftlicher Bedeutung.	... standardisierte Hard- und Software sowie
- Um der Variantenvielfalt zu begegnen und bei zukünftigen Weltprodukten konkurrenzfähig zu bleiben, werden Produktentwicklungen immer stärker auf Plattformkonzepten basieren. Die Entwicklung von Plattformen verlangt ein transparentes und straffes Produkt- und Projektmanagement, da durch die üblicherweise hohe Stückzahl kleine Fehler in der Plattformentwicklung einen starken Hebel auf das Unternehmensergebnis haben werden.	... Plattformkonzepte für Zulieferteile

Markt- und Wettbewerbsdynamik

Die Markt- und Wettbewerbsdynamik ist ein weiterer Einflußfaktor auf den Innovationsprozeß.

Ursachen

Die Automobilhersteller stellen gewachsene Marktgeflechte zunehmend in Frage, um die notwendige Kostenreduzierung weiter vorantreiben zu können. Hierdurch verlieren langjährige Geschäftsbeziehungen und Lieferverträge ihre Gültigkeit. Eine weitere Veränderung resultiert aus dem zunehmenden Systemgeschäft. Diese Entwicklung führt zur Neuordnung der Beziehungen in der Kfz-Zulieferindustrie zwischen den Wettbewerbern und den Kunden.

- Die Zielpreisvorgabe des Automobilherstellers steht heute im Vordergrund der Geschäftsbeziehung. Dies wurde möglich durch die Anwendung des Globalsourcings, welches die Wettbewerbslandschaft nachhaltig verändert hat.
- Die FuE-Aufträge sind immer stärker mit dem Risiko behaftet, nicht in einem Lieferauftrag zu enden, weil der Kunde die Entwicklung kopiert und von Billiganbietern produzieren läßt.
- In der Systementwicklung ist es notwendig, den Zulieferanten in den Entwicklungsprozeß beim Kunden zu integrieren.

Folgen

Die Markt- und Wettbewerbsdynamik führt zu einem zunehmenden Verdrängungswettbewerb, Ertragsunsicherheit und teilweise zu nicht realisierbaren Zielpreisvorgaben. Das Systemgeschäft führt zusätzlich zu einem erhöhten Bedarf an Entwicklungsressourcen beim Zulieferanten, der größtenteils nicht separat in Rechnung gestellt werden kann.

Lösungsansatz

Ein Lösungsansatz ist darin zu sehen, daß jedes FuE-Projekt erfolgsorientiert geplant und gesteuert werden muß. Dazu muß die Transparenz über die eigentlichen Produktergebnisse in der Kfz-Zulieferindustrie wesentlich erhöht werden. Die einzelnen Maßnahmen zum Produktergebnis müssen aus der FuE-Planung abgeleitet werden. Getroffene Maßnahmen müssen konsequent mit Hilfe des Target-costings umgesetzt und in der Wirkung permanent überprüft werden.

Um das Systemgeschäft im Unternehmen richtig abbilden zu können, werden die Zulieferunternehmen zunehmend gezwungen, eigenständige Controllingsysteme zu entwickeln. Der Ertrag der Unternehmen muß zukünftig nach System-, Produkt- und Projektgeschäft differenziert werden.

Organisation

Der Kostendruck wirkt sich unmittelbar auf den FuE-Bereich aus. Um diesem Kostendruck zu begegnen, wurden in vielen Unternehmen Business-Reengineering durch- und Lean Management eingeführt.

Das Business-Reengineering stellt bestehende Geschäftsprozesse in Frage und strukturiert sie neu. Oft bleibt aber der erhoffte Quantensprung aus, weil die gewünschten Effekte nicht kurzfristig greifen können. Eine Folge ist ein prozentualer Stellenabbau. Dies birgt aber die Gefahr des elementaren Know-how-Verlustes aufgrund der Intransparenz über die benötigten Ressourcen zur Realisierung des FuE-Programms.

Business-Reengineering

- Durch den starken prozentualen Abbau der FuE-Ressourcen sind überlebenswichtige informelle Informationswege zwischen den Abteilungen und der Know-how-Transfer von Alt auf Jung gestört oder sogar zerstört worden.
- Teilweise wurden mehr FuE-Ressourcen freigesetzt als notwendig. Freigesetzte Entwicklungsressourcen werden heute für teures Geld wieder als externe Entwickler eingekauft.
- Die Probleme in der Produktentwicklung rühren aus der Schwierigkeit, das vorhandene Know-how, die produktspezifischen Erfahrungen und die technischen Fähigkeiten der verfügbaren FuE-Ressourcen richtig und effektiv zusammenzuführen.

Das ebenfalls zur Kostenreduzierung eingeführte Lean Management verlangt von den Unternehmen das Dezentralisieren der Verantwortung und Kompetenz auf die ausführende Ebene. Durch die sinkenden Erträge wurde in vielen Unternehmen die Entscheidungskompetenz aber wieder zentralisiert. Dies resultiert aus einer fehlenden Strategie zum FuE-Programm und einer fehlenden Transparenz über die Auswirkung auf das zukünftige Produktgeschäft.

Lean Management

- Eine fehlende oder nur allgemein formulierte Strategie zum FuE-Programm führt zur Ziellosigkeit, zur Projektinflation und damit zum uneffektiven Einsatz der Entwicklungsressourcen.

- Unzureichende Transparenz über die Auswirkung des FuE-Programms führt zur Entscheidungsunsicherheit und damit zur falschen Prioritätenvergabe im FuE-Programm.

Zur Vermeidung von Know-how-Verlust und zur Erhöhung der Entscheidungssicherheit müssen im FuE-Bereich die Ressourcen über eine kommunizierte Strategie ausgerichtet werden. Um dies zu erreichen, müssen die FuE-Projekte in ihrer Gesamtheit betrachtet werden.

Die FuE-Planung als zentrales Instrument zur Innovationssteuerung

Im Rahmen einer Programmplanung muß in den Unternehmen die Aufgabe gestellt werden, die Transparenz über das bestehende und zukünftige FuE-Programm zu erhöhen, um die Auswirkungen auf das Unternehmen aufzeigen zu können. Es ist die Zielsetzung vorzugeben, ein budgetkonformes Projektprogramm unter Berücksichtigung des Kundennutzens festzulegen. Durch eine sorgfältige FuE-Planung soll sichergestellt werden, daß die knappen und teuren Entwicklungsressourcen auf die richtigen Projekte konzentriert werden.

Wirkungskreise zwischen Produkt- und FuE-Programm:

Um dieser Zielsetzung gerecht zu werden, ist es wichtig, die Wirkungskreise zwischen dem bestehenden Produktprogramm und dem FuE-Programm sowie den verfügbaren Entwicklungsressourcen zu erkennen. Hierbei ist es erforderlich, zwei Wirkungskreise zu unterscheiden:

... Innovationswirkungskreis und

1. Innovationswirkungskreis:

Zur Absicherung des am Markt existierenden Produktprogramms sind die Unternehmen zur permanenten Produktinnovation gezwungen. Aus dem morgigen Produktprogramm resultiert ein heutiges FuE-Programm. Das FuE-Programm dient dazu, neue Produkte zu entwickeln oder Produkte zu verändern. Zur Realisierung des FuE-Programms werden entsprechende Entwicklungsressourcen eingesetzt. Die Entwicklungsressourcen werden aus dem heutigen Produktprogramm finanziert (Bild 7-2).

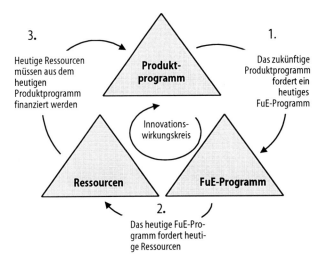

Bild 7-2: Innovationswirkungskreis zur Zukunftssicherung

Um diesen Wirkungskreis abbilden zu können, ist es erforderlich:
- die Produkte über den Lebenszyklus zu betrachten,
- die aus den Produkten resultierenden FuE-Projekte zu erkennen,
- die notwendigen Entwicklungsressourcen für die FuE-Projekte zu schätzen und
- die Kostenauswirkungen auf das Unternehmen festzustellen.

2. Finanzwirkungskreis:

... Finanzwirkungskreis

Das heutige Produktprogramm finanziert die verfügbaren Ressourcen. Die verfügbaren Ressourcen realisieren das heutige FuE-Programm, welches das zukünftige Produktprogramm sichert (Bild 7-3).

Um diesen Wirkungskreis abbilden zu können, ist es erforderlich:
- den Umsatz nach Produktgeschäft und direktem FuE-Projekterlös zu differenzieren,
- das daraus resultierende Gesamtbudgets für den FuE-Bereich festzulegen,
- dieses aus der Unternehmensstrategie in Einzelbudgets nach Projektklassen zu unterteilen und
- die daraus resultierenden Entwicklungsressourcen zur Verfügung zu stellen.

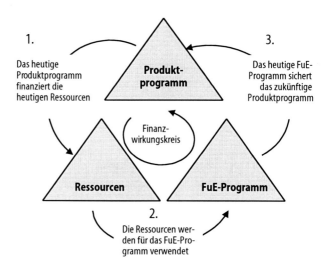

Bild 7-3: Finanzwirkungskreis zur Zukunftssicherung

Störung der Wirkungskreise

Die beiden Wirkungskreise werden gestört, wenn der Deckungsbeitrag sinkt und damit eine Finanzierbarkeit der benötigten Ressourcen aus dem heutigen Produktprogramm nicht mehr möglich ist (Bild 7-4).

Störungsbeseitigung

Es kommt zum Konflikt zwischen den benötigten und den verfügbaren Ressourcen. Um diesen Konflikt bewältigen zu können, müssen Instrumente zur Erhöhung der Kostentransparenz sowie zur besseren Entscheidungsfindung entwickelt und integriert werden. In einem effizienten Innovationsprozeß muß diese Verschiebung der Wirkungskreise aufgenommen und zielgerichtet angegangen werden. Hierbei werden die folgenden Fragen beantwortet (Bild 7-5):

- Welche Projekte sind notwendig, um zukünftig die richtigen Produkte am Markt zu haben?
- Welchen Erfolg leisten die Projekte als zukünftige Produkte?
- Welche Ressourcen sind notwendig, um Projekte zu realisieren?
- Welche Budgets sind notwendig, um die Ressourcen zu finanzieren?

Kritische Fragen

Um sich seiner eigenen Situation bewußt zu werden, sollte sich jedes Unternehmen die folgenden Fragen stellen:

- Unterstützt mein FuE-Programm meine Unternehmensziele?

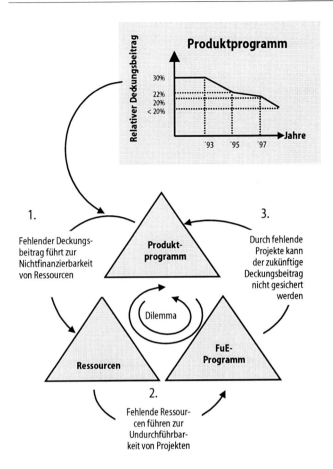

Bild 7-4: Störung der Wirkungskreise

- An welcher Stelle im Lebenszyklus befinden sich meine verschiedenen Produkte?
- Wie werden sich die Produkte in den nächsten fünf Jahren unterscheiden?
- Besteht Transparenz über das FuE-Programm im gesamten Unternehmen, und wird dieses auch von allen getragen?
- Tragen die einzelnen Projekte die richtigen Prioritäten, und wie werden diese gesetzt?
- Existiert ein funktionierendes Projektmanagement, um alle internen und externen Kosten zu planen, zu kontrollieren und zielgerichtet zu steuern?
- Wie finden strategische Entscheidungen ihren Weg in die Organisation?

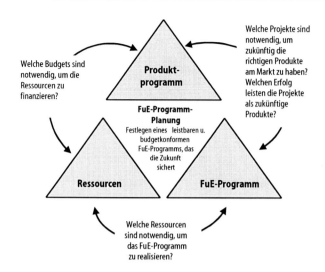

Bild 7-5: Lösung des Konfliktes durch die FuE-Planung

Die Ebenen des Planungsprozesses

Durch diese Fragen wird bewußt, daß eine FuE-Programmplanung zur Findung von Entscheidungen auf einem durchgängig strukturierten Planungsprozeß beruhen muß. Ziel ist es, durch die Instrumente des FuE-Managements einerseits eine an den Unternehmenszielen und der FuE-Programmplanung ausgerichtete Multiprojektplanung und andererseits eine wirtschaftliche Projektabwicklung (Projektplanung) zu ermöglichen.

Grundlagen für Effektivität und Effizienz

Die Grundlagen für Effektivität und Effizienz werden hierbei auf unterschiedlichen Planungsebenen festgelegt (Bild 7-6).

- Die FuE-Programmplanung verfolgt das Ziel, die knappen verfügbaren Ressourcen auf die richtigen Projekte zu konzentrieren, und damit die Effektivität der Ressourcen im bezug auf Markterfolg und Wettbewerbsfähigkeit zu erhöhen.
- Die Projekt- und Multiprojektplanung verfolgen das Ziel, die Ressourcen richtig einzusetzen, und sie sollen damit die Effizienz der eingesetzten Ressourcen in Bezug auf die Durchführung und Leistungsfähigkeit erhöhen.

Geht man von der klassischen Forderung nach Effizienzsteigerung aus, bedeutet dies, durch Projekt- und Multi-

Bild 7-6: FuE-Planung als strategische Stufe eines ganzheitlichen Planungsprozesses

projektplanung die eingesetzten Ressourcen richtig zu steuern. Die Verfügbarkeit der Ressourcen kann zwar durch die Effizienzsteigerung erhöht werden, dies reicht aber nicht aus, um der genannten Markt-, Wettbewerbs- und technologischen Dynamik gerecht zu werden. Die Effektivität muß im gleichen Maße erhöht werden. Nicht jedes Projekt darf bei strikter Erfolgsbetrachtung durchgeführt werden. Nur durch eine erfolgsorientierte Projektauswahl in der FuE-Programmplanung kann die Finanzierbarkeit der zukünftigen Entwicklungsvorhaben gewährleistet werden.

Die Schritte zur Programmplanung

Eine zyklisch durchzuführende FuE-Programmplanung stellt sicher, daß die richtigen FuE-Projekte bearbeitet werden. Dies sind Projekte, die den Innovations- und Wachstumsstrategien des Unternehmens maximal dienen und mit den verfügbaren sowie finanzierbaren Entwicklungsressourcen realisiert werden können.

Zur Durchführung der FuE-Programmplanung sind die folgenden Schritte notwendig:

Neun Schritte der FuE-Programmplanung

1. Erfassen der laufenden und geplanten Produkte und Projekte sowie Aufzeigen des Zusammenhangs zwischen dem Produkt- und Projektprogramm mit Hilfe der Road-Map.

2. Klassifizieren der Projekte nach dem Innovationsgrad.
3. Durchführen einer Ressourcenbedarfsplanung zum Abgleich der benötigten und verfügbaren Ressourcen.
4. Anfertigen einer Produktergebnisrechnung für das Produkt als Ergebnis jedes FuE-Projektes.
5. Darstellung des quantitativen Produktergebnisses des FuE-Programms im Erfolgsdiagramm.
6. Aufbau eines qualitativen Beurteilungsschemas aus der Unternehmensstrategie zur Bewertung der Markt- und Ertragschancen der einzelnen FuE-Projekte.
7. Abgleich der quantitativen und qualitativen Beurteilung und Zusammenfassung der Ergebnisse im Chancen-Ergebnis-Portfolio.
8. Festlegen der Prioritäten und Ziele aus dem Chancen-Ergebnis-Portfolio und Einleiten von Maßnahmen zur Ergebnisverbesserung.
9. Kommunizieren der Erkenntnisse aus der FuE-Programmplanung in die Organisation.

Road-Map

Die Road-Map visualisiert durch eine einfache grafische Darstellung den Zusammenhang zwischen dem Produkt- und FuE-Programm (Bild 7-7). Eine solche bildlich-grafische Darstellung vereinfacht die Kommunikation sowie den Informationsaustausch zwischen den einzelnen Fachbereichen wesentlich. In einer Road-Map können die folgenden Informationen dargestellt werden:

Informationsdarstellung in einer Road-Map

1. Wann beginnt eine Produktentwicklung oder ein FuE-Projekt?
2. Wie lange dauert die Produktentwicklung oder ein FuE-Projekt?
3. Wann ist der Serienstart, und wie lange ist die Seriendauer eines Produktes?
4. Wann muß ein Entwicklungsvorhaben aufgesetzt werden, um ein bestehendes Produkt zeitgerecht ablösen zu können?
5. Wann müssen Entwicklungsressourcen zur Verfügung gestellt werden aufgrund von absehbaren Produktentwicklungen?

Hierzu werden die Entwicklungsvorhaben und Produkte über die Zeitachse in der Road-Map dargestellt. Alle involvierten Fachbereiche können somit frühzeitig in den FuE-Planungsprozeß integriert werden.

Projektklassifizierung

Eine Projektklassifizierung dient zur Steuerung der Einzelbudgets und zur Transparenz über die Verwendung der eingesetzten FuE-Ressourcen (siehe hierzu auch den Beitrag von GESCHKA und LENK in diesem Buch).

Ziel und Vorgehen

Bevor eine Projektklassifizierung durchgeführt werden kann, ist in einem ersten Schritt zu klären, welche anstehenden Aufgaben in Projektform abgearbeitet werden sollen. Diese Auswahl sollte sich an der zu lösenden Komplexität und Bedeutung für das Unternehmen orientieren.

In einem zweiten Schritt müssen dann die einzelnen Projekte Klassen zugeordnet werden. Es können die folgenden Projektklassifizierungen unterschieden werden:

Vier Klassen:

- Produktneuentwicklung,
- Produktredesign,
- Standardisierung sowie
- Innovationsprojekt (Vorentwicklungsprojekt).

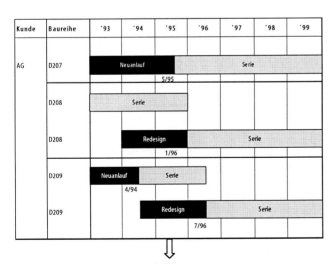

Bild 7-7: Prinzip der Produkt-Road-Map

... Produktneu-entwicklungen,	Bei Produktneuentwicklungen sind die Marktziele klar zu definieren. Die technologische Machbarkeit ist bei diesen Projekten meist schon gesichert. Die Unsicherheit liegt hier in der Erfüllung der gesetzten Kosten- und Terminziele. Produktneuentwicklungen zielen auf die Gewinnung eines zusätzlichen Marktanteils.
... Produktredesigns,	Bei Produktredesigns handelt es sich um Entwicklungsprojekte für am Markt befindliche Produkte. Der Schwerpunkt bei Redesign-Projekten liegt in erster Linie in der Funktions- und Kostenoptimierung. Diese Projekte führen zu keinem zusätzlichen Marktanteil. Die Verteidigung des vorhandenen Marktanteils steht hier im Vordergrund.
... Entwicklung von Standards und	Die Entwicklung von Standards gewinnt immer mehr an Gewicht. Standardisierte Technologieplattformen senken die Entwicklungszeiten und -kosten der einzelnen Produktentwicklungen. Den asynchronen Lebenszyklen von Technologie und Produkt kann so entgegengewirkt werden.
... Innovationsprojekte	Innovationsprojekte sind durch erhebliche Unsicherheiten gekennzeichnet. Die Entwicklungsschwerpunkte liegen in der Absicherung der technologischen Machbarkeit, dem Nachweis der Marktpotentiale und Attraktivitäten, dem Aufzeigen der Realisierungswege sowie im Darstellen der Auswirkungen auf das Unternehmen. Innovationsprojekte enden im Erfolgsfall mit einer oder mehreren Produktneuentwicklungen.

Anhand der Klassifizierung stellt sich die Frage, welche Einzelbudgets für die entsprechenden Projektklassen zur Verfügung gestellt werden sollen. Die Antwort auf diese Frage muß sich aus der Innovations- und Wachstumsstrategie der FuE-Planung ableiten lassen.

Ressourcenbedarfsplanung

Abstimmung erforderlich

Die in der Road-Map definierten Projekte benötigen Ressourcen zur Realisierung. Diese Ressourcen müssen im Rahmen einer jährlich durchzuführenden Planung erfaßt und den verfügbaren Ressourcen gegenübergestellt werden (siehe hierzu auch den Beitrag von GESCHKA und LENK in diesem Buch mit dem System KAPRI). Bei der Ressourcenbedarfsplanung ist darauf zu achten, daß die einzelnen Projekte unterschiedlich intensiv auf einzelne Funktionen im FuE-Bereich zugreifen.

Durch die Gegenüberstellung der benötigten und verfügbaren Ressourcen läßt sich die tatsächliche Belastung für die einzelnen FuE-Funktionsbereiche erkennen. Ein Ausgleich zwischen benötigten und verfügbaren Ressourcen kann unter Berücksichtigung der Prioritäten aus der FuE-Programmplanung durch die zeitliche Verschiebung von einzelnen FuE-Projekten erreicht werden. Zum Abbau von temporären Überlastungen dient oft das Outsourcing von Entwicklungsleistungen. Hierbei ist allerdings zu beachten, daß die Kernkompetenz im Unternehmen bleibt.

Einige Unternehmen haben eine Center- oder Unit-Struktur eingeführt. Hier leistet die Ressourcenbedarfsplanung einen wertvollen Beitrag, die zukünftigen Leistungsströme zwischen den Centern oder Units auf Basis der Projekte frühzeitig darstellen zu können.

Produktergebnisrechnung

Jedes Produkt muß bereits in seiner Entstehungsphase am zukünftigen Erfolg gemessen werden. Um dies zu ermöglichen, ist es zwingend erforderlich, eine Ergebnisrechnung aufzubauen.

Die sogenannte Produktergebnisrechnung (Bild 7-8) erfaßt alle Aufwände und Erlöse eines Produktes über den Lebenszyklus. Hierzu gehören auch alle Entwicklungsaufwände und Investitionen.

Die Produktergebnisrechnung dient somit der ergebnisorientierten Beurteilung der einzelnen Projekte. Sie ist damit das zentrale Element einer erfolgsorientierten Produktentwicklung.

Ziele der Produktergebnisrechnung

Mit Hilfe der Produktergebnisrechnung können Simulationen zum Target-Costing jederzeit durchgeführt werden. So werden zu Beginn einer Produktentwicklung die ausgabengleichen Herstellkosten als Ziele definiert, und der Projekterfolg wird am Erreichen dieser Ziele gemessen.

Entscheidungen im Projektablauf mit gravierenden Einflüssen auf die Projektwirtschaftlichkeit können in ihrer Auswirkung durch die Produktergebnisrechnung direkt transparent gemacht werden. Die wirtschaftliche Auswirkung von entwicklungstechnischen Alternativen kann simuliert und entscheidungsreif dargestellt werden. Die einzelnen Schritte zum Erreichen der Zielherstellungskosten und die damit verbundene Verbesserung

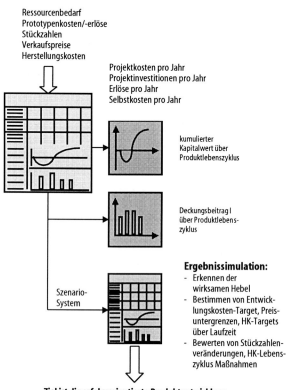

Bild 7-8: Produktergebnisrechnung

Kennzahlen der Produktergebnisrechnung:

... Kapitalwert,

... Return on Investment,

... Payback und
... interne Verzinsung

des Produktergebnisses können direkt durch die Produktergebnisrechnung nachvollzogen werden.

Zentrale Kennzahl der Produktergebnisrechnung ist der Kapitalwert zum Zeitpunkt des Serienstarts (siehe die ausführliche Darstellung später in diesem Beitrag). Im Kapitalwert sind alle Ein- und Auszahlungsströme über den Produktlebenszyklus erfaßt. Alle Ein- und Auszahlungsströme vor dem Serienstart werden hierbei aufgezinst, und alle Ein- und Auszahlungsströme nach dem Serienstart abgezinst. Weitere Kennzahlen der Produktergebnisrechnung sind der Return on Investment drei Jahre nach Serienstart sowie der tatsächliche Payback in Jahren und die interne Verzinsung. In der Produktergebnisrechnung können unternehmensspezifische Kennzahlen aufgenommen und an das Finanzcontrolling weitergeleitet werden. Um die Produktergebnisrechnung als Entscheidungsinstrument zu nutzen, ist es zwingend erforderlich, daß die zugrundegelegten Daten mit der FuE-Planung, der Investitionsplanung, der mittelfristigen Planung von Umsatz und Stückzahl sowie der Herstellungskostenkalkulation abgestimmt sind.

Qualitative Beurteilung

Neben der ergebnisorientierten Beurteilung muß eine qualitative Beurteilung der Markt- und Ertragschance durchgeführt werden. Diese Beurteilung dient dazu, strategische Projekte und Marktentwicklungen sowie erkennbare Risiken in die Bewertung der Projekte mit einfließen zu lassen.

Ein solches Beurteilungsschema kann nur unternehmensspezifisch aufgestellt werden. Die Beurteilungskriterien sowie die zu definierenden Rahmenbedingungen werden aus der Unternehmensstrategie abgeleitet. Diese sollten mindestens die strategische Bedeutung, die Marketingzielsetzung, die Erfolgsaussicht, sowie die zu erreichenden Synergien im FuE-Programm beinhalten.

Ableitung eines Beurteilungsschemas

Chancen-Ergebnis-Portfolio

Mit den Werten aus der Produktergebnisrechnung und der Einschätzung der Markt- und Ertragschance läßt sich ein Portfolio erstellen (Bild 7-9). Das Chancen-Ergebnis-Portfolio spiegelt die Bedeutung der einzelnen Projekte im FuE-Programm wider.

Aus dem Chancen-Ergebnis-Portfolio lassen sich Prioritäten und Zielvorgaben für das FuE-Programm ableiten.

Ableitung aus dem Chancen-Ergebnis-Portfolio

Im Chancen-Ergebnis-Portfolio können vier Felder unterschieden werden:

Felder des Chancen-Ergebnis-Portfolios:

- Strategische Projekte: In dem Feld niedriger Produktergebnisse, aber hoher Markt- und Ertragschancen liegen die strategischen Projekte. Hier müssen genaue Ziele für die Entwicklungsausgaben und Investitionen vorgegeben werden. Ihr Beitrag zum Unternehmenserfolg ist heute begrenzt, kann aber bei konsequenter Zielverfolgung von hohem Wert in der Zukunft sein. Hohe Entwicklungsausgaben werden nicht

... Strategische Projekte,

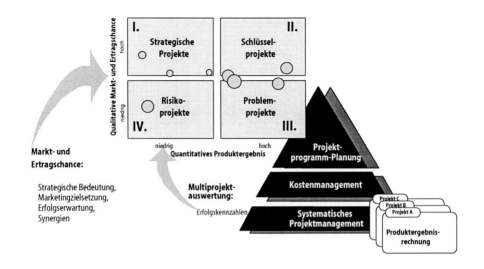

Bild 7-9: Chancen-Ergebnis-Portfolio

... Schlüsselprojekte,

durch ein entsprechendes Produktergebnis gerechtfertigt. Projekte aus diesem Grund zu streichen, kann die Zukunft gefährden. Hier sind eine saubere Projektplanung und -kontrolle der Entwicklungsressourcen und der Rückgriff auf Technologieplattformen oder Standards wichtig.

- Schlüsselprojekte: In dem Feld hoher Produktergebnisse sowie hoher Markt- und Ertragschancen liegen die Schlüsselprojekte. Da sie einen hohen Beitrag zum Erfolg des Unternehmens leisten, sind diese Projekte zu priorisieren. Das Ziel muß sein, die Herstellungskosten weiter zu optimieren, um den Markterfolg über den gesamten Lebenszyklus zu sichern. Der Hebel auf den Kapitalwert liegt hier in der Differenz zwischen Verkaufspreis und Herstellungskosten. Chancen zur weiteren Optimierung der Herstellungskosten können den Einsatz von Entwicklungsressourcen rechtfertigen. Um diesen Einsatz nicht unkontrollierbar zu machen, sind die einzelnen Maßnahmen mit Hilfe des Target-Costing ständig zu überprüfen, und die zeitliche Wirksamkeit ist festzulegen (Cost-Tracking).

- Problemprojekte: In dem Feld hoher Produktergebnisse, aber niedriger Markt- und Ertragschancen liegen die Projekte mit niedrigem Zukunftspotential. Es empfiehlt sich, die Ausgaben auf die Produktpflege zu begrenzen. Weitgreifende Produktveränderungen werden hier nicht mehr den gewünschten Ertrag erwirtschaften.

  ... Problemprojekte und

- Risikoprojekte: In dem Feld niedriger Produktergebnisse sowie niedriger Markt- und Ertragschancen liegen die Projekte, bei denen Entwicklungskosten und Investitionen nach Prüfung der Auswirkungen eingespart werden sollten. Es ist zu überlegen, ob hier zum Ausgleich der benötigten und verfügbaren Ressourcen auch Projekte gestrichen werden können. Vor jeder Projektstreichung muß die Vernetzung mit dem FuE-Programm überprüft werden. Ist eine Projektstreichung aufgrund einer Vernetzung nicht möglich, müssen Entwicklungsstrategien für diese Projekte erarbeitet werden. Entwickelte Technologieplattformen können als Lösungen herangezogen werden. Diese Projekte bedürfen einer starken Führung und Kontrolle.

  ... Risikoprojekte

Mit diesen Erkenntnissen kann eine Prioritätenvergabe und Ressourcenanpassung erfolgen.

Maßnahmen aus der FuE-Planung

Die Erkenntnisse aus der FuE-Planung müssen ihren Niederschlag in der Projektrealisierung finden. Daher sind die in der FuE-Planung gefällten Entscheidungen in die entsprechenden Projektteams zu kommunizieren. Das Know-why spielt hier die entscheidende Rolle. Strategien und Entscheidungen haben erst dann tatsächliche Tragweite, wenn sie auch konsequent umgesetzt werden. Da die Umsetzung immer im Projekt und damit durch die Projektbeteiligten erfolgt, müssen diese auch die Informationsempfänger sein.

Know-why zur Akzeptanzgewinnung

Von entscheidender Bedeutung zur Akzeptanzgewinnung ist das Verständnis der Kapitalwertformel. In der Kapitalwertformel wird deutlich, daß zwei entscheidende Hebel auf die Optimierung des Kapitalwerts wirken. Der erste Hebel ist in den Ausgaben der Projektphase zu sehen. Hierzu gehören alle Entwicklungsausgaben und Investitionen. Der zweite Hebel ist in der

Bedeutung der Kapitalwertformel

Marktphase zu finden. Hier wirken sich Stückzahlen, Verkaufspreise, Herstellungskosten und Gemeinkosten aus.

Die Kenntnis der spezifischen Wirkung der Hebel auf das Produkt ist von elementarer Bedeutung für die Projektbeteiligten.

Hebel zur Optimierung des Kapitalwertes

Klassische Kapitalwertformel

Die Wirkungszusammenhänge der Ein- und Auszahlungsströme lassen sich mit Hilfe der Kapitalwertformel sehr gut erkennen:

$$K = \sum_{t=0}^{n} (E_t - A_t) \cdot (1+p)^{-t}$$

mit:

K = Kapitalwert
E_t = Einzahlung am Ende der Periode t
A_t = Auszahlung am Ende der Periode t
t = Periode (0,1,2,...,n)
p = Kalkulationszinsfuß

Um die Wirkungszusammenhänge transparent darstellen zu können, muß die Kapitalwertformel modifiziert werden.

$$K = \sum_{t=m}^{n} \left[\frac{(-(EW_t + I_t - EWE_t) + (V_t \cdot (VP_t - HK_t \cdot (1+GK))))}{\cdot (1+p)^{-t}} \right]$$

mit:

K = Kapitalwert
EW_t = ausgabengleiche Entwicklungsaufwendungen in der Periode t
I_t = Investitionen in der Periode t
EWE_t = Entwicklungserlöse in der Periode t
V_t = Stückzahl in der Periode t
VP_t = Verkaufspreis in der Periode t
HK_t = Herstellungsstückkosten (ohne projektspezifische Abschreibungen und kalkulatorische Kosten) in der Periode t[*]
GK = Gemeinkostenzuschlagsatz[*]
t = Periode (m,...,-2,-1,0,1,2,...,n);
o = Serienstart
m = Entwicklungsstart

n = Serienende
p = Kalkulationszinsfuß

* Bei diesen Positionen handelt es sich um Schätzgrößen für die der Kapitalwertformel zugrundeliegenden Ausgaben (siehe zu dieser Problematik BLOHM, LÜDER 1995, S. 143-147).

Anhand der modifizierten Kapitalwertformel lassen sich zwei wesentliche Hebel erkennen (Bild 7-10).
Erster Hebel: Je kleiner die Stückzahl V wird, desto größer muß die signifikante Reduzierung der Herstellungsstückkosten HK sein, um den Einfluß der Entwicklungsaufwendungen EW und Investitionen I auf den Kapitalwert K auszugleichen.

Dies bedeutet, daß bei einer kleinen Stückzahl V die signifikanten Reduzierungen der Herstellungsstückkosten HK überproportional sein müssen, um die eingesetzten Entwicklungsaufwendugen EW und Investitionen I zu rechtfertigen. Dies ist in der Praxis meist nicht möglich. Daher müssen die Entwicklungsaufwendungen EW und Investitionen I budgetiert und ständig kontrolliert oder durch direkte Entwicklungserlöse EWE ausgeglichen werden.

Hebelwirkung:
... erster Hebel und

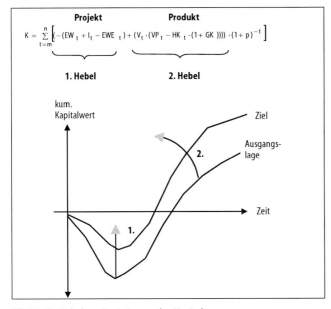

Bild 7-10: Hebel zur Optimierung des Kapitalwertes

Zweiter Hebel: Je größer die Stückzahl V wird, desto kleiner wird der Einfluß der Entwicklungsaufwendungen EW sowie der Investitionen I auf den Kapitalwert K bei einer signifikanten Reduzierung der Herstellungsstückkosten HK.

... zweiter Hebel

Dies bedeutet, daß bei einer großen Stückzahl V die signifikanten Reduzierungen der Herstellungsstückkosten HK sich überproportional auf den Kapitalwert K auswirken. Durch diesen Hebel können weitere Entwicklungsaufwendungen EW und Investitionen I zur Reduzierung der Herstellungsstückkosten HK gerechtfertigt sein.

Umsetzung des ersten Hebels

Der erste Hebel zur Kapitalwertoptimierung ist demnach in den Entwicklungsstückkosten und Investitionen zu finden. Dieser Hebel ist aber nur dann wirkungsvoll, wenn das zukünftige Produkt in einer geringen Stückzahl abgesetzt wird. Es muß demnach das Ziel vorgegeben werden, die Entwicklungsaufwendungen und Investitionen zu begrenzen und zum Beispiel auf Technologieplattformen oder Gleichteile zurückzugreifen. Eine Amortisation der Entwicklungsaufwendungen und Investitionen ist ansonsten nicht in der gewünschten Zeit möglich.

Umsetzung des zweiten Hebels

Der zweite Hebel ist in der Differenz zwischen Verkaufspreis und Herstellungsstückkosten unter Berücksichtigung der Gemeinkosten zu finden. Bei zukünftigen Produkten mit hohen Absatzstückzahlen nimmt der Einfluß dieser Differenz auf die Optimierung des Kapitalwertes zu. Es muß demnach das Ziel vorgegeben werden, die Herstellungsstückkosten mit Hilfe des Target-Costing zu optimieren. Um dieses Ziel zu erreichen, muß der Einsatz von weiteren Entwicklungskosten und Investitionen in seiner Auswirkung auf den Kapitalwert überprüft werden.

Maßnahmenplanung

Die Simulation dieser Wirkungszusammenhänge läßt sich sehr gut mit der Produktergebnisrechnung durchführen. Die einzelnen Schritte zur Kapitalwertoptimierung müssen mit einzelnen Maßnahmen belegt und ihre Wirkung muß zeitlich definiert werden.

Auswirkungen der Maßnahmen erkennen

Um mögliche Alternativen im Projektteam fundiert diskutieren zu können, ist es wichtig, die Auswirkungen der Maßnahmen auf den Kapitalwert sowie den Return on Investment aufzeigen zu können. Hierbei hat sich die

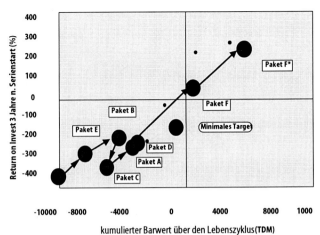

Bild 7-11: Darstellung der Maßnahmen im Erfolgsdiagramm

Darstellung im Erfolgsdiagramm als zweckmäßig erwiesen (Bild 7-11).

Da die Maßnahmen in einem kurzen Zeithorizont greifen müssen, ist das schnelle Erkennen von Veränderungen die wichtigste Voraussetzung für das zielsichere Agieren. Dabei ist jede Veränderung mit ihrer Auswirkung auf den zukünftigen Erfolg des Produktes mit Hilfe der Produktergebnisrechnung zu simulieren und im Erfolgsdiagramm darzustellen.

Fazit

Mit dem Wissen um die Wirkungszusammenhänge zwischen dem Produktprogramm, dem FuE-Programm, den verfügbaren Ressourcen und der Marktveränderung muß jedes Projekt von Beginn an mit Zielen belegt und ständig erfolgsorientiert überwacht und gesteuert werden.

Literatur

BLOM, HANS; LÜDER, KLAUS: Investition. 8. Aufl., München: Vahlen 1995.

8 Zielorientierte FuE-Performance-Bewertung – Der GOPE-Ansatz

RANDOLF SCHRANK, MANFRED PERLITZ

In den bisherigen Beiträgen standen stets FuE- bzw. Innovationsprojekte als Planungsobjekte im Mittelpunkt. Sie sind i.d.R. unterschiedlich inhaltlich ausgerichtet und haben verschiedene zeitliche Reichweiten. Das Ziel in den Beiträgen von Teil 2 des Buches bestand in der geschickten Zusammenstellung solcher FuE- bzw. Innovationsprojekte zu FuE- bzw. Innovationsprogrammen als den übergeordneten Planungsobjekten. Dabei wurden Mitarbeiter, Serviceeinrichtungen, Finanzmittel und sonstige Einrichtungen als knappe Ressourcen betrachtet, deren Einsatz möglichst effizient gestaltet werden soll.

Nunmehr wechselt der Blickwinkel. Über die gerade bearbeiteten oder in Vorbereitung befindlichen FuE- und Innovationsprojekte hinaus liegt in FuE- und anderen Abteilungen ein Potential verborgen, das es freizulegen gilt. Dies ist die Aufgabe des Performance-Measurements, wie es der Unternehmensberater Randolf Schrank und der Professor Manfred Perlitz im folgenden Beitrag skizzieren. Sie bauen dazu auf die Ergebnisse eines europäisch-japanischen Forschungsvorhabens zur „Company of the Future" auf, bei dem Instrumente zur Steuerung technologieintensiver Unternehmen entwickelt wurden.

Das Performance Measurement von Organisationseinheiten bildet eine von drei Rahmenbedingungen des Managements von FuE- und Innovationsprogrammen, die in diesem Buch skizziert werden. Bei den anderen beiden Rahmenbedingungen geht es vor allem um die informationstechnische Systemumgebung, in die sich das Management von FuE- und Innovationsprogrammen in vielen Unternehmen einzufügen hat: zum einen um Groupware, also um Systeme zur Unterstützung kooperativen Arbeitens, zum anderen um die Möglichkeiten, die das Informationssystem R/3 der Firma SAP dem Management von FuE- und Innovationsprogrammen bietet.

Unternehmenssteuerung im Zeitalter des wissensbasierten Wettbewerbs

Bedeutung der FuE in der Zukunft

„The next wave of economic growth is going to come from knowledge-based businesses". Aufgrund dieser These entwarfen DAVIS und BOTKIN (1994) nicht nur ein Zukunftsbild des Wettbewerbsumfeldes der Industrieländer, sondern beschrieben in weiten Teilen auch, was in vielen Branchen schon heute Realität ist. Die industrielle Revolution ist abgeschlossen, künftig werden die Industrieländer ihre Wettbewerbsvorteile nur noch in solchen Branchen halten und ausbauen können, in denen Wissen die kritische Ressource ist. Nur komplexe Systemtechnologien oder wissenschaftlich noch wenig erforschte Bereiche wie die Biotechnologie lassen wenig Raum für Kopien oder aggressive Preispolitik durch Unternehmen aus Schwellenländern. Angesichts dieser Herausforderung tritt der zentrale Ort der Wissenschaffung im Unternehmen in den Mittelpunkt des Interesses: Die Forschung und Entwicklung. Die Einschätzung der Leistungsfähigkeit der unternehmenseigenen Forschung und Entwicklung wird jedoch kaum durch allgemein akzeptierte Instrumente unterstützt. Motivation für die Schaffung eines Erfolgsanalyseinstrumentes ist die Herleitung eines mit dem in der Finanzsphäre bekannten DuPont-ROI-Schemas vergleichbaren Rechenwerkes für die Performance-Bewertung in der FuE (Bild 8-1).

Rolle des Rechnungswesens in der FuE

Die durch Produktions- und später Marketingorientierung geprägten Managementmethoden der letzten Jahrzehnte gehen auf den komplexen und schwer zu fassenden Forschungs- und Entwicklungsbereich nur am Rande ein. Insbesondere das klassische Informationsinstrument des Unternehmens, das betriebliche Rechnungswesen, trägt durch die Ausrichtung an den Engpaßbereichen der Vergangenheit einen innovationsfeindlichen Ballast mit sich, der es aus Sicht der Forschung und Entwicklung zum untauglichen Steuerungsinstrument abstempelt. Daß sich das Rechnungswesen als Managementinformationssystem überlebt hat, zeigen nicht zuletzt die durch RAPPAPORT, JOHNSON und KAPLAN eingeleiteten Reformversuche des externen bzw. internen Rechnungswesens. Mit dem zum Klassiker avancierten Schlagwort „Relevance Lost" charakterisieren dabei JOHNSON, KAPLAN (1987) treffend den Beitrag

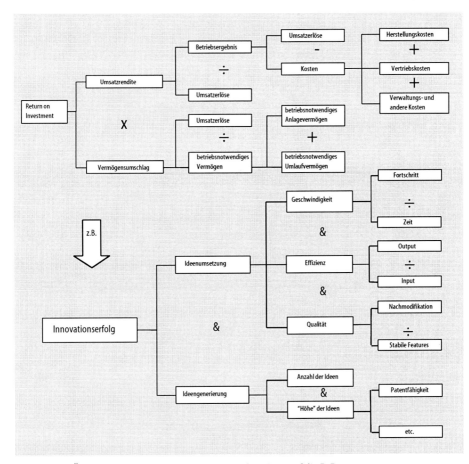

Bild 8-1: Die Übertragung des Kennzahlensystems nach DuPont auf die FuE

des internen Rechnungswesens zur Unternehmenssteuerung selbst im Produktionsbereich, dem klassischen Einsatzfeld der Kostenrechnung. Der Shareholder-Value-Ansatz und die Prozeßkostenrechnung sowie andere gemeinkostenorientierte Kostenrechnungskonzepte haben zu wesentlichen Verbesserungen bei der Berücksichtigung langfristiger Entwicklungen geführt und der Verwendung monetärer Steuerungsgrößen zu höherer Relevanz verholfen. Im Forschungs- und Entwicklungsbereich steigern sich jedoch die Defizite des klassischen Rechnungswesens ins Extrem: Bei Planungshorizonten, die nicht selten in Jahrzehnten gemessen werden, wird die Periodenperspektive ad absurdum geführt, und monetäre Größen verlieren stark an Aussagekraft. Nicht umsonst beklagt HAUSCHILDT (1994a, 1994b) die man-

Defizite des klassischen Rechnungswesens im FuE-Bereich

148 Zielorientierte FuE-Performance-Bewertung – Der GOPE-Ansatz

gelnde Erfolgsorientierung des „cost centers" Forschung und Entwicklung. Wenn Erfolg allerdings monetär nur schwer meßbar ist, ergibt sich die Notwendigkeit, andere Bewertungsgrößen zu identifizieren und mit deren Hilfe ein Pendant zum klassischen Rechnungswesen zu etablieren. Es existiert eine Vielzahl einzelner Instrumente zum Management der Forschung und Entwicklung, was jedoch fehlt, ist ein breiter Rahmen, um verschiedene Perspektiven und Entwicklungen zu messen, zu konsolidieren und auszuwerten.

Inhaltlicher Überblick

Im folgenden werden die Grundzüge des GOPE-Ansatzes (Goal Oriented Performance Evaluation) vorgestellt:

- Zunächst seien die Begriffe „Performance" und „Measurement" betrachtet.
- Der Ansatz GOPE setzt Performance Measurement konzeptionell um, und es fließen Ideen aus der entscheidungsorientierten Forschung ein.
- Eine speziell für GOPE entwickelte Software erschließt den Einsatz dieses Planungsinstruments.
- Ein Ausblick zeichnet schließlich den Weg vom Performance Measurement zum Organizational Learning vor.

„FuE-Performance" und Performance-Measurement-Systeme

Definition „Performance"

„Performance" ist ein Grundbegriff für die Bewertung wirtschaftlicher Abläufe und Strukturen. Sie steht für die Einschätzung der Leistung, die von Firmen, Organisationseinheiten wie Abteilungen oder Einzelpersonen erbracht wird. Wegen seiner Breite und Gängigkeit im englischsprachigen Raum und in der internationalen Literatur soll der englische Begriff „Performance" auch hier Verwendung finden. Die Performance einer Einheit manifestiert sich darin, inwieweit sie der ihr gestellten Aufgabe gerecht wird. Diese Einschätzung ist Grundlage jeder Beurteilung von Leistungsfähigkeit im Unternehmen, und diese stellt sich im Falle der FuE naturgemäß als besonders schwierig dar. Anders als in der deutschsprachigen Literatur findet sich in der englischsprachigen eine Vielfalt von Ansätzen der Performance-Bewertung, die durch eine Orientierung an verschiedenen finanziellen und nicht-finanziellen Indikatoren ein Gegengewicht zum klassischen Rechnungswesen schaffen wollen. Den klassischen Performance-Kennzahlen wie „Return on Investment", Gewinn oder „Earnings per Share" wird dabei die quantitative Abbildung von Erfolgsfaktoren gegenübergestellt.

Bei der Performance-Messung mit Performance-Measurement-Systemen wie der „Balanced Scorecard" (KAPLAN, NORTON 1992, 1993, 1996), der „Performance Pyramid" (LYNCH, CROSS 1991) oder dem ECOGRAI-Ansatz (DOUMEINGTS, CLAVE 1995) handelt es sich nicht um die Etablierung einer anderen Definiton von Performance, sondern letztlich um einen anderen Ansatz zur Messung der Performance. Dieser alternative Meßansatz wählt eine indirekte anstatt einer direkten Performance-Messung und ist daher für die FuE besonders geeignet.

Performance-Messung

Ohne Zweifel besteht der langfristige Zweck von unternehmerischen Forschungs- und Entwicklungsaktivitäten in der Erzielung von Gewinnen bzw. in der Wertschaffung für das Unternehmen und damit für die Anteilseigner. Die zeitliche Entkopplung zwischen der Grundlegung für die Wertsteigerung in der FuE und der zeitlichen Entstehung der entsprechenden Gewinne erschwert die Bewertung des Erfolges. Dennoch ist das Herstellen des Zusammenhangs durch entsprechende Umsatz- und Kostenprognosen ein wesentlicher Bestandteil jeder FuE-Bewertung (vgl. hierzu auch den Beitrag von PLEISSNER in diesem Buch, der dies am Fall der Automobilzulieferindustrie konkretisiert). Es gibt jedoch neben dem zeitlichen auch den kausalen Zusammenhang zwischen der FuE-Performance und dem erzielbaren wirtschaftlichen Ergebnis. Nur wenn bezüglich Qualität, Geschwindigkeit, Innovationskraft und anderen nur langfristig analysierbaren Faktoren eine gute Performance gezeigt wird, wird sich langfristig auch der kommerzielle Erfolg einstellen (Bild 8-2).

Problem: Bewertung von Erfolgen in der FuE

Im Rahmen des „Company of the Future"-Projektes der Europäischen Gemeinschaft, in dem Instrumente zur Steuerung technologieintensiver Unternehmen entwickelt wurden, wird der zeitliche Zusammenhang durch das Target-Budgetierungs- und FuE-Erfolgsprognosesystem FIAS (Flexible Innovation Accounting System) abgebildet, wohingegen der kausale Zusammenhang im Rahmen von GOPE (Goal Oriented Performance Evaluation) im Vordergrund steht. Der finanzielle Erfolg der

Zusammenhänge:

... zeitlicher und

... kausaler Zusammenhang

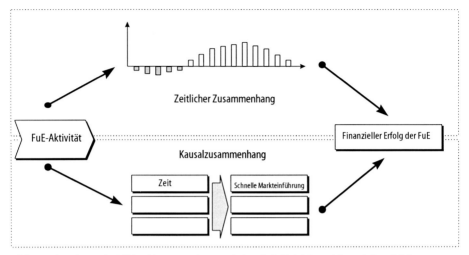

Bild 8-2: Kausaler und zeitlicher Zusammenhang zwischen FuE-Aktivität und finanziellem Erfolg

Voraussetzung für GOPE

FuE wird dabei als eine Funktion verschiedener Variablen wie z.B. Geschwindigkeit gesehen, welche den FuE-Prozeß und dessen Output kennzeichnen. Daß man die entsprechenden Variablen als kritische Erfolgsfaktoren im Sinne ROCKARTS (1979) ansehen kann, liegt auf der Hand. Die breite betriebswirtschaftliche Forschungsrichtung, die sich mit der Identifikation strategischer Erfolgsfaktoren auf Unternehmensebene beschäftigt, soll jedoch an dieser Stelle nicht aufgegriffen werden. Die extrem technologie-, branchen-, und firmenspezifische Struktur von FuE-Aktivitäten zwingt zur fallspezifischen Identifikation der kritischen Erfolgsfaktoren.

GOPE basiert auf der Überzeugung, daß die Erfolgspotentiale der FuE in erster Linie dem verantwortlichen Management bekannt sind. Dies erklärt sich zum einen aus der extrem komplexen und spezifischen Struktur der FuE-Aktivität im Vergleich zu anderen Unternehmensbereichen, zum anderen aber auch aus einer anders verstandenen Interpretation der in der Managementlehre dominierenden Kontingenztheorie, dem situativen Ansatz des Managements. Standardisiert erfaßte Firmensituationen (hoher Gewinn, viel FuE, etc.) in Verbindung mit Unternehmenserfolg zu bringen, bringt zwar theoretisch fruchtbare grundsätzliche Erkenntnisse, kann jedoch in den seltensten Fällen zu konkreten Handlungshinweisen führen.

Erfolgsfaktoren müssen fallspezifisch definiert werden und bedürfen des ganzen Fachwissens der operativ Beteiligten. Dies versucht GOPE durch eine Entscheidungsstrukturierung und -unterstützung anstatt durch fest vorgegebene Strukturen zu erreichen.

GOPE und seine Bestandteile

GOPE (Goal Oriented Performance Evaluation) verfolgt über den Ausgangspunkt der aktuell diskutierten Performance-Measurement-Systeme hinaus den Ansatz, sich bei der Ableitung strategischer Performance-Measurement-Systeme an Erkenntnissen der entscheidungtheoretischen Forschung zu orientieren, um so zu nützlichen Ergebnissen zu gelangen. Der Bedarf für einen solchen Ansatz ergibt sich aus dem Spannungsfeld zwischen der notwendigen fallspezifischen Ableitung und der grundsätzlichen Erkenntnis, daß sich komplexe Systeme, wie es das Zielsystem der FuE einer Unternehmung darstellt, nicht durch unstrukturierte Ad-hoc-Entscheidungen ableiten lassen.

Orientierung an entscheidungstheoretischer Forschung

Im folgenden werden die zwei zentralen Bestandteile von GOPE vorgestellt.
- Im Rahmen der Strukturierung und Bewertung von Zielen und Strategien geht es darum, das implizit Vorhandene nach außen hin sichtbar zu machen, also vor allem die Ziele eines Unternehmens und deren Beziehungsgefüge offenzulegen.
- Die Ergebnisse der Strukturierung und Bewertung von Zielen und Strategien fließen sodann in ein Konzept zur Messung der strategischen FuE-Performance ein, bei dem es um die Messung, Konsolidierung und Auswertung entsprechender Indikatoren geht.

Strukturierung und Bewertung von Zielen und Strategien

Der Bewertungsmaßstab für die FuE ist die spezifische Strategie bzw. das spezifische Zielsystem der entsprechenden Unternehmung. Obgleich dieses in den Ansichten, Zielen und Erfahrungen der operativen Manager verankert ist, wurde und wird es meist nicht in eindeutiger Weise expliziert. Erster Schritt der Erarbeitung

Modellierung aller Einflußgrößen auf den FuE-Erfolg	eines Performance-Measurement-Systems muß es daher sein, das komplexe Modell der sich gegenseitig beeinflussenden Einflußgrößen des FuE-Erfolgs zu ermitteln. Der Modellierung muß ein kreativer Akt der Beteiligten vorangehen, der der Explizierung des – implizit bereits vorhandenen – Modells der strategischen Ziele des FuE-Bereichs dient. Hierzu bieten sich die
Methoden:	Methoden des Brainstorming und des Cognitive Mapping an, bevor durch Vereinfachung die eigentliche strategische Hierarchie hergeleitet wird.
... Brainstorming und	Wie in Bild 8-3 zu sehen, werden in einer Brainstorming-Sitzung mit den beteiligten Führungskräften zunächst die für die Bewertung des FuE-Bereichs wichtigen Maßstäbe aufgelistet. In dieser Phase heißt die Devise Quantität vor Qualität. Erfahrungen zeigen, daß das Zielsystem der FuE zwar implizit existiert, aber bislang nicht expliziert wurde. Deshalb bedarf es eines grundsätzlichen Nachdenkens darüber, worin sich gute oder schlechte Leistungen eines FuE-Bereichs manifestieren. Neben naheliegenden Faktoren wie Kosten, Zeit oder Qualität können hier auch fallspezifische Elemente wie Kapazitätsauslastung oder wissenschaftliche Reputation auftauchen. Daß in dieser Phase auch viele Kriterien genannt werden, die später wieder aus der Bewertung herausfallen, ist normal. Im Zusammenhang mit der bloßen Auflistung, die Output dieser ersten Phase ist, findet bereits ein intensives Nachdenken über die Ziele der FuE statt, welches in der Phase des „Cog-
... Cognitive Mapping	nitive-Mapping" von großem Nutzen ist. Im Rahmen des „Cognitive Mapping" wird die ungeordnete und noch nicht gefilterte Menge möglicher Erfolgsfaktoren durch ein Kausalmodell miteinander verbunden.
Erarbeitung einer Cognitive Map	Die „Cognitive Map" wird schrittweise von den Entscheidungsträgern in Zusammenarbeit mit Methodenspezialisten erarbeitet und stellt die Beziehung der einzelnen Faktoren im Rahmen eines Pfeildiagramms dar, welches wechselseitige Querverbindungen und Beeinflussungen durch die Kennzeichnung der Verbindungen mit „+" oder „-" charakterisiert. Nach dieser komplexen Modellerarbeitung erfolgt die notwendige Relaxation, um zu einem der Realität angemessenen, vereinfachten Modell zu kommen. Die Hierarchisierung des Kausalmodells dient der Einordnung der identifizierten Beziehungen in ein durch eine begrenzte Anzahl von

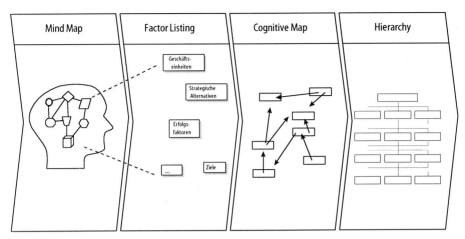

Bild 8-3: Die Ableitung des Meßmodells

hierarchischen vertikalen Beziehungen dominiertes Modell. Die Hierarchisierung erlaubt zudem eine überschaubare Repräsentation des Problems und ermöglicht die spätere Anwendung entscheidungstheoretischer Techniken, welche Probleme meist in hierarchisierter Form analysieren.

Die Bewertung der Wichtigkeit der einzelnen Bestandteile der Hierarchie stellt ein Problem dar, welches eine Parallele zum klassischen entscheidungstheoretischen Problem der Entscheidung für eine Alternative bildet. Da eine Vielzahl relevanter Faktoren eine Rolle spielt, um Teile der Hierarchie bzgl. ihrer Wichtigkeit zu bewerten, bieten sich hierfür insbesondere die Modelle zur Entscheidung bei Mehrfachzielen an.

Hier kann man aus einer Vielzahl von Ansätzen wählen, die sich aus der Forschung zu Entscheidungen bei Mehrfachzielen ergeben haben. Insbesondere sind hierbei die Ansätze der Multiattributiven Nutzentheorie (MAUT) zu nennen. In der deutschen Wissenschaftslandschaft weniger verbreitet, aber bei konkreten Anwendungen im betriebswirtschaftlichen Bereich häufig anzutreffen, ist der Analytic Hierarchy Process (AHP). Dieser von SAATY (1980, 1990) entwickelte Ansatz geht, wie die Mehrzahl der Mehrfachzielentscheidungsmodelle, von einer Hierarchisierung des Entscheidungsproblems aus, unterscheidet sich jedoch bezüglich der Herleitung und Auswertung der Ergebnisse wesentlich von anderen Ansätzen. Beim AHP wird die Komplexität

Bewertung der Hierarchiebestandteile

Ansätze zu Entscheidungen bei Mehrfachzielsetzungen:

MAUT und

... AHP

der Entscheidung durch eine Reduktion der Einschätzung auf Paarvergleiche einzelner Elemente reduziert. So wird der Entscheider aufgefordert, anhand einer Skala zwischen 1 und 9 zu bewerten, wieviel wichtiger ihm Faktor A als Faktor B im Hinblick auf das jeweilige Ziel ist. Ein solcher Vergleich könnte im Rahmen einer FuE-Strategiestrukturierung z.B. zum Inhalt haben, um wieviel wichtiger der Faktor „Zeit" im Vergleich zum Faktor „Kosten" für die Erreichung des Ziels ist.

Der AHP interpretiert die angegebenen Skalenwerte quantitativ und errechnet aus einer Paarvergleichsmatrix unter Verwendung der Eigenvektormethode das einem Element zuzurechnende Gewicht. Im Resultat können sowohl globale, das heißt auf das Gesamtziel der Organisation bezogene, als auch lokale, d.h. auf die jeweils nächsthöhere Ebene bezogene Urteile eine Rolle spielen. Wie u. a. TSCHEULIN (1992) in einer vergleichenden Studie mit dem Conjoint-Measurement-Ansatz feststellte, eignet sich der AHP im Gegensatz zur auf der Logik der Regressionsanalyse aufbauenden Conjoint-Analyse insbesondere dann, wenn die Probanden die Methodik verstanden haben. Dies liegt darin begründet, daß die ausgefeilte und relativ komplexe Struktur des AHP einer intensiven Einbeziehung des Entscheiders bedarf. Im Falle der Strategiestrukturierung kann davon ausgegangen werden, daß die Entscheider die wesentlichen Inhalte der Methode durch externes Coaching verstanden haben. Unter diesen Umständen hilft der AHP, vorhandene Präferenzstrukturen offenzulegen.

Beispiele für eine EDV-unterstützte Aufbereitung der Entscheidungsfindung:

... EXPERT CHOICE,

... CRITERIUM DECISION PLUS,
... HYPRE +, HIGHVIEW UND

Wie schon in der Phase des Cognitive Mapping spielen EDV-Tools hier eine zentrale Rolle. Die EDV-technische Aufbereitung der Entscheidungsfindung fördert das Verständnis für die verwendeten Methoden und rationalisiert die technische Durchführung erheblich. Neben dem vom Begründer des AHP ausgehenden und auf AHP fokussierten Software-Paket EXPERT CHOICE (Internet: http//:www.expertchoice.com) stehen zahlreiche andere entscheidungstheoretische Software-Pakete zur Verfügung, welche auch andere Entscheidungsverfahren unterstützen. CRITERIUM DECISION PLUS, HYPRE + und HIGHVIEW bieten zumeist eine breitere Auswahl an wissenschaftlichen Bewertungs- und Auswahlverfahren, aber weniger Funktionsvielfalt bei der Auswertung von AHP-Befragungen, auf welche sich EXPERT CHOICE konzentriert. ALIAH-THINK! basiert auch auf dem AHP, bietet jedoch mittlerweile eine Reihe ergänzender Tools zu Strategiestrukturierung und strategischer Planung.

... Aliah–Think!

Da im Rahmen von GOPE die Anwendung des AHP im Vordergrund steht, ist die Anwendung von EXPERT CHOICE als sinnvoll anzusehen, zumal von EXPERT CHOICE auch spezielle Versionen zur Gruppenentscheidung erhältlich sind, welche sich durch technische Hilfsmittel bei der Gruppendiskussion auszeichnen.

Letztlich bleibt zu erwähnen, daß es bzgl. des AHP aus wissenschaftlicher Sicht immer noch Bedenken gibt. Einen zentralen Punkt stellt hier sicherlich die Unabhängigkeit der einzelnen Ebenen der Bewertungshierarchie dar. Dieser wird in der Weiterentwicklung des AHP, dem erst kürzlich von SAATY (1996) vorgestellten Analytic Network Process (ANP) Rechnung getragen. Der ANP ist mathematisch und erhebungstechnisch erheblich komplexer als der AHP. Dennoch erscheint sein Einsatz bei den äußerst komplexen in der FuE vorherrschenden Strukturen als sinnvoll. Mit ECNET steht eine verwendbare Software bislang nur in einer Beta-Version zur Verfügung, diese soll jedoch in Kürze Marktreife erreichen. Ein weiterer Vorwurf bezieht sich auf die Unterschiedlichkeit der Ergebnisse je nach Strukturierung des Entscheidungsproblems (vgl. BELTON, GEAR 1985).

Wissenschaftliche Bedenken gegen AHP

Zwischenergebnis: Die entscheidungstheoretisch fundierte Strukturierung und Bewertung von Zielen und Strategien liefert eine bezüglich der Bedeutung einzelner Elemente bewertete Entscheidungshierarchie im Organisations-, Ziel- und Prozeßbereich. Die hier getroffene Unterscheidung der verschiedenen Dimensionen ist von zentraler Bedeutung für die Auswertung der später zu erhebenden Performance-Indikatoren.

Abschnittszusammenfassung

Die Messung der strategischen FuE-Performance

Die Messung der strategischen FuE-Performance umfaßt die Festlegung und Messung einzelner Indikatoren, deren Konsolidierung und die darauf aufbauende Analyse und Auswertung.

Indikatorfestlegung und -messung

Indikatoren zur Performance-Messung festlegen

Die Festlegung der zur Messung der Performance entscheidenden Indikatoren stellt natürlich einen entscheidenden Schritt im Rahmen der Performance-Messung dar. Verschiedene empirische Ergebnisse und praktische Erfahrungen haben zu verschiedensten Vorschlägen für die Festlegung von Maßgrößen geführt. Dabei lassen sich allerdings bei der konkreten Ausgestaltung oft nur wenige Übereinstimmungen zeigen. Dies liegt in der sehr technologie- und firmenspezifisch ausgerichteten Natur von FuE-Maßgrößen begründet. Nicht zuletzt deswegen ist die Entwicklung branchenspezifischer Maßgrößensysteme in diesem Bereich relativ häufig (GENTNER 1994, LOCH ET AL. 1996). Folglich kann nur eine fallspezifische Lösung wirklich sinnvoll sein. Auch hier muß das Wissen aus der Organisation kommen. In zahlreichen Gruppensitzungen wird unter Einbeziehung der beteiligten Stellen versucht, die Bestandteile der Hierarchie auf operativ und, wenn möglich, quantitativ meßbare Indikatoren herunterzubrechen.

Erkenntnisse aus der Praxis

Bei den von m²c und der Universität Mannheim durchgeführten Fallstudien in der Auftragsforschungs-, Nahrungsmittel- und Chemiebranche zeigte sich in diesem wichtigen Schritt des GOPE-Ablaufes, daß sich der Erfolg einer Forschungstätigkeit auf operativ durchführender Ebene noch schwieriger definieren läßt als die strategischen Erfolgsfaktoren. Dennoch stellt diese Definition einen entscheidenden Schritt der Miteinbeziehung der Betroffenen in den Prozeß der strategischen FuE-Planung dar. An dieser Stelle sollen die in den Fallstudien verwendeten Indikatoren nicht aufgelistet werden, da diese zu einem hohen Prozentsatz firmenspezifisch sind. Letztlich ist eine Vielzahl von Indikatoren denkbar, von denen verschiedene wiederholt in der Literatur zum Forschungs- und Entwicklungsmanagement diskutiert wurden (KERSSENS VAN DRONGELEN ET AL. 1996, GENTNER 1994).

Indikatorkonsolidierung

Analyse der Performance mit

Die Messung der Performance erfolgt durch eine Vielzahl von Daten. Hierbei ist der Integrations- und Konsolidierungsmechanismus von zentraler Bedeutung. Damit die Performance bzgl. verschiedener Datenkategorien wie z. B. der Anzahl angemeldeter Patente pro Periode oder der prozentualen Abweichung vom Projektzeitplan vergleichbar wird, muß sie indexiert werden. Zudem hat sich eine Prozentbetrachtung bewährt. Neben den unterschiedlichen Dimensionen der zur Performance-Messung herangezogenen Daten spielt auch die unterschiedliche Interpretation der Indikatoren eine Rolle. Die Performance-Indizes positiv und negativ zu interpretierender Indikatoren können nicht grundsätzlich mit dem gleichen Algorithmus berechnet werden.

... Performance-Indizes

Für einen positiv definierten Indikator, wie z.B. die Anzahl der angemeldeten Patente eines Labors, gibt es grundsätzlich zwei Arten der Berechnung. Wenn die Performance (P) der Periode t untersucht wird, wird der Wert, der erreicht wurde (v), mit dem geplanten Wert (o) verglichen. Die Performance bzgl. dieses Indikators x kann also als

Performance-Indizes positiv definierter Indikatoren:

$$P_x^t = \frac{v_x^t}{o_x^{t-1}}$$

... Berechnung des absoluten Zielerreichungsgrades und

ermittelt werden. o^{t-1} stellt das Ziel dar, welches in Periode t-1 für die Periode t geplant wurde. Diese Performance-Definition stellt einen globalen Zielerreichungsgrad dar. Auch bei großen Fortschritten in einer Periode ist die Entfernung vom eigentlichen Ziel der Maßstab. Anders ist dies bei der zweiten Möglichkeit der Performance-Definition als Verhältnis von Veränderungen.

$$\hat{P}_x^t = \frac{v_x^t - v_x^{t-1}}{o_x^{t-1} - v_x^{t-1}}$$

... des Verhältnisses von Veränderungen

$\hat{P}$ ist das Verhältnis der tatsächlich stattgefundenen Veränderung eines Indikators zu der für die entsprechende Periode geplanten Veränderung. Insofern ist $\hat{P}$ stärker periodenbezogen und spiegelt nur Fortschritte wider und keine absoluten Zielerreichungsgrade. P und $\hat{P}$ sind auch bei der Anwendung verschieden zu behandeln. Während $\hat{P}$ einfach zu definieren und auch zu konsolidieren ist, funktioniert P nicht für eine Anwendung auf negativ definierte Indikatoren wie z. B. die Anzahl von Fehlern in Software-Code.

Um negativ definierte Indikatoren vom P-Typ zu konsolidieren, müssen mittelfristige Ober- und Untergrenzen der Performance definiert werden. Hierzu findet im Rahmen von GOPE die von LEE (1992) und in

Performance-Indizes negativ definierter Indikatoren

anderem Zusammenhang von SMITH (1990) vorgeschlagene Methodik Verwendung.

Analyse und Feedback

Mehrdimensionale Auswertung der Performance-Daten

Ein Spezifikum des GOPE-Ansatzes besteht in der mehrdimensionalen Auswertung der erhobenen Performance-Daten (Bild 8-4). Die Notwendigkeit hierzu ergibt sich aus der insbesondere im FuE-Bereich gegebenen Ziel- und Aufgabenheterogenität.

Während bei klassischen Rechnungssystemen wie dem internen Rechnungswesen die Perspektive der Betrachtung einzelner Organisationseinheiten wie Abteilungen im Vordergrund steht, stellen Performance-Measurement-Systeme die Zielstruktur und deren Abbildung in den Vordergrund. Beide Orientierungen sind jedoch nicht unproblematisch. So garantiert die Überwachung von Performance-Daten bzgl. des Zielsystems zwar die strategiekonforme Abbildung der Gesamtperformance des untersuchten Unternehmens, sie läßt jedoch den Aspekt der Eigenverantwortlichkeit von Organisationseinheiten wie Laboren vermissen. Der Schritt von einem Accounting-System, das heißt von einer reinen Abbildung des Status Quo, hin zu einem Accounta-

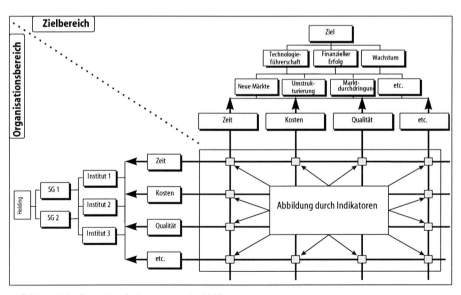

Bild 8-4: Mehrdimensionale Auswertung in GOPE

bility-System, in dem durch Accounting-Daten Verantwortlichkeiten dokumentiert und beurteilt werden, erfordert auch die Abteilungs- und – je nach Organisationsform und -ebene – Prozeßperspektive.

Bei der Analyse nach Zielen steht der Strategiebezug der überwachten Faktoren im Vordergrund. Die Konsolidierung der erhobenen Daten erfolgt nach den im Rahmen der Strategiestrukturierung erhobenen Ebenen der strategischen FuE-Zielhierarchie. Die Analyse von Organisationseinheiten bietet dagegen die direkt managementbezogene Auswertungsrichtung, die für die Initiierung von Veränderungsprozessen zentral ist.

Zielanalyse und

... Analyse von Organisationseinheiten

Beide Auswertungsrichtungen sowie auch eine mögliche Auswertung nach Prozessen sind Gegenstand der Performance-Feedback-Matrix (Bild 8-5). Sie erlaubt eine Visualisierung der Performance bzgl. verschiedener Ziele oder FuE-Einheiten in Relation zu deren strategischer Bedeutung. Von besonderem Interesse ist dabei natürlich der Quadrant mit hoher strategischer Bedeutung und niedriger Performance. Fällt die Performance einer Einheit in diesen Bereich, sollte dies eine erneute Zieldiskussion mit den Betroffenen auslösen.

Performance-Feedback-Matrix

GOPE-Software: Funktionsweise und Nutzung

Die EDV-Unterstützung muß ein wesentliches Merkmal jedes Performance-Measurement-Systems sein. Dies fordern z.B. BALLANTINE, BRIGNALL (1995) in dem von ihnen erarbeiteten Anforderungskatalog an Performance-Measurement-Systeme, und gleiches ergibt sich auch aus Praxiserfordernissen: Informationen zur Steuerung der FuE-Tätigkeiten müssen in einer Weise kommuniziert werden, die mit der täglichen Arbeitsumgebung harmoniert, die Auseinandersetzung mit dem Datenmaterial soweit wie möglich vereinfacht und die Nutzung der Daten durch Vorstrukturierung verbessert.

Forderung nach EDV-gestützten Performance-Measurement-Systemen

Bei der EDV-Unterstützung ist zwischen der Analyse-, Konzeptions- sowie der Monitoring-Phase zu unterscheiden. Während in der Analyse- und Konzeptionsphase mit den modellbezogenen EDV-Anwendungen zum Cognitive Mapping und dem AHP Programme im Vordergrund stehen, welche bei der Anwendung einer Betreuung bedürfen, begleitet die eigentliche GOPE-Soft-

Phasen bei der EDV-Unterstützung: Analyse-, Konzeptions- und Monitoring-Phase

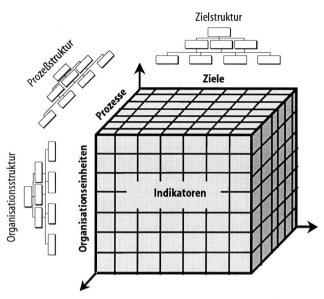

Bild 8-5: Die Performance-Feedback-Matrix

Charakterisierung eines GOPE-Einführungsprojekts

ware die Beteiligten bei der Strategieimplementierung und der Eingabe der Performance-Daten. Die Visualisierung der Bewertungshierarchie und der erzielten Ergebnisse stellt dabei einen zentralen Bestandteil dar. Zugleich stellt GOPE die Schnittstellen zu anderen Programmen auf der zentralen Auswahlmaske zur Verfügung (Bild 8-6).

Mit der Dreiteilung der Auswahlmaske wird auch die Struktur eines GOPE-Einführungsprojektes charakterisiert, welche sich in die Hauptphasen der Hierarchiestrukturierung und -bewertung, der Datensammlung und Zielvereinbarung sowie der Analyse gliedert. Nachdem eine strategische Hierarchie abgeleitet wurde, dient deren graphische Darstellung als Ausgangspunkt für die Betrachtung und Auswahl von Ziel- oder Organisationsgrößen. Dies gilt für die Auswahl und Bewertung von Indikatoren durch Anklicken des jeweiligen Hierarchieelementes oder der Hierarchieebene genauso wie für die Analysefunktionen, insbesondere die Performance-Feedback-Matrix.

Auswahl und Bewertung von Indikatoren

Neben der bereits beschriebenen Hierarchiegenerierung und -bewertung auf AHP-Basis spielt die Auswahl und nicht zuletzt die Bewertung einzelner Maßgrößen

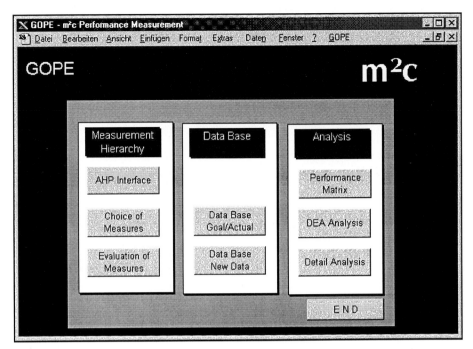

Bild 8-6: Zentrale Auswahlmaske von GOPE

eine zentrale Rolle für die spätere Performance-Bewertung. Die Festlegung einzelner Indikatoren kann sich jedoch nicht allein auf die im Programm enthaltene Datenbank stützen, welche auf den durchgeführten Pilotfallstudien basiert, dort identifizierte Indikatoren beinhaltet und zur Auswahl bereitstellt. Im Rahmen des Moduls „Choice-of-Measures" können die angebotenen Indikatoren zur Anregung bei der Maßgrößenfindung dienen, sie ersetzen jedoch nicht die tiefe Auseinandersetzung mit der Frage, welche Indikatoren wirklich zur Abbildung der Performance geeignet sind.

Beim Modul „Evaluation of Measures" können die zur Abbildung der Performance ausgewählten Maßgrößen durch den Benutzer bzgl. ihrer Qualität bewertet werden (Bild 8-7). Die Möglichkeit, dies zu modifizieren, ist zentral, da es gerade bei der freien Wahl verschiedener Maßgrößen zu einer Differenzierung hinsichtlich der Qualität kommen muß. So bildet z. B. die Maßgröße „Time to market" den strategischen Faktor „Zeit" besser ab als z. B. der Grad der Termineinhaltung beim Projekt-

GOPE-Modul „Evaluation of Measures"

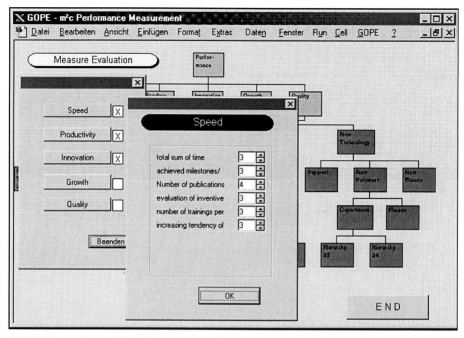

Bild 8-7: Hierarchie mit Maßgrößenbewertungs-Bildschirmseite

Auswertung und Analyse

abschluß. Die Gewichtung der Maßgrößen spielt sich auf einer Ebene unterhalb der Gewichtung der Zielfaktoren ab und hat insofern eine völlig andere Qualität.

Als letztes zentrales Modul bauen auch die Auswertungs- und Analysebildschirmseiten auf der Hierarchie als Ausgangspunkt auf. Den aus dem AHP abgeleiteten Gewichten der strategischen Hierarchie werden hierbei die in der Datenbank aufgezeichneten und durch die zugewiesenen Bedeutungen gewichteten Indikatoren gegenübergestellt. Es ergibt sich somit ein Performance-Wert, welcher mit der strategischen Bedeutung des jeweiligen Faktors zu einer Performance-Feedback-Matrix zusammengefaßt wird. Die Positionierung von Forschungseinheiten gibt Hinweise darauf, wo Handlungsbedarf gegeben ist, weil die Performance bei der Strategieimplementierung hinter dem Plan zurückbleibt. Die in Bild 8-8 dargestellte Konstellation zeigt die Unterperformance der Einheit „New Technologies", welche mit hoher strategischer Wichtigkeit belegt wurde. Hier entsteht Handlungsbedarf für das Management.

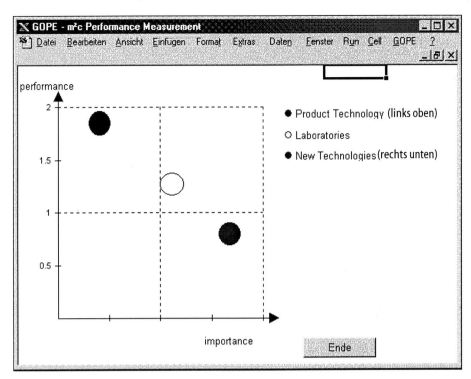

Bild 8-8: Auswertung anhand der Performance-Feedback-Matrix

Der Weg ist das Ziel: „Organizational Learning" und GOPE

Die dargestellte Vorgehensweise im Rahmen von GOPE bedarf des vollen Engagements der beteiligten Einheiten und eines straffen Einführungsplanes. Obgleich es gerade in der Einführungsphase von GOPE zu aufwendigen Brainstorming-Sitzungen und intensiven Mitarbeitergesprächen kommt, ist diese Anstrengung der Organisation als Ganzes ein wesentlicher Bestandteil der Performance-Measurement-Philosophie von GOPE. Die schwer faßbare Performance des FuE-Bereichs kann nur erfaßt und bewertet werden, wenn

- durch organisationsinterne Kommunikationsprozesse ein gemeinsames Bewußtsein dafür geschaffen wird, was Performance im FuE-Bereich ist, und
- die Beschäftigung mit der Performance-Frage über die anfängliche Anstrengung hinaus in der laufenden FuE-Tätigkeit fest etabliert wird.

Bedingungen für Performance-Messung im FuE-Bereich

Das im Rahmen der Erarbeitung des firmenspezifischen GOPE-Modells geschaffene Verständnis wird durch die tägliche Auseinandersetzung mit der Software wachgehalten und vertieft. Graphische Vergleiche ermöglichen es, vereinbarte Zielwerte und die Performance über die Zeit hinweg und zwischen Organisationseinheiten zu vergleichen. Somit dient GOPE der Schaffung von Transparenz in der „Black Box" Forschung und Entwicklung und bietet Anlaß, eine ständige Zieldiskussion bis in die operativen Ebenen zu tragen und dort auch wachzuhalten.

Literatur

BALLANTINE, J.; BRIGNALL, S.: A taxonomy of performance measurement frameworks. Discussion Paper, Warwick Business School, University of Warwick 1995.

BELTON, V.; GEAR, T.: Feedback, the legitimacy of rank reversal – A comment, in: OMEGA, 13 (1985) 3, pp. 143-144.

DAVIS, S.; BOTKIN, J.: The coming of knowledge-based business, in: Harvard Business Review, 72 (1994) September-October, pp. 165-170.

DOUMEINGTS, G.; CLAVE, F.: ECOGRAI – A method to design and implement performance measurement systems for industrial organizations – Concepts and application to the maintenance function. Unpublished report, Université de Bordeaux 1995.

GENTNER, A.: Entwurf eines Kennzahlensystems zur Effektivitäts- und Effizienzsteigerung von Entwicklungsprojekten – Dargestellt am Beispiel der Entwicklungs- und Anlaufphasen in der Automobilindustrie. München: Vahlen 1994.

HAUSCHILDT, JÜRGEN: „Wenig hilfreich" – Das Rechnungswesen aus der Sicht des Managements technologischer Innovationen, in: Zahn, Erich (Hrsg.): Technologie-Management und Technologien für das Management. Stuttgart: Schäffer-Poeschel 1994a, S. 173-196.

HAUSCHILDT, JÜRGEN: Die Innovationsergebnisrechnung – Instrument des FuE-Controlling, in: Betriebsberater, 15 (1994b), S. 1017-1020.

JOHNSON, H.T.; KAPLAN, R. S.: Relevance lost – The rise and fall of management accounting. Boston (MA): Harvard Business School Press 1987.

KAPLAN, R. S.; NORTON, D. P.: The balanced scorecard – Measures that drive performance, in: Harvard Business Review, 70 (1992) January-February, pp. 71-79.

KAPLAN, R. S.; NORTON, D. P.: Putting the balanced scorecard to work, in: Harvard Business Review, 71 (1993) September-October, pp. 134-142.

KAPLAN, R. S.; NORTON, D. P.: The balanced scorecard - translating strategy into action. Boston (MA): Harvard Business School Press 1996.

LEE, J. Y.: How to make financial and nonfinancial data add up, in: Journal of Accountancy, (1992) September, pp. 62-66.
LOCH, C. ET AL.: Measuring development performance in the electronics industry, in: Journal of Product Innovation Management, 20 (1996), pp. 3-20.
LYNCH, R. L.; CROSS, K. F.: Measure up! Yardsticks for continous improvement. Cambridge (MA): Blackwell 1991.
MOSER, M. R.: Measuring performance in R&D-Settings, in: Research Management, 28 (1985) September-October, pp. 31-33.
ROCKART, J. F.: Chief executives define their own data needs, in: Harvard Business Review, 57 (1979) March/April, pp. 81-92.
SAATY, T. L.: The analytic hierarchy process. Cambridge 1980.
SAATY, T. L.: The analytic hierarchy process. 2. Ed., Pittsburgh (PA): RWS Publishing 1990.
SAATY, T. L.: The analytic network process. Pittsburgh (PA): RWS Publishing: 1996.
SMITH, P.: Data envelopment analysis applied to financial statements, in: Omega, 18 (1990) 2, pp. 131-138.
TSCHEULIN, D. K.: Optimale Produktgestaltung – Erfolgsprognose mit Analytic Hierarchy Process und Conjoint-Analyse. Wiesbaden: Gabler 1992.

Software

Aliah-Think! (Aliah Software Inc.)
Criterium Decision Plus (Decision Sciences Inc.)
Decision Explorer (Banxia Software Inc.)
ECnet (Beta Version for Evaluation Purposes; Expertchoice Inc.)
Expert Choice 9.0 (Expertchoice Inc.)
Frontier Analyst (Banxia Software Inc.)
GOPE 1.1 (m²c Prof. Perlitz & Cie. GmbH)

9 Der Einsatz von Groupware in der FuE-Programmplanung

CHRISTIAN GUHL

Die Gestaltung von FuE- und Innovationsprogrammen ist in andere Entscheidungsunterstützungssysteme, in technische und organisatorische Rahmenbedingungen eingebunden. Randolf Schrank und Manfred Perlitz haben in ihrem Beitrag zum Performance-Measurement den Blick über die Projekt- und Programmebene hinaus auf die Beurteilung von längerfristig angelegten organisatorischen Einheiten gerichtet. Nun folgt der erste von zwei Beiträgen, die die Architektur der das Management von FuE- und Innovationsprogrammen tragenden Informationssysteme zum Gegenstand haben. Das Stichwort heißt Intranet oder – um den Typ der zu unterstützenden Tätigkeit hervorzuheben – Groupware. Der Autor Christian Guhl berät neben seiner Forschungstätigkeit auf dem Gebiet der Organizational Intelligence große Unternehmen bei der Internet-/Intranet-Strategie. Sein Beitrag zeigt, daß das Management von FuE- und Innovationsprogrammen eine Chance vor allem durch viele Werkzeuge neuartiger Informationssysteme haben wird: ein gutes Beispiel für das Zusammengehen von fortschrittlichen Planungsinstrumenten und EDV-Unterstützung.

Intelligentes Innovationsmanagement durch Einsatz von Informations- und Kommunikationstechniken

Hohe Innovationsfähigkeit und -geschwindigkeit sind zentrale Anforderungen an Unternehmen, die in der Zukunft auf globalen Märkten wettbewerbsfähig sein wollen. Das Innovationsmanagement, und darin eingebunden das FuE-Management, muß die Voraussetzungen für die Erfüllung dieser Anforderungen schaffen. Dies kann vor allem durch die integrierte Gestaltung des Innovationsprozesses sowie der zur Unterstützung benötigten Informations- und Kommunikationstechniken (IKT) geschehen.

Dabei bieten sich dem Innovationsmanagement neue Chancen, denn die IKT-Unterstützung betrieblicher Aktivitäten hat sich von der Unterstützung einzelner Aufgaben über die Unterstützung ganzer, wohlstrukturierter Prozesse bis zur Unterstützung von schwach- oder unstrukturierten Prozessen ausgeweitet. Mit letzteren beschäftigt sich das Forschungsgebiet Computer Supported Cooperative Work (CSCW).

Im Rahmen der CSCW wird Groupware geschaffen. Groupware (synonym: Group Support Systems, GSS) ist „eine Kombination von Hard- und Software, von Informations- und Kommunikationsdiensten, welche die Zusammenarbeit in Arbeitsgruppen und Projektteams unterstützt" (LEWE 1995, S. 27).

Inhaltlicher Überblick

Groupware und ihre Einsatzmöglichkeiten im Management von FuE-Programmen werden im folgenden in fünf Abschnitten erörtert:

- Nach Meinung einiger Autoren ist CSCW keine neue (Wissenschafts-)Disziplin, sondern ein neues Paradigma (HUGHES, RANDALL, SHAPIRO 1991, S. 309-310). Diese Einschätzung bezieht sich auf den kulturellen Wandel, den die Groupware-Einführung auf breiter Basis im Unternehmen bedingt und herbeiführt. Entsprechend sind Nutzen und Risiken ausgeprägt. Die Einführung von Groupware erfordert Änderungen der betrieblichen Organisation, der menschlichen Kommunikation sowie der Unternehmenskultur. Gleichzeitig fördert Groupware, einmal installiert, selbst wieder solche Veränderungen.
- Groupware basiert im wesentlichen auf fünf grundlegenden Technologien, die alle einen gewissen Reifegrad erreichen mußten. Es sind dies Netzwerke, verteilte Datenbanken, Replikation, Nachrichtentransport sowie Geheimhaltung und Authentisierung.
- Am Markt erhältliche Groupware-Produkte enthalten verschiedene Funktionen, u.a. das Zeit- und Aufgabenmanagement sowie die Konferenzunterstützung.
- Die Groupware-Einführung bedarf eines durchdachten Konzepts; die Form der Gruppenarbeit muß entweder schon existieren, oder ihre simultane Einführung muß geplant sein. Dennoch stehen der Einführung diverse Hürden im Weg.

- Groupware beschleunigt zum einen bestehende Prozesse und ermöglicht zum anderen die grundsätzliche Neugestaltung von Prozessen im Sinne des Business Process Redesign (begriffsprägend: VENKATRAMAN 1994). Weiter kann Groupware auch als Werkzeug zur Unternehmensentwicklung und zur Unterstützung des Organisationswandels eingesetzt werden (WAGNER 1995, S. 4). Dabei ist der Erfolg des Groupware-Einsatzes nicht davon abhängig, ob Groupware im gesamten Unternehmen eingesetzt wird oder nur in einzelnen Abteilungen. Somit ist die Frage nach Wirkungen des isolierten Groupware-Einsatzes in der FuE-Programmplanung sinnvoll und soll durch diesen Beitrag beantwortet werden.

Nutzen und Risiken des Groupware-Einsatzes

Nutzen und Risiken birgt der Einsatz von Groupware für alle Beteiligten, also für das Unternehmen, die Gruppe und das einzelne Gruppenmitglied. Im folgenden seien sieben Bereiche erläutert, in denen sich Nutzen und Risiken zeigen können (vgl. BORNSCHEIN-GRASS 1995, S. 38-40):

- Konnektivität,
- Informationsversorgung,
- Prozeß und Koordination,
- Transparenz und Kontrolle,
- Autonomie,
- Reduktion persönlicher und informeller Kontakte sowie
- Mehraufwand.

Nutzen und Risiken beim Groupware-Einsatz:

Konnektivität bezeichnet das Maß der Erreichbarkeit von Personen, Gruppen, Unternehmen und Information. Die Konnektivität wird durch Groupware verbessert: die Arbeit kann räumlich und zeitlich verteilt werden. Zum einen kann die Arbeit an beinahe beliebigen Orten, zum anderen kann sie zu verschiedenen Zeitpunkten erledigt werden, selbst wenn die Koordination verschiedener Gruppenmitglieder notwendig ist. Entsprechende Groupware-Funktionen sind u.a. Gruppenterminkalender und Nachrichtenübermittlungssysteme.

... Konnektivität,

Ein wesentlicher Nutzen von Groupware ist die verbesserte Informationsversorgung hinsichtlich Geschwin-

... Informationsversorgung,

digkeit, Umfang, Qualität, Verfügbarkeit und Vollständigkeit. Insbesondere unterstützt sie die Diffusion von Information und verringert den Aufwand für die Informationsbeschaffung.

... Prozeß und Koordination,

Automatische Such-, Archivierungs-, Retrieval-, Benachrichtigungs- und Informationsverteilungsfunktionen ermöglichen die durchgängige Gestaltung von Geschäftsprozessen. Dies vermeidet Unterbrechungen und reduziert die Durchlaufzeit. Darüber hinaus wird die Integrität und Vollständigkeit der Datenbestände gewährleistet.

... Transparenz und Kontrolle,

Der Einsatz von Groupware ermöglicht einen besseren Einblick in die Prozeßabläufe und den Prozeßstatus. Weiter werden (Konferenz-)Beiträge und Leistungen besser dokumentiert und vielen Gruppenmitgliedern zugänglich gemacht. Allgemein erhöht sich die Transparenz organisatorischer Geschehnisse. Dies hilft, zum einen Engpässe, Fehler und Redundanzen sowie ungenutzte Kapazitäten offenzulegen, zum anderen ermöglicht es aber auch den Einblick in individuelle Arbeitsleistungen und Arbeitsweisen und damit eine verstärkte individuelle Kontrolle der Mitarbeiter. Darüber hinaus wird die Geheimhaltung schützenswerter Dokumente und wichtigen Organisationswissens gefährdet.

... Autonomie der Gruppenmitglieder,

Auf die Autonomie des Gruppenmitglieds bei der Erfüllung seiner Arbeitsaufgaben wirken sich einige Faktoren verstärkend, andere einschränkend aus. Verstärkende Faktoren sind:

- die Möglichkeit, Zeit und Ort der Aufgabenerfüllung weitgehend frei zu wählen,
- die vorhandene Vielzahl von Groupware-Funktionen, welche die Bewältigung der Aufgaben in vielfältiger Art und Weise unterstützen, und
- die Möglichkeit der Anpassung vieler Groupware-Systeme an die eigenen Arbeitsanforderungen.

Einschränkend auf die Autonomie des Gruppenmitgliedes kann sich zum einen die vorausgegangene Strukturierung von Arbeitsabläufen auswirken, zum anderen die Möglichkeit, die einzelne Arbeitsleistung stärker kontrolliert zu bekommen.

... Reduktion persönlicher Kontakte und

Auf die Möglichkeit, mit Groupware Kommunikationswege zu strukturieren und Kommunikationsbeziehungen zu formalisieren, wurde bereits oben eingegangen. Aus dieser Möglichkeit erwächst auch die Gefahr, daß informelle und persönliche Kontakte beeinträchtigt werden.

Der Nutzen eines Groupware-Systems hängt in hohem Maß von seinem Nutzungsgrad in der Gruppe ab. Erst ab einem bestimmten Anteil von Teilnehmern unter den Gruppenmitgliedern stiftet ein Groupware-System Nutzen. Diesem Nutzen steht der Mehraufwand gegenüber, den Einrichtung und Nutzung eines Groupware-Systems verursachen. Aufwand und Nutzen sind darüber hinaus häufig asymmetrisch verteilt: Der eine muß mehr Aufwand treiben, z.B. indem er Daten in das Groupware-System eingibt, der andere zieht ohne eigenen Aufwand den Nutzen daraus. Dies mindert für manche die Motivation, mit dem Groupware-System zu arbeiten. Daher sollten Groupware-Systeme nach Möglichkeit so gestaltet werden, daß alle Gruppenmitglieder einen Nutzen aus dem System ziehen und einen möglichst geringen Mehraufwand treiben müssen. Andernfalls sind die Gruppenmitglieder für ihren Mehraufwand zu belohnen, z.B. indem sie für jede von ihnen gelieferte und durch Dritte genutzte Informationseinheit eine Prämie erhalten.

... Mehraufwand, verursacht durch Einrichtung und Nutzung eines Groupware-Systems

Grundlegende Technologien für Groupware

Groupware basiert auf fünf grundlegenden Informations- und Kommunikationstechnologien:

- Netzwerke,
- Verteilte Datenbanken,
- Replikation,
- Nachrichtentransport sowie
- Geheimhaltung und Authentisierung.

Erst die Gesamtheit dieser fünf Schlüsseltechnologien hat die Entwicklung von Groupware ermöglicht. Die Technologien zeigen die Anforderungen, welche Groupware-Systeme erfüllen müssen, wie z.B. sichere Datenübertragung (Verschlüsselung) und automatische Verteilung aktualisierter Information (Verteilte Datenbanken, Replikation, Konsistenzmechanismen).

Basis von Groupware

Netzwerke

Vernetzte Rechnerarbeitsplätze

Die elektronische Weiterleitung von Information und damit der Einsatz von Groupware setzen die Vernetzung der Rechnerarbeitsplätze voraus. Erleichtert wird die Groupware-Einführung und -Benutzung durch eine homogene Netzarchitektur; heterogene, historisch gewachsene Netze stellen ein erhebliches technisches Hindernis bei der Einführung von Groupware dar und erhöhen die Investitionskosten (WAGNER 1995, S. 46).

Am Markt erhältliche Groupware-Produkte definieren häufig eigene Netzwerkdienste und stellen besondere Anforderungen an die Netzwerkbetriebssysteme, um die Heterogenität der Netzwerke zu überwinden (WAGNER 1995, S. 49). Als Ausweg bietet sich in jüngerer Zeit die Implementierung von Groupware an, die das TCP/IP-Protokoll unterstützt und WWW-Browser als Front-End benutzt, da alle großen Softwareanbieter mittlerweile sowohl ihre Netzwerkbetriebssysteme als auch ihre Groupware-Systeme mit TCP/IP-Protokollunterstützung und mit WWW-Server- bzw. Client-Fähigkeit ausstatten.

Verteilte Datenbanken

Datenbanken zur Speicherung und Verwaltung der Daten

Jedes Groupware-System benötigt eine Datenbank zur Speicherung und Verwaltung der Daten. Meist kommen Client-Server-Datenbanken zum Einsatz (WAGNER 1995, S. 52). Diese speichern alle Daten auf einem oder mehreren Servern, auf den die Clients (Arbeitsplatzrechner) zugreifen, um Daten auszulesen oder zu verändern. Die zentrale Datenspeichung auf den Servern, verwaltet von verteilten Datenbankmanagementsystemen (vDBMS), gewährleistet die Konsistenz der Daten.

Verteilte Datenbanken

Verteilte Datenbanken konnten bis vor kurzer Zeit nur mit Einschränkungen in Weitverkehrsnetzen (WAN) eingesetzt werden, da sie gewisse Mindestanforderungen an die Übertragungskapazität und Zuverlässigkeit der Netzverbindung stellen (DADAM 1996, S. 7-8). Heute kann das Internet anstelle von Wähl- oder Standleitungen für die Datenübertragung zwischen den Servern genutzt werden; damit stehen kostengünstige Übertragungskapazitäten in ausreichender Menge zur Verfügung.

Replikation

Unter Replikation wird das Abgleichen von mehreren Kopien eines Dokuments verstanden, die verteilt gespeichert sind. Die Replikation soll alle Kopien eines verteilt gespeicherten Dokuments auf den gleichen, aktuellen Informationsstand bringen, um bei einem Netzausfall bzw. bei nicht-permanenten Netzverbindungen die Verfügbarkeit der Daten sicherzustellen (nach WAGNER 1995, S. 52; DADAM 1996, S. 235-270). Groupware arbeitet gewöhnlich mit verteilten Datenbanken (siehe oben). Entsprechend müssen diese über Replikationsalgorithmen verfügen. Unter den marktgängigen Groupware-Systemen bietet insbesondere Lotus Notes umfangreiche Möglichkeiten zur Replikation von Datenbeständen.

Abgleichen von mehreren Kopien eines Dokuments

Nachrichtentransport

Jedes Netzwerkbetriebssystem verfügt über die Möglichkeit, Nachrichten zwischen Nutzern des Netzes auszutauschen. Diese Möglichkeit verwendet Groupware, um anwenderbezogene Nachrichten und Kontrollinformationen auszutauschen (WAGNER 1995, S. 58).

Austausch von Nachrichten zwischen den Nutzern

Geheimhaltung und Authentisierung

Geheimhaltung und Authentisierung des Absenders sind essentielle Anforderungen an Groupware. Zum einen werden sensible Daten über Groupware übermittelt. Zum anderen kommunizieren häufig einander unbekannte Personen über Groupware; diese müssen sich darauf verlassen können, daß „am anderen Ende der Leitung" tatsächlich derjenige sitzt, der sich dafür ausgibt.

Geheimhaltung und Authentisierung des Absenders als essentielle Anforderung

Beide Anforderungen lassen sich über die Verschlüsselung der Daten mit einem sogenannten Public-Key-Verfahren erreichen (RUSSELL 1992, S. 175). Der Industriestandard für Public-Key-Verfahren ist RSA, das von der gleichnamigen U.S.-Firma weltweit vertrieben bzw. lizenziert wird. RSA ist in die meisten Groupware-Systeme integriert und wird automatisch angewendet, ohne daß der Nutzer dies bemerkt.

Public-Key-Verfahren

Sieben grundlegende Funktionen

Im vorigen Abschnitt wurden die für Groupware notwendigen Technologien erläutert. Als Groupware-Produkt sei im folgenden die am Markt erhältliche Software mit Groupware-Funktionen bezeichnet. Groupware-Produkte vereinen entweder ein bestimmtes, aber individuell verschiedenes Bündel von Groupware-Funktionen, oder sie bestehen aus Modulen, die jeweils wiederum eine oder mehrere Groupware-Funktionen erfüllen. Für die Unterstützung betrieblicher Aktivitäten werden bestimmte Groupware-Funktionen benötigt. Diese Funktionen kann ein einzelnes Groupware-Produkt zur Verfügung stellen oder eine Kombination aus mehreren Groupware-Produkten, die zusammen verwendet werden. Die Summe der in einem Unternehmen oder Unternehmensbereich verwendeten Groupware-Funktionen bildet das Groupware-System der Unternehmung bzw. des Unternehmensbereichs.

Groupware-Produkte vereinen verschiedene Groupware-Funktionen

Groupware-System

Sieben grundlegende Funktionen

Im folgenden werden sieben grundlegende Funktionen von Groupware dargestellt, um die herum sich auch typische Groupware-Systeme anordnen lassen:

- Nachrichtenübermittlung,
- Zeit- und Aufgabenmanagement,
- Arbeitsfluß-Automatisierung,
- Informationsbereitstellung und -verteilung,
- Konferenzunterstützung,
- Gemeinsame Editoren und Screen Sharing und
- Intelligente Agenten.

Nachrichtenübermittlung

E-Mail als Basis der Nachrichtenübermittlung

E-Mail ist die Basis aller Nachrichtenübermittlung in Groupware-Systemen (BORNSCHEIN-GRASS 1995, S. 20). Sie erlaubt eine gerichtete Kommunikation, d.h. von einem Sender zu einem oder mehreren ihm bekannten Empfängern. Diese können z.B. über eine Verteilerliste bestimmt sein (PETROVIC 1992, S. 17-18). Die „klassische", textbasierte und unstrukturierte E-Mail wurde in zwei Richtungen erweitert: Erstens erlauben neuere E-Mail-Formate das Anhängen oder Einbinden zusätzlicher Darstellungsformen in E-Mails, u. a. können Bild-, Audio- und Anwendungsdateien als Attachment oder in ein HTML-Mail-Dokument integriert werden. Zum anderen verwenden neuere Nachrichtenübermittlungssysteme Elemente zur Strukturierung von Dokumenten oder besitzen Regeln und Prozeduren auf der Basis künstlicher Intelligenz, um den Dokumentenfluß teilautomatisch zu steuern. Erst mit diesen Erweiterungen kann man E-Mail als einen Teil von Groupware ansehen (WAGNER 1995, S. 79).

Zeit- und Aufgabenmanagement

Die Zeitplanung sowie die Kontrolle der Aufgabenerfüllung verursachen in Gruppen einen besonders hohen Koordinationsaufwand. Dieser läßt sich mit speziellen Groupware-Werkzeugen senken, und zwar zum einen mit Gruppenterminkalendern (Group Scheduler) und zum anderen mit Projektmanagement-Werkzeugen. Sie bieten Funktionen für die Terminvereinbarung, Namens- und Adressdatenbanken sowie Routinen für die Koordination der Gruppe.

Senkung des hohen Koordinationsaufwandes durch:

Gruppenterminkalender verwalten die Terminkalender der Gruppenmitglieder, gemeinsam genutzte Ressourcen über Belegungspläne sowie To-Do-Listen (BORNSCHEIN-GRASS 1995, S. 22).

... Gruppenterminkalender und

Im folgenden sei die Abstimmung der einzelnen Terminkalender der Gruppenmitglieder erläutert: Der Einzelne kann die öffentlich zugänglichen Teile der Terminkalender anderer Gruppenmitglieder ansehen und auch ändern, soweit ihm die entsprechenden Rechte erteilt wurden. Die meisten Gruppenterminkalender bieten komplexe Abstimmungsroutinen zur Suche gemeinsamer freier Termine. Dabei auftretende Terminüberschneidungen können auf verschiedene Art bereinigt werden: das Spektrum reicht von manueller Nachbereitung per E-Mail bis zur automatischen Verschiebung von Terminen anhand einer Prioritätenzuordnung. Terminbestätigungen können ebenfalls automatisch angefordert werden.

Die gleichen Instrumente stehen zur Verwaltung gemeinsam genutzter Ressourcen zur Verfügung.

Die Aufgabenerfüllung kann in Gruppenterminkalendern über To-Do-Listen kontrolliert werden. Weitere Funktionen – etwa die Delegation und Kontrolle von Aufgaben – können ebenfalls bereits in Gruppenterminkalendern enthalten sein. Diese Funktionen stellen den Übergang zu den Projektmanagementsystemen dar.

... Projektmanagementsysteme	Projektmanagementsysteme haben ihren Schwerpunkt in der Aufgabenplanung, der Fristenverfolgung und der Koordination der Aktivitäten (BORNSCHEIN-GRASS 1995, S. 23).
	Arbeitsfluß-Automatisierung
Steuerung des Arbeitsflusses	Die Werkzeuge der Arbeitsfluß-Automatisierung zielen auf die Steuerung des Arbeitsflusses. Die Werkzeuge können vielfältig ausgeprägt sein, u.a. als Workflow-(Management-)Systeme, Coordination Systems, Procedure Processing und Vorgangssteuerungssysteme.
Modellierung des Arbeitsflusses in Vorgangssteuerungssystemen	Informationsobjekte (Dokumente jeder Art) durchlaufen einen vorbestimmten Arbeitsfluß, der gewöhnlich in der Dokumentation der Aufbau- und der Ablauforganisation beschrieben ist (Stellenpläne, Formulare, Laufmappen). In Vorgangssteuerungssystemen wird dieser Arbeitsfluß nachgebildet (modelliert). So können diese Systeme wichtige Funktionen automatisch übernehmen, unter anderem die Weiterleitung der Informationsobjekte an den nächsten Bearbeiter, die Information der Beteiligten über den Bearbeitungsstand sowie die Mahnung bei überfälliger Bearbeitung (BORNSCHEIN-GRASS 1995, S. 23).
Realisation von Vorgangssteuerungssystemen: ... auf der Basis von E-Mail-Systemen oder	Vorgangssteuerungssysteme können technisch auf zwei Arten realisiert werden: entweder auf der Basis von E-Mail-Systemen oder auf Datenbank-Basis. In E-Mail-Systemen werden spezielle E-Mails für den jeweiligen Bearbeiter generiert und an ihn versendet. Er schickt die bearbeitete E-Mail an den Mail-Server des Vorgangssteuerungssystems zurück. Dieses leitet das Informationsobjekt an den nächsten Bearbeiter weiter. E-Mail-Systeme können auch in heterogenen EDV-Umgebungen eingesetzt werden und benötigen keine permanente Verbindung zwischen dem Vorgangssteuerungssystem und den Bearbeitern. Dafür kann aber die Transportzeit der E-Mails nicht beeinflußt oder auch nur vorhergesagt werden; die Datendurchsatzrate der Systeme ist stark begrenzt.
... auf der Basis von Datenbanken	Datenbanksysteme arbeiten mit einer zentralen Datenbank, auf die über ein Front-End am benutzereigenen Rechner oder Terminal zugegriffen wird. Sie erfordern eine permanente Netzverbindung, ermöglichen aber auch wesentlich höhere Datendurchsatzraten als E-Mail-

Kasten 9-1: Groupware-Einsatz im Management von FuE-Programmen: Unterstützung der Informationssammlung

> Mehrere Groupware-Funktionen können die Effizienz der Informationssammlung steigern:
> - Nachrichtendienste wie E-Mail vereinfachen die Kommunikation und erleichtern dadurch die Informationssammlung.
> - Informationsbereitstellungs- und -verteilungswerkzeuge sorgen für einen schnellen Zugriff auf alle Projektinformation, ob strukturiert oder unstrukturiert. Alle üblichen Projektdokumente sind in Hypertextsystemen leicht auffindbar; Statusinformation liegt aktuell in Datenbanken bereit: Informationsgeber stellen nur einmal Information in das System ein, statt mehrere Kommunikationsbeziehungen aufzubauen (WOHLENBERG 1994, S. 129).
> - Unterlagen zur Projektnachbereitung können über Gemeinsame Editoren erstellt und verwaltet werden. Diese Unterlagen sind: Termin- und Personaleinsatzpläne, Nachkalkulation, schriftlicher Projektbericht Stärken-/Schwächen-Analyse (MÖHRLE 1991, S. 234). Sie werden ebenfalls in Informationsbereitstellungs- und -verteilungswerkzeugen verwaltet.
> - Systeme zur Arbeitsfluß-Automatisierung vermeiden Verzögerungen und Vernachlässigungen bei der Weitergabe von Information. Sie gewährleisten – u.a. über Eingabemasken und Terminpläne – die Aktualität und Vollständigkeit der Statusinformation über Projekte. Die Informationsweitergabe wird vom System übernommen. Aufgrund der erreichbaren Zeitverkürzungen ist die Akzeptanz der Systeme wahrscheinlich (WOHLENBERG 1994, S. 126-128).

Systeme. Datenbanksysteme sind flexibler in der Gestaltung des Arbeitsflusses. Abhängig vom Inhalt der Informationsobjekte können so Entscheidungen über den weiteren Weg des Informationsobjekts getroffen werden (WAGNER 1995, S. 84). Ein Beispiel ist die Überschreitung von Budgetgrenzen, bei der Auftragsdokumente automatisch an die nächsthöhere Stelle weitergeleitet werden.

Informationsbereitstellung und -verteilung

Sicherstellung des gemeinsamen Informationsstandes der Gruppenmitglieder

Die Informationsbereitstellung und -verteilung soll über räumliche und zeitliche Grenzen hinweg einen gemeinsamen Informationsstand der Gruppenmitglieder sicherstellen (WAGNER 1995, S. 88). Insbesondere wird die Funktion bei vielen, weitverteilten Standorten und zur Unterstützung mobiler Mitarbeiter (Außendienst) benötigt.

Sicherung der Konsistenz der Daten

Eine zentrale Aufgabe bei der Informationsbereitstellung und -verteilung ist die Sicherung der Konsistenz der Daten. Dazu werden Replikationsmechanismen eingesetzt, die bei Änderungen die an verschiedenen Orten gespeicherten Daten automatisch abgleichen. Gleichzeitige Änderungen an den gleichen Datensätzen führen zu Konflikten bei der Replikation. Diese Konflikte werden gewöhnlich nicht automatisch behoben, sondern den beteiligten Gruppenmitgliedern z.B. per E-Mail mitgeteilt, damit sie manuell beseitigt werden.

Werkzeuge zur Informationsverteilung benötigen eine einheitliche Dokumentstruktur. Dies kann im einfachsten Fall durch eine Kategorisierung von Dokumenten geschehen oder durch eine hierarchische Ablagestruktur (Verzeichnisstruktur) oder im weitestgehenden Fall durch ein gemeinsames Datenmodell.

Verknüpfung von harter und weicher Information

Besonders reizvoll ist bei der Informationsverteilung die Verknüpfung harter und weicher Information. Harte Information sind wohlstrukturierte Datenbestände in Datenbanken; sie sind meist textbasiert. Weiche Information ist im Gegensatz dazu nicht einheitlich oder gar nicht strukturiert. Sie kann neben Text alle Darstellungsformen enthalten - Bild, Grafik, Ton und Bewegtbild (Video). Verknüpft werden diese Darstellungsformen mit Hilfe von Multiuser-Hypermedia-Systemen.

Informationsverteilung mittels Computer-Konferenz-Systemen

Die aktive Verteilung der Information kann über Computer-Konferenz-Systeme (Computer Conference Systems, CCS) geschehen (WILSON 1991, S. 10). Dies sind erweiterte E-Mail-Systeme, die Diskussionsforen (Konferenzen, Schwarze Bretter) zur Verfügung stellen. Somit ermöglichen sie den themenbezogenen Austausch von Information auch mit unbekannten Empfängern. Die Beiträge verschiedener Konferenzen können über Hypertext-Strukturen verbunden und um Bezüge auf externe Dokumente ergänzt werden. Sie sind die asynchrone und ortsungebundene Variante von Konferenzsystemen (SYRING 1992, S. 205).

Konferenzunterstützung

Die Konferenzunterstützung wird meist zur Unterstützung synchron – zeitgleich – ablaufender Sitzungen eingesetzt. Die Sitzungsteilnehmer können dabei an einem Ort versammelt oder räumlich verteilt sein. Im ersten Fall spricht man auch von Entscheidungsräumen, die speziell für den Einsatz des Konferenzsystems eingerichtet sind: Die Sitzungsteilnehmer arbeiten jeweils an einem Terminal, in das sie Diskussionsbeiträge eingeben bzw. an dem sie individuelle Aufgaben erledigen. Die Beiträge werden für alle sichtbar an große Leinwände projiziert.

Unterstützung zeitgleich ablaufender Sitzungen

Im zweiten Fall benötigt die Konferenz Telekommunikationshilfsmittel. Diese können von Telefonkonferenzen über Audio- bis zu Videokonferenzen reichen. Insbesondere der Einsatz von PC-gestützten Desktop-Videokonferenzen vereint hier zunehmend die Funktionen von Videokonferenzen und Koautorensystemen (siehe unten). Asynchron arbeitende Konferenzsysteme werden unter dem Begriff Computer-Konferenz-System zusammengefaßt und wurden bereits im vorhergehenden Abschnitt behandelt.

Konferenzsysteme umfassen Group Decision Support Systems (GDSS) und Group Communication Support Systems (GCSS). Erstgenannte unterstützen Sitzungen aufgabenorientiert, letztere unterstützen lediglich die Kommunikation. Über die Kommunikation hinausgehend bietet ein GDSS Abstimmungs- und Bewertungsmethoden und weitere Konsensfindungstechniken; daneben können Informationssammel- und -aufbereitungswerkzeuge treten, z.B. Reportfunktionen wie in Executive Information Systems.

Konferenzsysteme beschleunigen Sitzungen und verbessern die Qualität der Ergebnisse, insbesondere wenn kreative Leistungen zu erbringen sind. Eine bedeutende Ursache hierfür ist die Anonymität der Kommunikation, die Konferenzsysteme ermöglicht. Die Anonymität überwindet Kommunikationsprobleme, die z.B. aus dem unterschiedlichen Rang der Konferenzteilnehmer in der betrieblichen Hierarchie oder aus persönlichen Sympathien und Antipathien entstehen können. Diskussionen laufen sachlicher ab.

Vorteile von Konferenzsystemen

Gemeinsame Editoren und Screen Sharing

Gewöhnlich werden Dateien nur von einem Nutzer zu einer Zeit bearbeitet. Gemeinsame Editoren ermöglichen dagegen die Bearbeitung einer Datei durch mehrere Nutzer synchron. Darüber hinaus bieten sie aber auch Funktionen für die asynchrone Bearbeitung einer Datei in der Gruppe, und zwar „die Visualisierung und Verwaltung von Anmerkungen, Beiträgen und verschiedenen Versionen" (BORNSCHEIN-GRASS 1995, S. 21) einer Datei. Den einzelnen Bearbeitern können dabei z.b. unterschiedliche Schriftfarben zugewiesen werden.

Synchrone Bearbeitung von Dateien

Bei der synchronen Bearbeitung werden die gleichen Dateien auf dem Bildschirm jedes Bearbeiters angezeigt. Alle Bearbeiter können die Datei bearbeiten, wenn auch eventuell mit unterschiedlichen Zugriffsrechten. Alternativ kann auch die Datei nur bei einem Bearbeiter geöffnet werden; dann erhalten die anderen Bearbeiter eine exakte Kopie seines Bildschirminhalts (Screen Sharing). Dieser wird um eigene Cursor- und Mauszeigerpositionen ergänzt. Das Bearbeitungsrecht wird selten mehreren Bearbeitern zugleich gegeben; meist hat es nur ein Bearbeiter, der es weiterreicht. Die anderen Bearbeiter können Anmerkungen und Textmarken setzen, die Datei selbst aber nicht verändern. Desktop-Konferenzsysteme kombinieren die Möglichkeit der synchronen Bearbeitung zusätzlich mit einem Audio- und evtl. Videokontakt.

Intelligente Agenten

Überwachung von Arbeitsprozessen, Gruppensitzungen oder selbständige Suche nach Information

„Intelligente oder künstliche Agenten sind Systeme, die innerhalb eines definierten Arbeitsbereiches selbständig nach speziellen Regeln bestimmte Aufgaben und Handlungen übernehmen, die sonst von Gruppenmitgliedern ausgeführt werden" (BORNSCHEIN-GRASS 1995, S. 23). Intelligente Agenten überwachen Arbeitsprozesse im Auftrag eines Beteiligten, überwachen Gruppensitzungen oder suchen selbständig Information in Datenbanken. Ebenso können intelligente Agenten die eingehende E-Mail filtern und sortieren. Die Entwicklung intelligenter Agenten befindet sich allerdings noch im Anfangsstadium (BORNSCHEIN-GRASS 1995, S. 23, PETROVIC 1992, S. 21-22).

Kasten 9-2: Groupware-Einsatz beim Management von FuE-Programmen: Unterstützung der Informationsbewertung und Entscheidung

Die Informationsbewertung und Entscheidung ist gewöhnlich eine Gremienaufgabe (WOHLENBERG 1994; S. 87); sie wird in Sitzungen zur gleichen Zeit und am gleichen Ort erledigt. SPECHT, BECKMANN (1996, S. 200) schlagen Teams zur Abstimmung der Planung vor, deren Arbeit durch E-Mail, Newsgroups und Videokonferenzen unterstützt werden sollte. Gremiensitzungen müssen vorbereitet werden; dementsprechend werden im folgenden eine Vorbereitungs- und eine Sitzungsphase unterschieden, die getrennt betrachtet werden sollen. Geeignete Groupware-Funktionen zur Unterstützung der Informationsbewertung und Entscheidung sind in der Vorbereitungsphase:

- Nachrichtendienste (E-Mail, Newsgroups) und
- Zeit- und Aufgabenmanagement, z.B. Gruppenterminkalender, die unter dem hohen Zeitdruck der industriellen Entwicklung zur raschen Terminvereinbarung und zur Prüfung der Verfügbarkeit der Gruppenmitglieder geeignet sind (WOHLENBERG 1994, S. 123). Kritisch für die Akzeptanz dieser Systeme ist das Ausmaß des Mehraufwands und die Akzeptanz fremder Einbuchungen in den eigenen Terminkalender (WOHLENBERG 1994, S. 124).

In der Sitzungsphase können Verbesserungen erreicht werden durch den Einsatz von

- Informationsbereitstellungs- und -verteilungswerkzeugen – sie ermöglichen das schnelle Auffinden der benötigten Information und deren geeignete Darstellung – sowie
- Konferenzsystemen (Sitzungsräume und Videokonferenzen) – sie beschleunigen die Darstellung der Sachinformation und stellen Werkzeuge zur Abstimmung bereit.

„Im Fall wichtiger Abstimmungsfragen, Projektabsprachen oder komplexer Sachprobleme wird entweder die direkte und unmittelbare Face-to-Face-Kommunikation zwischen den Beteiligten bevorzugt, oder es werden als Pendant für synchrone, aber räumlich verteilte Zusammenkünfte Video-Konferenzen eingesetzt." (BORNSCHEIN-GRASS 1995, S. 95-96)

Zukünftige Entwicklung am Beispiel von Lotus Notes

Lotus Notes ist das am häufigsten eingesetzte Groupware-Produkt

Lotus Notes ist das am häufigsten eingesetzte Groupware-Produkt. Dies zeigt u.a. die empirische Untersuchung von BORNSCHEIN-GRASS (1995, S. 84). Notes ist ein auf einer hierarchischen Datenbank basierendes Kommunikationssystem, das vor allem über umfangreiche erweiterte E-Mail-Funktionen und ausgefeilte Replikationsalgorithmen verfügt. Es bildet damit eine leistungsfähige Plattform für eine Vielzahl von Groupware-Anwendungen, von denen nur wenige im Lieferumfang von Notes enthalten sind. Die Anwendungen müssen entweder selbst entwickelt oder von Drittanbietern zugekauft werden (LOTUS 1997). Die gegenwärtige Notes-Version 4.5 ist durch die Integration von Internet-Technologien gekennzeichnet. Dies umfaßt:

Integrierte Internettechnologie in Lotus Notes 4.5

- die preiswerte und quasi-permanente Verbindung von Notes-Servern über den Lotus-Domino-WWW-Server,
- die weltweite Bereitstellung der auf einem Notes-Server verfügbaren Datenbanken über das WWW, ebenfalls mittels Domino-WWW-Server,
- den direkten Zugriff auf das Internet mit dem im Notes-Client integrierten WWW-Browser sowie
- die Aufnahme von Internet-Information in Lotus-Notes-Anwendungen (LOTUS 1997).

Lotus Notes dient hier als ein Beispiel für die allgemeinen Entwicklungstendenzen auf dem Groupware-Markt. Immer mehr Groupware-Systeme verfügen über Anbindungsmöglichkeiten ans Internet. Damit verschwinden die technischen und kostenmäßigen Unterschiede zwischen lokalen Netzen (LAN) und Weitverkehrsnetzen (WAN); über das Internet sind kostengünstige, quasi-permanente Verbindungen zur synchronen Konsistenzsicherung möglich.

Einführung von Groupware

Einführung von Groupware nicht ohne Wandel in der Unternehmenskultur

Der Einsatz von Groupware allein verbessert weder einzelne Prozesse, noch stellt er einen tiefgreifenden Veränderungsprozeß dar. Nur in der Handhabung als Instrument, hinter dem ein sorgfältig durchdachtes Konzept zur Veränderung und der Wille dazu stehen, kann

Groupware ihr Potential entfalten (DIER, LAUTENBACHER 1994, S. 57). Einleitend wurde bereits erwähnt, daß CSCW auch als neues Paradigma angesehen wird. Die Einführung von Groupware muß demzufolge durch einen Wandel in der Unternehmenskultur begleitet werden. Nur wenn sich die Einstellungen der Mitarbeiter gegenüber der Kommunikation und offenen Informationsweitergabe wandeln, kann ein Groupware-Konzept erfolgreich sein.

Die Einführung von Groupware im Unternehmen erfordert zuerst die Wahl der richtigen Groupware-Funktionen bzw. -systeme. Diese müssen zum vorherrschenden Typ der Gruppenarbeit passen. Sodann sind die Schritte der Einführung zu planen. Trotz einer sorgfältigen Planung und gewissenhaften Groupware-Einführung gibt es typische Hürden, die den Erfolg gefährden können.

„Fit" zwischen Groupware und Gruppenarbeit

Unterschiedliche Formen der Gruppenarbeit erfordern unterschiedliche unterstützende Groupware-Funktionen. REISS, SCHUSTER (1994, S. 21) ordnen verschiedenen Aufgabentypen geeignete Arbeitsformen zu, darunter auch Gruppenarbeitsformen. Diese lassen sich wiederum durch spezifische Groupware-Funktionen unterstützen.

Unterstützung von Gruppenarbeitsformen durch spezifische Groupware-Funktionen

REISS und SCHUSTER unterscheiden zwischen Arbeitsaufgaben, die über Verrichtungen bestimmt werden, und solchen, die über „Objekte" – z.B. Kunden und Produkte – bestimmt werden. Letztere können in Gruppenarbeit durch Arbeitsfluß-Automatisierung unterstützt werden, oder sie werden durch isoliert arbeitende Rundum-Sachbearbeiter gelöst. Diese benötigen für ihre eigentliche Arbeitsaufgabe keine Groupware. Die von Verrichtungen bestimmten Aufgaben können dagegen durch Groupware verbessert werden.

Zwei Extreme der Arbeitsaufgabe sind demnach zu unterscheiden: Einerseits existieren standardisierte Arbeitsabläufe, die in einer Gruppe von spezialisierten Sachbearbeitern oder von isoliert arbeitenden Universalsachbearbeitern gelöst werden. Andererseits werden schlecht strukturierte Aufgaben in Gruppenarbeit bearbeitet.

Gruppenarbeit umfaßt drei Aufgabengebiete, die jeweils bestimmte Groupware-Funktionen brauchen. Die drei Aufgabengebiete der Gruppenarbeit und die jeweiligen Organisationsformen der Gruppe sind (REISS, SCHUSTER 1994, S. 22):

- gemeinsame Lern- und Verbesserungsprozesse (Qualitätszirkel, Projektgruppe, Lernstatt),
- gemeinsame Aufgabenbearbeitung (u.a. Case Teams) sowie
- die Selbstabstimmung (Gremien, Ausschüsse).

Die meisten Groupware-Systeme unterstützen den zweiten Punkt – die gemeinsame Aufgabenbearbeitung – in vielfältiger Weise: durch Nachrichtenübermittlung, Zeit- und Aufgabenmanagement, Informationsbereitstellung und -verteilung, Konferenzsysteme, Gemeinsame Editoren und Screen Sharing. Zur Unterstützung des dritten Punkts – der Selbstabstimmung – sind insbesondere Konferenzsysteme geeignet.

Einführungskonzept

BORNSCHEIN-GRASS (1995, S. 97-98) schlägt eine dreiphasige Einführung von Groupware vor. Diese Vorgehensweise läßt sich mit einem von OBERWEIS und WENDEL (1994, S. 76-80) skizzierten Stufenkonzept zur Einführung von Groupware kombinieren: So sollten auf jeder der vier Stufen alle drei Einführungsphasen durchlaufen werden.

Phasenorientierte Einführung von Groupware:

... Demonstrations- und Pilotanwendungen,

Die phasenorientierte Einführung von Groupware hat sich in mehreren Fallstudien bewährt. In einer ersten Phase sollten Demonstrations- und Pilotanwendungen der Unternehmensleitung und den beteiligten Mitarbeitern einen schnellen Einblick in die Konzeption und Nutzung der Groupware-Anwendung geben. Die zweite Phase umfaßt einen Feldtest, der konzeptionelle Schwachstellen und Akzeptanzprobleme offenlegt. Erst danach, in der dritten Phase, sollte die Groupware-Anwendung für alle Anwender eingerichtet werden.

... Feldtest und

... Einrichtung für alle Anwender

Diese Phasen lassen sich mit dem mehrstufigen Einführungskonzept von OBERWEIS und WENDEL verbinden. Sie weiten von Stufe zu Stufe den Kreis der Teilnehmer über die Organisationsebenen der Unternehmung aus, von der Unterstützung innerhalb einer Arbeitsgruppe bis zur Unterstützung der Zusammenarbeit zwischen Unternehmungen (Bild 9-1).

Probleme der Groupware-Einführung

Probleme bei der Groupware-Einführung stammen aus zwei Bereichen: Eine Hürde kann im ungenügenden oder ungeeigneten Training der Anwender liegen; eine weitere in der ungeeigneten Unternehmens- und Informationskultur.

Das Ausmaß und die Art der Schulung und des Trainings der Anwender sind für die effiziente Nutzung und die Akzeptanz des Groupware-Systems entscheidend. Der Trainingsaufwand wird allgemein unterschätzt; er ist bei der Groupware-Einführung besonders hoch, weil der PC eben nicht wie gewohnt als Einzelplatzrechner, sondern in einem völlig neuen Nutzungszusammenhang als Informations- und Kommunikationsmedium verwendet wird. Eine einfache Bedienung des Groupware-Systems und die Integration mit Textverarbeitung und gewohnten Kommunikationsanwendungen (E-Mail) verringert den Trainingsaufwand und fördert die Akzeptanz.

Ebenfalls die Akzeptanz fördernd ist eine Firmenkultur, in der der Einsatz moderner Informations- und Kommunikationstechniken zur täglichen Arbeit gehört.

Problembereiche:

... hoher Schulungs- und Trainingsaufwand sowie

... Unternehmenskultur

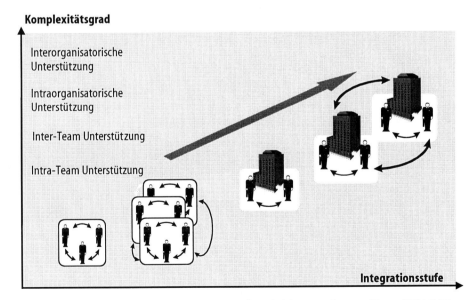

Bild 9-1: Stufenweise Einführung von Groupware. Quelle: In Anlehnung an OBERWEIS, WENDEL (1994, S. 77).

Wer pflegt gemeinsame Bestände?

Ein kritischer Erfolgsfaktor von Groupware-Systemen ist die Pflege gemeinsamer Daten- und Dokumentenbestände. Wenn ein Gruppenmitglied auf Anfrage einem anderen Information übermittelt, so kann es über die Weitergabe und den Adressaten selbst entscheiden. Im Gegensatz dazu bleiben die Adressaten und ihre Absichten anonym, wenn ein Groupware-Anwender Information in einen gemeinsamen Daten- und Dokumentenbestand eingibt. In diesem Fall ist mit der Weitergabe von Information ein Verlust persönlicher Kontrolle und Macht verbunden. Auch fürchten Anwender die Mißinterpretation ihrer Information (ORLIKOWSKI 1993, S. 243-245). Konzepte, die dem Informationsgeber die Nutzer der Information offenlegen, entweder mit oder ohne interne Verrechnung der Nutzung, können hier helfen, Ängste abzubauen und die Motivation zur Nutzung zu erhöhen.

Zusammenfassung

Interessantes Wissenschaftsgebiet

Computer Supported Cooperative Work bezeichnet ein Wissenschaftsgebiet, das sich u.a. mit der Entwicklung von Groupware beschäftigt. Groupware ist eine Kombination von Hard- und Software, Informations- und Kommunikationsdiensten, welche die Zusammenarbeit in Arbeitsgruppen und Projektteams unterstützt. Die Entwicklung von Groupware stützt sich auf fünf Schlüsseltechnologien: Netzwerke, verteilte Datenbanken, Replikation, Nachrichtentransport sowie Geheimhaltung und Authentisierung.

Es existiert eine Vielzahl von Groupware-Systemen mit unterschiedlichen Funktionen. Groupware enthält im wesentlichen Funktionen zur Nachrichtenübermittlung, zum Zeit- und Aufgabenmanagement, zur Arbeitsfluß-Automatisierung, zur Informationsbereitstellung und -verteilung sowie zur Konferenzunterstützung und zum gemeinsamen Editieren.

Groupware kann bei richtigem Einsatz großen Nutzen stiften, trägt aber wie alle Veränderungen auch Risiken. Zum Nutzen gehört die Beschleunigung von Geschäftsprozessen und die umfangreiche Erfassung des Wissens der Unternehmung. Zu den Risiken gehört der Kontrollverlust über die Kommunikation, die Anonymisierung derselben und die Reduktion persönlicher und informeller Kontakte. Bei der Einführung von Groupware ist auf den „Fit" zwischen Gruppenarbeit und Groupware zu achten sowie auf ein schlüssiges, mehrstufiges Einführungskonzept. Mangelhaftes Training der Anwender und eine ungeeignete Unternehmenskultur können die Groupware-Einführung gefährden.

In der FuE-Programmplanung kann Groupware sowohl für Aktivitäten der Informationssammlung und Dokumentation als auch für solche der Informationsbewertung und Entscheidung nützlich sein. Der Schwerpunkt liegt hier in der Unterstützung der Gremienarbeit durch Konferenzsysteme und Systeme zur Informationsbereitstellung und -verteilung.

Schwerpunkte in FuE

Literatur

BANNON, L.; ROBINSON, M.; SCHIDT, K. (EDS.): Proceedings of the second european conference on computer supported cooperative work. Sept. 25-27, 1991, Amsterdam: Dodrecht et al. 1991.

BORNSCHEIN-GRASS, CARIN: Groupware und computergestützte Zusammenarbeit - Wirkungsbereiche und Potentiale. Wiesbaden: DUV, Gabler 1995.

BROCKHOFF, KLAUS: Forschung und Entwicklung - Planung und Kontrolle. 4., erg. Aufl., München, Wien: Oldenbourg 1994.

BÜRGEL, HANS-DIETMAR; KUNKOWSKY, HANS-ROLF: EDV-unterstütztes FuE-Controlling, in: technologie & management, 38 (1989) 3, S. 25-32.

DADAM, PETER: Verteilte Datenbanken und Client/Server-Systeme. Grundlagen, Konzepte, Realisierungsformen. Berlin, Heidelberg, New York: Springer 1996.

DIER, MIRKO; LAUTENBACHER, SIEGFRIED: Groupware: Technologien für die lernende Organisation - Rahmen, Konzepte, Fallstudien. München: Computerwoche-Verlag 1994.

FRANK, JOACHIM: Standard-Software. Kriterien und Methoden zur Beurteilung und Auswertung von Software-Produkten, 2. Auflage, Köln-Braunsfeld: Müller 1980.

FRESE, ERICH: Koordinationskonzepte, in: SZYPERSKI, NORBERT (HRSG.): Handwörterbuch der Planung. Stuttgart: Poeschel 1989, Sp. 913-922.

HASENKAMP, ULRICH; KIRN, STEFAN; SYRING, MICHAEL: CSCW - Computer Supported Cooperative Work: Informationssysteme für dezentralisierte Unternehmensstrukturen. Bonn et al.: Addison-Wesley 1994a.

HASENKAMP, ULRICH (HRSG.): Einführung von CSCW-Systemen in Organisationen. Tagungsband der D-CSCW '94. Braunschweig, Wiesbaden: Vieweg 1994b.

HUGHES, J.; RANDALL, D.; SHAPIRO, D.: CSCW: Discipline or Paradigma? In: BANNON, ROBINSON, SCHIDT, 1991, S. 309 ff.

JOHANSEN, ROBERT: Groupware - Computer support for business teams. New York: The Free Press 1988.

KELLERHALS, RAINER A.: Die zweite Revolution der Massenkommunikation. Computergestützte Medien (II), in: technologie & management, 42 (1993) 3, S. 155-162.

KRCMAR, HELMUT: Computerunterstützung der Gruppenarbeit - Zum Stand der Computer Supported Cooperative Work Forschung, in: Wirtschaftsinformatik, 34 (1992) 4, S. 425-437.

LEWE, HENRIK: Groupware, in: Informatik-Spektrum, (1991) 14, S. 345-348.

LEWE, HENRIK: Computer Aided Team und Produktivität - Einsatzmöglichkeiten und Erfolgspotentiale. Wiesbaden: DUV, Gabler 1995.

LOTUS DEUTSCHLAND GMBH: Lotus Notes 4.5. URL: http://www.lotus.de/ INPUT/ PRODUKTE.NSF/

MÖHRLE, MARTIN G.: Bestehende Informationssysteme in der betrieblichen Forschung und Entwicklung. Ergebnisse einer empirischen Untersuchung in der elektrotechnischen Industrie, in: Wirtschaftsinformatik, 35 (1993) 1, S. 61-69.

MÖHRLE, MARTIN G.: Informationssysteme in der betrieblichen Forschung und Entwicklung. Bad Homburg: DIE-Verlag Schäfer 1991.

OBERWEIS, ANDREAS; WENDEL, THOMAS: Evolutionäre Vorgehensweise zur Einführung der rechnergestützten Teamarbeit in Organisationen, in: HASENKAMP, 1994b, S. 69-87.

ORLIKOWSKI, W. J.: Learning from Notes: Organizational issues in groupware implementation, in: The information society, (1993) 9, pp. 237-250.

PETROVIC, OTTO: Groupware - Systemkategorien, Anwendungsbeispiele, Problemfelder und Entwicklungsstand, in: Information Management, (1992) 1, S. 16-23.

REIß, MICHAEL; SCHUSTER, HERMANN: Organisatorische Erfolgsfaktoren des Groupwareeinsatzes, in: Office Management, (1994) 6, S. 18-25.

RUSSELL, DEBORAH; GANGEMI Sr., G.T.: Computer Security Basics. O'Reilly: Sebastopol (Ca.) U.S.A., 1992.

SPECHT, GÜNTER; BECKMANN, CHRISTOPH: FuE-Management. Stuttgart: Schäffer-Poeschel 1996.

SYRING, M.: Möglichkeiten und Grenzen kommunikationsorientierter Systeme zur Unterstützung arbeitsteiliger Prozesse, in: Wirtschaftsinformatik, 34 (1992) 2, S. 201-214.

VENKATRAMAN, N.: IT-Enabled business transformation - From automation to business scope redefinition, in: Sloan Management Review, 35 (1994) 2, pp. 73-87.

Wagner, MICHAEL P.: Groupware und neues Management - Einsatz geeigneter Softwaresysteme für flexiblere Organisationen. Braunschweig, Wiesbaden: Vieweg 1995.

WILSON, P.: Computer supported cooperative work - An introduction. Oxford: Kluwer Academic Publications 1991.

WOHLENBERG, HOLGER: Gruppenunterstützende Systeme in Forschung und Entwicklung - Anwendungspotentiale aus industrieller Sicht. Wiesbaden: DUV, Gabler 1994.

10 Entwicklungscontrolling mit dem SAP-R/3-Baustein „Projektsystem"

Udo Lange

Die Entwicklung der Firma SAP ist legendär, und viele Unternehmen haben sich für das System SAP R/3 als Basis ihrer betrieblichen Informationsverarbeitung entschieden. Allerdings ist die Planung von FuE- und Innovationsprogrammen mit diesem System noch nicht sehr weit verbreitet. Aus welchen Gründen dies möglicherweise so ist und welche Perspektiven sich in der Zukunft abzeichnen, zeigt Udo Lange in seinem Beitrag. Er baut dazu auf den praktischen Erfahrungen auf, die er bei der Einführung des SAP-R/3-Bausteins „Projektsystem" in einer Entwicklungsabteilung eines deutschen Großkonzerns gesammelt hat. Sein Beitrag schließt harmonisch an den vorhergehenden Beitrag von Christian Guhl an, da es sich sowohl bei Groupware als auch bei Gesamtunternehmensinformationssystemen um zwei zentrale Trends der Informationsverarbeitung im Unternehmen handelt.

Überblick

FuE-Controlling stellt eine Servicefunktion für das FuE-Management dar (vgl. BÜRGEL, HALLER, BINDER 1996, S. 275-280). Die Effektivität und Effizienz dieser Servicefunktion wird entscheidend durch die eingesetzten informationstechnischen Hilfsmittel bestimmt (vgl. BÜRGEL, KUNKOWSKY 1989). Der nachstehende Beitrag setzt sich mit dieser Problematik an einem Praxisbeispiel, dem SAP-R/3-gestützten Entwicklungscontrolling eines Geschäftsbereiches der Siemens AG, auseinander. Der untersuchte SAP-R/3-Baustein „Projektsystem" unterstützt dabei nicht die Vorphase des Innovationsprozesses (vgl. den Beitrag von GESCHKA und LENK in diesem Buch), sondern das daran anschließende taktische Controlling des festgelegten FuE-Programms.

Bis 1996 wurde das Entwicklungscontrolling in dem betrachteten Geschäftsbereich der Siemens AG mit einem selbst entwickelten DV-System unterstützt. Für eine vergleichbare Problemstellung bietet das Unternehmen SAP in seinem Informationssystem R/3 den Programmbaustein „Projektsystem" (PS) an. Dieser wurde zwar u.a. für Forschungs- und Entwicklungsprojekte konzipiert (vgl. SAP 1995a, S. 1-2), stellt jedoch von seiner Grundidee kein reines Entwicklungscontrollingsystem, sondern ein Projektmanagementsystem dar. Trotzdem sind Informationen, die für das Entwicklungscontrolling notwendig sind, oftmals auch mit dem Baustein PS zu erhalten – allerdings auf Wegen, die zunächst kompliziert erscheinen mögen, da sie der hochintegrierten SAP-R/3-Welt Rechnung tragen. Da im betrachteten Geschäftsbereich derzeit die Standard-Anwendungssoftware SAP R/3 eingeführt wird, bietet sich im Sinne einer integrierten IT-Landschaft die Einführung des SAP-R/3-Bausteins „Projektsystem" an.

Inhaltlicher Überblick

Es wird im folgenden untersucht, welches Bearbeitungsspektrum der Baustein „Projektsystem" (PS) abdeckt und ob durch dieses DV-System Vorteile entstehen, die die Transaktionskosten für einen Systemwechsel langfristig überschreiten (siehe Gedankenflußplan in Bild 10-1). Die hier angestellte Untersuchung berücksichtigt die siemensspezifische Ausgangssituation der Abteilung Entwicklungscontrolling des betrachteten Geschäftsbereiches. Es wird zunächst auf die bestehenden Hauptaufgaben der Mitarbeiter und die aktuelle Aufteilung des Entwicklungsbudgets eingegangen. Auf dieser Darstellung aufbauend wird der SAP-R/3-Baustein PS ausführlich beschrieben. Hierbei wird auf die Entwicklungsprogrammplanung, die Ist-Daten-Erfassung und die Berichterstattung eingegangen. Anschließend wird das DV-System an Hand eines Modelles analysiert und bewertet. Zum Abschluß wird in einem Ausblick die Aufbaustruktur des SAP-R/3-Bausteins PS mit dem Sollzustand eines ganzheitlichen FuE-Informationssystems verglichen.

Ausgangssituation

Im untersuchten Geschäftsbereich der Siemens AG sind derzeit drei Mitarbeiter und eine Halbtagskraft für das

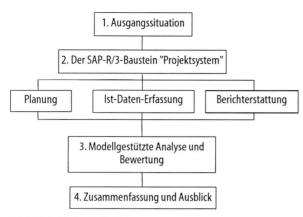

Bild 10-1: Gedankenflußplan

Entwicklungscontrolling zuständig. Die Mitarbeiter planen und kontrollieren Projektbudgets und nehmen eine einfache Projektverfolgung vor. Im wesentlichen decken die Mitarbeiter das folgende Aufgabenspektrum ab:

Aufgaben im Entwicklungscontrolling

- Programmcontrolling: Basierend auf Daten der Buchhaltung und einer Erfassung der Entwicklungsstunden werden die gesamten Kosten des Entwicklungsprogrammes überwacht.
- Projektcontrolling: Das bestehende Entwicklungsprogramm umfaßt elf Entwicklungsprojekte, deren Kosten bis auf einzelne Kostenträger aufgeschlüsselt werden. Für diese Projekte wird mittels des Tabellenkalkulationsprogrammes „Microsoft Excel" eine grobe Meilensteinüberwachung vorgenommen.
- Bestellcontrolling: Personal- und Materialkosten, die aufgrund geschäftlicher Beziehungen zu externen Unternehmen entstehen, werden gesondert überwacht.
- Dienststellen-Gesamtkosten-Controlling: Basierend auf Daten der Buchhaltung werden alle Kostenstellen des Entwicklungsbereiches grob überwacht.
- Berichterstattung: Monatlich wird eine Entwicklungsberichterstattung durchgeführt. Diese beinhaltet verdichtete Aussagen des Programm- und Projektcontrollings sowie eine Mitarbeiterstatistik.

Das Entwicklungsbudget betrug für das Geschäftsjahr 1993/94 ca. 100 Mio. DM und setzte sich aus Kosten für Eigen- und Fremdleistungen zusammen.

100 Mio. DM Entwicklungsbudget

Gesamtkostenerfassung der eigenen Entwicklungsbereiche ...

Die gesamten Kosten der eigenen Entwicklungsbereiche (ca. 50 Mio. DM) werden mit der Kostenstellenrechnung erfaßt. Die sechs Entwicklungsabteilungen (A-F) arbeiten an unterschiedlichen Projekten. Da bei der Siemens AG statt einer Projektorganisation eine Linienorganisation besteht, können die Kosten eines Projektes nicht direkt aus der Kostenrechnung ermittelt werden. Aus diesem Grund wurde eine Stundenkontierung eingeführt, d.h. die Arbeitsstunden der Entwickler werden projektweise erfaßt. Bei der Bewertung einer Entwicklungsstunde wird eine jährliche Arbeitszeit von durchschnittlich 1524 Stunden zugrunde gelegt. In dieser Zahl sind Ausfallzeiten, Urlaub und Weiterbildungsmaßnahmen berücksichtigt. Eine Entwicklungsstunde wird nach folgender Formel bewertet:

... mittels Stundenkontierung

$$\varnothing \text{ Kosten einer Entwicklungsstunde } \left[\frac{DM}{h} \right] = \frac{\text{Plankosten [DM]}}{\text{Anzahl kontierender Entwickler} \times 1524 \text{ h}}$$

mit   Plankosten: gesamte eigene Entwicklungskosten, die von der Abteilung Rechnungswesen geplant werden

Beispiel: Plankosten: 50 Mio. DM;
Anzahl kontierender Entwickler = 227

$$\varnothing \text{ Kosten einer Entwicklungsstunde } \left[\frac{DM}{h} \right] = \frac{50 \text{ Mio. DM}}{227 \times 1524 \text{ h}} \approx 144 \frac{DM}{h}$$

Dieser Ansatz setzt voraus, daß für alle Abteilungen ein einheitlicher Stundensatz besteht, was in der Realität in der Regel nicht der Fall ist (z.B. aufgrund unterschiedlicher Gehaltsstrukturen).

Erfassung der Kosten für fremde Entwicklungsleistungen

Neben diesen Plankosten für die eigene Entwicklung sind die Kosten für fremde Entwicklungsleistungen bedeutend (ca. 39 Mio. DM). Da für die Forschung im Bereich der Informations- und Kommunikationstechnologien hohes Fachwissen in unterschiedlichen Wissensgebieten benötigt wird, ist die Siemens AG dazu übergegangen, sich auf Kernbereiche zu spezialisieren. Daher werden verschiedene Entwicklungsinstitute und Unternehmen mit Projekten beauftragt, die nicht diese Kernbereiche betreffen. Derzeit sind zehn externe Gesellschaften – darunter auch Tochterunternehmen der Siemens AG – mit ca. 100 Mitarbeitern am Entwicklungsprozeß beteiligt. Fremde Entwicklungsleistungen haben somit eine große Bedeutung für das Entwicklungscontrolling.

Hieraus ergeben sich mehrere Probleme. Im Gegensatz zu den Eigenleistungen können Fremdleistungen nicht mit einer Stundenkontierung überwacht werden. Vielmehr erhält man lediglich eine Kostenaufschlüsselung nach Projekten und Arbeitsstunden ohne Angaben zu den gegenwärtigen Projektphasen. Zudem liegen diese Rechnungen im Gegensatz zu den Kosten der eigenen Entwicklungsabteilungen in der Regel erst ein bis zwei Monate später vor. Hierdurch wird die Fortschreibung der gesamten Entwicklungskosten deutlich erschwert. Verstärkt wird diese Problematik durch unregelmäßige und damit schwer vorhersagbare Kostenverläufe der externen Entwicklungsprojekte. Je nach Projekt entstehen in unterschiedlichen Projektphasen erhöhte Kosten.

Probleme bei der Erfassung von Fremdleistungen

Während die genannten Kosten Unwägbarkeiten in der Kostenermittlung und beim Budgetcontrolling beinhalten, sind die folgenden Kostenarten ohne Einschränkungen auf die Projekte zu verteilen. Hierbei haben die Materialkosten (ca. 5 Mio. DM) den höchsten Stellenwert, die sich im wesentlichen aus Kosten für Testanlagen und die Erstellung von Produktmustern zusammensetzen. Allerdings beinhaltet dieser Posten nicht diejenigen Materialkosten, die in der Kostenstellenrechnung erfaßt werden, da diese als eigene Entwicklungsleistung abgerechnet werden. Des weiteren entstehen durch die Nutzung von externen Rechenanlagen Rechenkosten (ca. 2 Mio. DM). Zudem bestehen sonstige Kosten in Höhe von 4 Mio. DM, die sich überwiegend aus Reise-, Schutzrechts- und Lizenzkosten zusammensetzen.

Sonstige Kosten, die auf Projekte verteilt werden

Zusammenfassend läßt sich feststellen, daß das gesamte Entwicklungsbudget zu etwa gleichen Teilen aus Kosten für Eigen- und Fremdleistungen besteht. Insbesondere das Controlling der Fremdunternehmen beinhaltet einige Schwierigkeiten, die sich auf das Controlling der gesamten Entwicklungskosten auswirken. Es soll nun untersucht werden, ob der SAP-R/3-Baustein PS vor dem geschilderten Hintergrund produktiv einzusetzen ist.

Das Entwicklungsbudget besteht zu etwa gleichen Teilen aus Eigen- und Fremdleistungen

Der SAP-R/3-Baustein „Projektsystem"

Unternehmensweite Integration von Datenverarbeitung und betriebswirtschaftlichen Funktionen in SAP R/3

Das Informationssystem SAP R/3 erhebt den Anspruch, Datenverarbeitung und betriebswirtschaftliche Funktionen unternehmensweit zu integrieren. Dieses Ziel wird realisiert durch ein komplexes Beziehungsgeflecht zwischen den einzelnen Bausteinen, aus denen SAP R/3 besteht. Die Einbettung in das Beziehungsgeflecht gilt auch für das Entwicklungscontrolling mit SAP R/3 (Bild 10-2). So steht der Baustein Projektsystem (PS) in enger Beziehung zum Rechnungswesen mit den Elementen Finanzwesen (FI) und Controlling (CO). Zudem besteht innerhalb der „SAP-Welt" eine Verbindung zu der Komponente Materialwirtschaft (MM). Des weiteren ist die gesamte SAP-Welt mit mehreren Benutzern verbunden, z.B. den Einkäufern, den Mitarbeitern des Rechnungswesens, den Entwicklungscontrollern und den Entwicklern sowie Fremdunternehmen, die Leistungen für die Siemens AG erbringen.

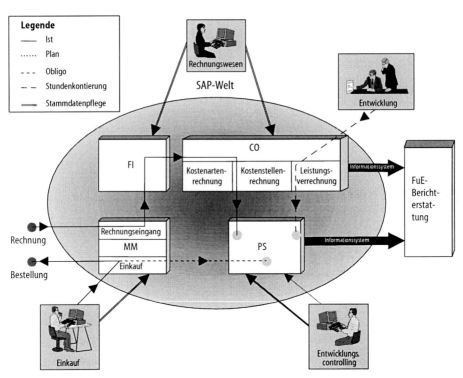

Bild 10-2: Informationsfluß für das Entwicklungscontrolling in SAP R/3

Die Integration der Bausteine zeigt sich bei der Ist-Daten-Erfassung folgenderweise: Die Bestellung einer Fremdleistung mit dem Baustein MM beinhaltet alle Kontierungsdaten, die später von den anderen Bausteinen für eine sinnvolle Datenverarbeitung benötigt werden. Zudem wird das Obligo direkt im PS verbucht. Die eingehenden Rechnungen werden von der Rechnungsprüfung im System MM mit den bestellten Leistungen verglichen. Für diesen Vorgang müssen keine neuen Kontierungsdaten mehr eingegeben werden. Vielmehr werden lediglich die vom Einkauf eingegebenen Daten übernommen. Stimmen die Eingangsrechnungen mit den Bestellungen überein, wird der Datensatz freigegeben und zuerst in der Finanzbuchhaltung (FI), dann im Kostenstellencontrolling (CO) und schließlich im Entwicklungscontrolling (PS) verbucht. Der Datensatz wird sozusagen vom Baustein MM bis zum Baustein PS unter Berücksichtigung der jeweiligen Sichtweise durchgereicht. Hierfür werden nur im Einkauf und in der Rechnungsprüfung aktive Vorgänge vollzogen. Des weiteren ist dieser Datensatz „real time" im System (vgl. SAP 1995b, S. 2-4), d.h. der aktuelle Wert ist in allen Bausteinen vorhanden.

Ist-Daten-Erfassung

Diese Datenerfassung in Echtzeit funktioniert nur, wenn alle benötigten Stammdaten auf aktuellem Stand sind. Aus diesem Grund ist die Stammdatenpflege eine Pflichtaufgabe in jedem Teilsystem. Sie spielt eine besondere Rolle für die Abteilung Rechnungswesen, da die Daten der Kostenarten-, der Kostenstellenrechnung und der Leistungsrechnung sozusagen das „Herz" der gesamten Datenverarbeitung ausmachen. Dabei soll die Funktion der Leistungsrechnung zusätzlich vom Entwicklungscontrolling für die Stundenkontierung der Entwickler ausgenutzt werden. Für die Entwicklungscontroller beinhaltet die Stammdatenpflege im wesentlichen die Bereiche der festgelegten Projektstrukturen sowie deren Abläufe.

Stammdatenpflege als Voraussetzung für Ist-Daten-Erfassung

Während die Ist-Daten-Erfassung alle Teilsysteme in irgendeiner Weise berührt, spielt sich die Planung der Entwicklungskosten nur in den Systemen CO und PS ab. Neben den Plandaten, die direkt von den Mitarbeitern der Abteilung Entwicklungscontrolling in den Baustein PS eingegeben werden, haben auch die Plandaten, die in der Kostenstellen- und in der Leistungsrechnung verankert sind, Bedeutung für das Entwicklungscon-

Planung der Entwicklungskosten in den Systemen CO und PS

FuE-Berichterstattung mit CO und PS

trolling. Der Baustein PS unterstützt neben der Kosten- auch eine Termin- und Kapazitätsplanung.

Sowohl im Baustein PS als auch im Baustein CO ermöglichen Berichtssysteme eine FuE-Berichterstattung. Das CO-Berichtssystem dient im wesentlichen zum Ausweis des Projektstatus, indem es z.B. angibt, welche Kostenarten für welche Projekte benötigt werden. Dahingegen enthält der Projektstatusbericht im PS genauere Angaben hinsichtlich Kosten, Terminen und Kapazitäten sowie Auswertungen zum Projektfortschritt.

Nachdem der Informationsfluß in der SAP-Welt unter besonderer Berücksichtigung des Entwicklungscontrollings dargestellt wurde, wird im nächsten Abschnitt die Planung beschrieben. Daran anschließend werden die Ist-Daten-Erfassung und die Erstellung eines Entwicklungsberichtes mit dem SAP-R/3-Baustein PS genauer vorgestellt.

Planung mit dem SAP-R/3-Baustein „Projektsystem"

Voraussetzungen für die Planung von Entwicklungskosten

Die Entwicklungsaufwendungen werden mit dem Baustein PS geplant. Hierfür müssen jedoch zunächst zwei Voraussetzungen geschaffen werden. Für die Kostenplanung werden Projektstrukturpläne (PSP) mit einzelnen Projektstrukturplan-Elementen (PSP-Elemente) erstellt. Dadurch ist der Projektaufbau klar definiert. Außerdem werden für die Terminplanung Netzpläne entworfen, die eine zeitliche Verfolgung des Projektablaufes ermöglichen.

Hierarchische Gliederung der Projektleistungen im PSP

Der PSP stellt ein Modell des Projekts dar, das die zu erfüllenden Projektleistungen hierarchisch gliedert. Die PSP-Elemente repräsentieren Einzelaufgaben, die bei der Projektdurchführung anfallen. Dies soll an einem Beispiel verdeutlicht werden (Bild 10-3).

Beispiel

Das Entwicklungsprogramm (Stufe 0) besteht aus den Projekten A, B, C und D (Stufe 1). Diese vier PSP-Elemente sind lose an das PSP-Element Entwicklungsprogramm angehängt, d.h. einerseits kann das gesamte Entwicklungsprogramm geplant werden, andererseits können die einzelnen Projekte separat betrachtet werden. Dabei läßt sich das Projekt B (Stufe 1) in die Elemente Hardware, Software (Stufe 2) unterteilen. Jedes dieser PSP-Elemente läßt sich wieder weiter untergliedern; die Hardware z.B. in Layer 2 und Layer 3 (Stufe 3).

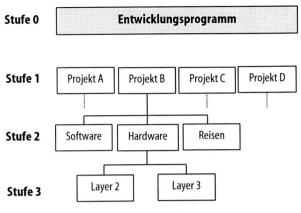

Bild 10-3: Beispielhafter Projektstrukturplan

Des weiteren werden diejenigen PSP-Elemente, deren Projektkosten nicht einem bestimmten Projektteil zugeordnet werden können, z.B. projektbezogene Reisen, direkt unter der Stufe 1 angesiedelt. Während dieses Beispiel innerhalb eines Projektes einer produktorientierten Gliederung folgt, kann mit dem PS ebenso eine prozeßorientierte Strukturierung erfolgen. Hierbei werden die PSP-Elemente gemäß dem Innovationsprozeß in Produktidee, Produktkonzeption, Produktentwicklung, Prototyp/Vorserie sowie Markteinführung eingeteilt (vgl. COMMES, LIENERT 1983, S. 349ff).

Zudem können auf jedem PSP-Element mittels sogenannter Benutzerfelder firmenspezifische Informationen wie z.B. Zuständigkeiten hinterlegt werden. Die Kosten werden dann auf den einzelnen PSP-Elementen geplant. Hierbei wird unterschieden zwischen Primärkosten und einer innerbetrieblichen Leistungsverrechnung (ILV), die nur für die Planung der eigenen Entwicklungsleistungen Anwendung findet.

Planung der Kosten auf den einzelnen PSP-Elementen:

Die Primärkosten verteilen sich auf unterschiedliche Kostenarten, wie z.B. Reisen, Lizenzen, Teilebeschaffung oder Entwicklungsleistungen eines Fremdunternehmens. Diese Kostenarten stellen die kleinste planbare Einheit dar. Generell wird auf finanzieller Basis geplant. Dies birgt für die Planung der Fremdleistungen ein Problem in sich, da die Entwicklung diese normalerweise in Mannjahren plant. Dies ist in begrenztem Maße auch mit dem System PS möglich, indem für die Kostenarten der Fremdunternehmen eine Detailplanung durchgeführt wird. Die Detailplanung ermöglicht das Aufschlüs-

... Primärkosten und

seln einer Kostenart nach verschiedenen Positionen, die jedoch im Baustein MM gepflegt werden müssen. So kann z.B. die Kostenart Rohstoffverbrauch im Detail zusammengesetzt sein aus 100 kg Rohstoff A und 150 kg Rohstoff B. Für jede Rohstoffart sind im Baustein MM feste Verrechnungssätze festgelegt, so daß das System direkt die Kosten für die Rohstoffmengen A und B ermittelt. Allerdings wird die Kostenart Fremdunternehmen im Gegensatz zur Kostenart Rohstoffverbrauch nicht in homogene Unterelemente aufgeteilt. Vielmehr unterteilt sich diese in eine Planung in Mannjahren und in finanzielle Planpositionen für Rechenkosten und Reisen des Fremdunternehmens. An Hand eines Monatssatzes für Entwicklungsleistung, der im System MM verankert wurde, wird die personelle Fremdleistung bewertet. Mit einer Hilfskonstruktion sind auch andere Kosten als die Personalkosten planbar. Durch die Festlegung von Verrechnungssätzen (z.B. 1.000 DM) für die genannten Positionen werden diese durch eine Multiplikation mit der Anzahl der Leistungseinheiten geplant. Eine Planung von 70 Einheiten Rechenkosten zum Verrechnungssatz von 1.000 DM entspricht somit dem Gesamtbetrag von 70.000 DM. Voraussetzung für diesen Ansatz ist, daß die jeweiligen Verrechnungssätze vom Entwicklungscontroller angepaßt werden können, d.h. er benötigt eine Schreibberechtigung für den Baustein MM.

... innerbetriebliche Leistungsverrechnung

Neben den Primärkosten gibt es die innerbetriebliche Leistungsverrechnung, bei der Leistungen, die zwischen verschiedenen Kostenstellen fließen, bewertet werden. Das Bewertungsprinzip für die Entwicklungsleistungen entspricht dem der Primärkosten. Zunächst werden im Baustein CO Verrechnungssätze für die Entwicklungsleistungen festgelegt. Diese Entwicklungsleistungen werden dann mit den Kostenstellen der einzelnen Bereiche gekoppelt. Das Entwicklungscontrolling kann somit nicht nur zwischen den Abteilungen unterschiedliche Stundensätze festlegen, sondern auch innerhalb einer Abteilung zwischen unterschiedlichen Entwicklungsleistungen (EWL) trennen. So kostet z.B. die EWL 1 des Bereiches A 140 DM, während die EWL 2 mit 100 DM zu Buche schlägt. Dieser Ansatz ist z.B. sinnvoll, wenn innerhalb einer Entwicklungsabteilung ein starkes Gehaltsgefälle zwischen den einzelnen Mitarbeitern besteht. Die so mit einer Kostenstelle verknüpfte Entwicklungsleistung wird dann über die Kostenart ILV auf das zugehörige PSP-Element gebucht. Definiert man nun für jeden Bereich eine eigene Kostenart, so läßt sich für jedes PSP-Element nachvollziehen, welche Entwicklungsabteilungen im Planprozeß berücksichtigt wurden.

Sowohl die Primärkosten als auch die innerbetriebliche Leistungsverrechnung können periodenweise geplant werden. Hierbei können einzelne Perioden entweder manuell oder nach einem Verteilungsschlüssel geplant werden. Ein solcher Verteilungsschlüssel ist z.B. die Anzahl der Werktage pro Monat. Zudem können zu erwartende Belastungen zunächst grob geplant werden. Mit wachsendem Informationsgehalt wird die Planung dann verfeinert. Diese Option ist von Nutzen, wenn z.B. innerhalb eines Projektes ein neues Release entwickelt wird, für das von der Geschäftsleitung mehrere Millionen DM veranschlagt sind, die noch nicht detaillierten Projektteilen zugeordnet wurden.

Periodenweise Planung der Primärkosten und der innerbetrieblichen Leistungsverrechnung

Außerdem können mit dem Baustein PS Parallel- und Budgetplanungen aufgestellt werden. Das Budget kann entweder direkt aus der Kostenplanung übernommen oder manuell auf die PSP-Elemente verteilt werden. Die Vorgehensweise ist dabei immer top-down. Allerdings kann auf einer untergeordneten PSP-Ebene nicht mehr als der übergeordnete Betrag verteilt werden. Somit können z.B. auf der Entwicklungsprogrammebene Sicherheitsreserven zurückbehalten werden. Des weiteren können Budgets grob für mehrere Jahre geplant werden (vgl. SAP 1995a, S. 5-1.) Damit besteht eine Trennung zwischen grober und feiner Budgetierung, die den Ansatz einer integrierten Budgetierung ermöglicht (vgl. STOCKBAUER 1989, S. 138 ff). Darüber hinaus können Verfügbarkeitskontrollen durchgeführt werden. Diese können einerseits passiver Art sein, d.h. der Controller überprüft am Bildschirm den Anteil des verfügten Budgets am zugeteilten Budget. Andererseits kann diese Kontrolle auch aktiv vor sich gehen: An Hand vorgegebener Toleranzgrößen überprüft das System, ob z.B. bei einer Bestellung das verfügbare Budget noch ausreicht. Ist dies nicht der Fall, so können im System verschiedene Sanktionsmaßnahmen eingestellt werden, z.B. könnte dieser Vorfall direkt eine Meldung am Bildschirm des Entwicklungscontrollers hervorrufen (vgl. SAP 1995a, S. 6-6 f.).

Parallel- und Budgetplanungen

Terminverwaltung im PSP

Neben den Kosten können auch Termine im PSP festgehalten werden. Dieser Ansatz ist jedoch nur sinnvoll, wenn die einzelnen PSP-Elemente als notwendige Bestandteile eines Entwicklungsprojektes verstanden werden können. So setzt sich z.B. das Projekt B aus den Bestandteilen Soft- und Hardware zusammen, wobei jedes dieser Elemente in mehrere Unterstufen zerlegt werden kann. Der letzte Fertigstellungstermin der Untergruppen bestimmt also den Startzeitpunkt für den Zusammenbau der übergeordneten Elemente. Funktional orientierte PSP-Elemente, wie z.B. das Element Reisen, werden bei einer Terminierung nicht berücksichtigt. Je weniger funktional orientierte PSP-Elemente bestehen, desto offensichtlicher ist der Zusammenhang zwischen dem PSP und dem Netzplan für ein Projekt. Diese beiden Dokumente können sowohl gekoppelt als auch separat eingesetzt werden, eine Terminierung kann also auch ohne PSP nur anhand von Netzplänen erstellt werden. Zudem können im Netzplan Vorgänge definiert werden, die keine direkte Beziehung zum PSP haben. Für das oben angeführte Beispiel wäre dies z.B. der Endtermin für die Konzeption des Layer 2. SAP R/3 unterscheidet dabei zwischen folgenden Terminarten (vgl. SAP 1995a, S. 4-1):

Mögliche Terminarten in SAP R/3

- Ecktermine: manuelle Planung der aktuellen Termine auf dem PSP,
- Prognosetermine: manuelle Planung von zu erwartenden Abweichungen im PSP oder Netzplan,
- terminierte Termine: aus der Netzplanterminierung der Vorgänge berechnete Termine.

Terminverwaltung als Grundlage für Kapazitätsplanung

Die so ermittelten Anfangs- und Endtermine bilden die Grundlage für die vorgangsbezogene Kapazitätsplanung. Hierbei werden für die einzelnen Vorgänge die involvierten Arbeitsplätze angegeben. Für jeden Arbeitsplatz wird die zu erbringende Leistungsart, der Arbeitswert, das Kapazitätsangebot und eine Formel zur Ermittlung des Kapazitätsbedarfes hinterlegt. Wird nun mittels der Terminierung anhand dieser Daten der geplante Kapazitätsbedarf errechnet, so wird gleichzeitig die Verfügbarkeit der angeforderten Kapazität durch das PS überprüft. Darüber hinaus gibt das System die jeweilige Auslastung an und unterstützt den Benutzer bei Kapazitätsabgleichen (vgl. SAP 1995a, S. 4-13 f.).

Über die betrachtete Fallstudie im Hause Siemens hinaus ist es insgesamt für den Einsatz des Projektsystems entscheidend, daß die Architektur der Projektstrukturpläne die Effektivität und Effizienz des Projektsystems bestimmt und damit den Erfolg des PS-Einsatzes. Bevor die endgültige Grundstruktur festgelegt wird, sollten daher anhand eines Pilotprojektes verschiedene Projektstrukturierungen sowie deren Verknüpfung zum übergeordneten Entwicklungsprogramm untersucht werden. Hierbei sollten insbesondere die folgenden Fragen gestellt werden:

Architektur der Projektstrukturpläne bestimmt den Erfolg des PS-Einsatzes

- Ist es sinnvoller, alle Projekte in separaten PSP zu erfassen, oder sollten alle Projekte lose an ein übergeordnetes PSP-Element Entwicklungsprogramm angehängt werden?
- Auf wie viele Projekte verteilen sich die gesamten Entwicklungskosten?
- Sollte die Projektgrundstruktur produkt- (z.B. Hardware, Software, etc.) oder prozeßorientiert (einzelne Phasen des Entwicklungsprozesses) sein?
- In wie viele Hierarchiestufen lassen sich die einzelnen Projekte sinnvoll aufgliedern?
- Für welche Positionen innerhalb eines Projektes ist es zweckmäßig, PSP-Elemente zu definieren?
- Für welche Positionen werden eigene Kostenarten festgelegt?

Die Bedeutung dieser Fragen wird bei der im folgenden dargestellten Ist-Daten-Erfassung deutlich.

Ist-Daten-Erfassung mit dem SAP-R/3-Baustein „Projektsystem"

Die für die Planung notwendige Trennung zwischen Primärkosten und der innerbetrieblichen Leistungsverrechnung wird bei der Ist-Daten-Erfassung beibehalten.

Bei der Primärkostenerfassung zeigt sich besonders deutlich die Verzahnung der einzelnen SAP-Bausteine. Dies soll an einem Beispiel näher gezeigt werden. Eine Entwicklungsabteilung benötigt für den Musterbau des Layers 2, der ein PSP-Element des Projektes B ist, ein bestimmtes Bauteil. Die Entwicklung leitet diesen vorläufigen Bestellauftrag an die Abteilung Entwicklungscontrolling weiter. Diese prüft den Auftrag und legt anschließend im Baustein MM eine Bestellanforderung an, die im wesentlichen folgende Daten enthält:

Primärkostenerfassung in SAP R/3

- Kostenstelle der Entwicklungsabteilung,
- Kostenart der Beschaffungsmaßnahme,
- Bestellmenge,
- zugehöriges PSP-Element und
- gewünschter Lieferant (optional).

Lieferantenbeurteilung

Der Einkauf greift dann für die Teilebestellung auf die Bestellanforderung zu. Existieren für das gewünschte Bauteil mehrere mögliche Lieferanten, so kann der beste Lieferant anhand einer Lieferantenbeurteilung ermittelt werden. Hierbei wird auf die Lieferanten ein Benotungssystem von einem Punkt bis einhundert Punkten angewendet, wobei diesem System die folgenden Beurteilungskriterien zugrunde liegen:

- Preis,
- Qualität,
- Lieferung und
- Service.

Jedes Kriterium kann in fünf Teilkriterien aufgesplittet werden. Der so ermittelte beste Lieferant wird dann im Auftrag festgehalten (vgl. SAP 1993, S. 5-12 f.). Zudem wird der Bestellwert auf dem zugehörigen PSP-Element als Obligo verbucht.

Prüfung eingehender Rechnungen

Die eingehende Rechnung wird schließlich von der Rechnungsprüfung in den Baustein MM unter Berücksichtigung des relevanten Steuersatzes eingegeben und mit der Bestellung verglichen. Hierzu muß lediglich die Bestellnummer eingegeben werden. Das DV-System weist den Benutzer auf Abweichungen zwischen Bestellung und Rechnung hin, wobei spezielle Toleranzgrenzen für diese Abweichungsanalyse eingestellt werden können. Die Buchung erzeugt dann automatisch einen offenen Kreditorenposten in der Finanzbuchhaltung. Dieser wird von der Finanzbuchhaltung durch eine Zahlung ausgeglichen (vgl. SAP 1993, S. 8-1 f.). Außerdem wird diese Zahlung automatisch im Baustein CO auf der zugehörigen Kostenstelle verbucht. Durch die Eingabe des PSP-Elementes bei der Bestellanforderung wurde der Bezug zum Baustein PS hergestellt. Daher wird der Rechnungsbetrag von der Kostenstelle an das angegebene PSP-Element weiterverrechnet, d.h. auf den PSP-Elementen und nicht auf der Kostenstelle werden die aufgelaufenen Kosten verbucht.

Eine innerbetriebliche Leistungsverrechnung ist zwar prinzipiell im SAP-System R/3 möglich, aber für die Mitarbeiter der Entwicklung sehr umständlich. Daher wird im folgenden vorgestellt, wie die Stundenkontierung der Entwicklung idealerweise abgewickelt werden könnte. Nachdem der Entwickler sich im SAP-System R/3 angemeldet hat, erscheint direkt eine Eingabemaske mit für den Entwickler vertrauten Begriffen (Bild 10-4). Diese Maske ist nicht standardmäßig in SAP R/3 vorhanden und muß daher zuerst programmiert werden. Dies bedeutet zwar einen bedeutenden Eingriff in das PS, der jedoch an dieser Stelle gerechtfertigt erscheint, da nur eine Stundenkontierung, die seitens der Entwickler ohne großen Aufwand durchgeführt werden kann, ordnungsgemäß vollzogen wird.

Innerbetriebliche Leistungsverrechnung in SAP R/3 ist umständlich für Entwicklungsmitarbeiter

Der Entwickler gibt für die jeweiligen Projektkonten die gearbeiteten Stunden ein. Diese Projektkonten entsprechen den PSP-Elementen. Das System gibt die Sollstundenzahl sowie Felder mit speziellen Stammdaten des Mitarbeiters vor, z.B. die Abteilung und die Kostenstelle. Grundsätzlich werden die eingegebenen Daten direkt nach der Freigabe durch den Entwickler auf den angegebenen PSP-Elementen unter Berücksichtigung des abteilungsrelevanten Stundensatzes verbucht. Da Fehler nur mit sehr hohem Aufwand korrigiert werden können, sollten zusätzliche Kontrollfunktionen eingeführt werden, die dem Entwickler zumindest eine grobe Fehlererkennung ermöglichen.

Eingabe der Daten in die Stundenkontierung

Bild 10-4: Eingabemaske für die Stundenkontierung

Entwicklungsberichterstattung mit dem SAP-R/3-Baustein „Projektsystem"

Berichterstattung:

Die Plan- und Istdaten können jederzeit mit dem Informationssystem angesehen oder ausgedruckt werden. Der Baustein PS unterscheidet zwischen dem Projektstatus und dem Projektfortschritt.

... Projektstatus und

... Projektfortschritt

Dabei sind die Auswertungen für den Projektstatus bereits in der heutigen Version von R/3 verfügbar, die für den Projektfortschritt sind noch in Vorbereitung. Der Projektstatus beschreibt den momentanen Stand des Entwicklungsprogrammes sowie der einzelnen Entwicklungsprojekte anhand der Größen Kosten, Termine, Kapazitäten und Budgets. Der Projektstatusbericht orientiert sich somit an der Vergangenheit. Die zentralen Dokumente sind der Strukturbericht und der Kostenartenbericht. Diese können sowohl für das gesamte Entwicklungsprogramm als auch für die einzelnen Entwicklungsprojekte abgerufen werden. In Bild 10-5 ist die grafische Auswertung eines Programmstrukturberichtes dargestellt.

Strukturbericht

Der Strukturbericht ermöglicht auf jeder Ebene des PSP eine Gegenüberstellung der PSP-Elemente an Hand einer Auswahl von maximal vier von sieben Kenngrößen: Ist, Plan, Budget, Verfügt, Bestellt, Abweichung absolut oder Abweichung relativ. Dabei können Berichte mit beliebigen Konstellationen eingestellt werden. Setzt man die Kenngrößenachse in Beziehung mit der Achse für die PSP-Elemente, so führt die Darstellung der geldwerten Positionen zu einer dreidimensionalen Sichtweise. Diese kann zudem in den jeweiligen zweidimensionalen Einzelansichten untersucht werden. Außerdem können die ausgewählten Kenngrößen für alle PSP-Elemente gleichzeitig dargestellt werden. Generell werden Elemente, die negative Werte aufweisen, in der dreidimensionalen Grafik farbig gekennzeichnet. Dies gilt im Bild 10-5 beispielsweise für die absolute Abweichung des PSP-Elementes Projekt D. Die farbige Kennzeichnung erweist sich insbesondere bei Projekten mit mehreren Hierarchiestufen als hilfreich. Eine solche Struktur liegt bei Entwicklungsprogrammen in der Regel vor. Für solche Strukturen kann von der obersten bis zur untersten Ebene anhand der farbigen Elemente herausgefunden werden, welche PSP-Elemente die schlechte Situation wesentlich mitbestimmen. Hierbei besteht letztlich die Möglichkeit, einzelne Belege zu untersuchen.

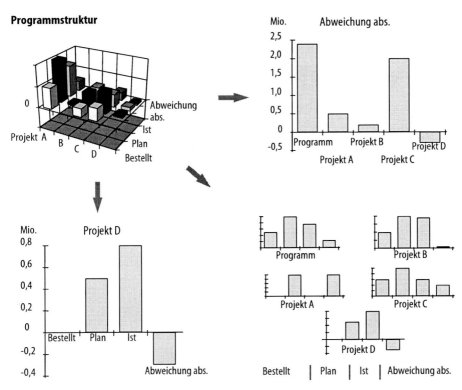

Bild 10-5: Programmbezogener Strukturbericht

Im Beispiel bedeutet dies, daß der Controller die nächste PSP-Stufe des Projektes D in Bezug auf farbige Kennzeichnungen untersuchen würde.

Der Kostenartenbericht bereitet die Informationen anders auf. Er ist analog zum Strukturbericht aufgebaut, d.h. statt der PSP-Elemente werden die Kostenarten eines PSP-Elementes in der obigen Form dargestellt. Da SAP R/3 über eine Mehrfenstertechnik verfügt, können Kostenarten- und Strukturberichte gleichzeitig eingesehen werden. Hierdurch ist eine umfassende Information des Entwicklungscontrollers gewährleistet. Neben einer grafischen Darstellung können die jeweiligen Analysen auch tabellarisch dargestellt werden. Dabei können die Daten nach mehreren Kriterien sortiert werden. Die zeitliche Einteilung der Analyseberichte ist beliebig wählbar, z.B. periodenbezogen oder in Jahresabständen. Somit kann der Controller sowohl die Kostenarten als auch die PSP-Elemente im zeitlichen Verlauf untersuchen. Darüber hinaus kann er mehrere Pro-

Kostenartenbericht

jekte oder auch nur bestimmte Projektteile zu einem gesamten Untersuchungsobjekt verdichten. Hierdurch können zusätzlich zu dem gesamten Entwicklungsprogramm auch bestehende Subprogramme untersucht werden. Neben dieser projektspezifischen ist auch eine organisatorische Verdichtung möglich. Damit wäre es z.B. möglich, alle Projektkosten auszuwerten, die der Entwicklungsmanager A oder der Entwicklungsbereich X zu verantworten haben. Allerdings müssen hierfür die organisatorischen Strukturen in SAP R/3 hinterlegt werden.

Termininformationssystem:

Im Termininformationssystem, das ebenfalls zum Projektstatus beiträgt, existieren drei Berichte mit unterschiedlicher Informationstiefe (vgl. SAP 1995a, S. 8-7 f.):

... Objektliste,

- Objektliste: Es werden alle Objekte mit ihrer hierarchischen Beziehung angezeigt. Dabei werden z.B. PSP-Elemente, Netzpläne oder Vorgänge als Objekte angesehen.

... Einzelübersichten,

- Einzelübersichten: Für jeden Objekttyp eines Projektes kann eine Einzelübersicht erstellt werden, z.B. alle Vorgänge des Projektes A.

... Detailbildlisten und

- Detailbildlisten: Für ein Objekt werden ausgewählte Informationen angezeigt, z.B. frühester Anfangs- und Endzeitpunkt, spätester Anfangs- und Endzeitpunkt sowie Zeitpuffer und Dauer eines Vorganges.

... sonstige Darstellungen

Darüber hinaus können spezielle Statistiken erstellt werden, z.B. alle kritischen Vorgänge eines Projektes oder alle zu früh/spät begonnenen Vorgänge. Zudem sind Netzpläne, Gantt-Diagramme sowie Hierarchiegrafiken darstellbar.

Ressourceninformationssystem:

Auch das Ressourceninformationssystem verfügt über Projektstatusberichte. Hier bestehen folgende grundsätzlichen Auswertungsmöglichkeiten (vgl. SAP 1993, S. 8-10 f.):

... Standardübersicht und

- Standardübersicht: Der Kapazitätsbedarf, das Angebot der ausgewählten Arbeitsplätze und die von den Arbeitsplätzen belegten Kapazitäten werden periodenweise gegenübergestellt.

... Kapazitätsdetailliste

- Kapazitätsdetailliste: Vorgänge mit einem Bedarf an Kapazität werden periodenweise aufgelistet.

Des weiteren können Kapazitätsbedarfe bereichs- oder werksbezogen verdichtet werden. Hierdurch kann eine Multi-Projektsteuerung ermöglicht werden. Grundsätzlich kann die Kapazitätsauslastung sowohl tabellarisch als auch mittels mehrerer Balkendiagramme dargestellt werden.

Während die Funktionen des Projektstatusberichtes in SAP R/3 schon realisiert wurden, sind die Instrumente des Projektfortschrittsberichtes noch in Vorbereitung. Bei dieser Art von Berichten steht neben der aktuellen Lagefeststellung der Prognoseaspekt im Vordergrund. Sie sind somit auch zukunftsorientiert. Beim geplanten Projektportfolio werden die Kosten und Zeitabweichungen des gesamten Entwicklungsprogrammes oder einer ausgewählten Projektgruppe analysiert (Bild 10-6). Zunächst werden anhand von Toleranzgrenzen für die Größen Zeit und Kosten drei Abweichungsbereiche definiert. Für beide Parameter kann somit die Dringlichkeit der einzelnen Projekte bestimmt werden. Hierdurch wird das Steuerungsverhalten maßgeblich beeinflußt. Zudem zeigt das System, welche geplanten Projektvolumina vorliegen und wie weit die einzelnen Projekte fortgeschritten sind. Des weiteren wird für jedes Projekt ein Entwicklungstrend prognostiziert. Im gezeigten Beispiel (Bild 10-6) ergibt sich somit für Projekt A folgende Aussagequalität: Es handelt sich um ein Großprojekt in der Anfangsphase mit deutlicher Zeit- und Kostenüberschreitung. In Zukunft droht sich das Projekt bezüglich beider Parameter noch stärker zu verschlechtern (vgl. SAP 1993, S. 8-12 f.).

Instrumente des Projektfortschrittsberichtes befinden sich noch in Vorbereitung

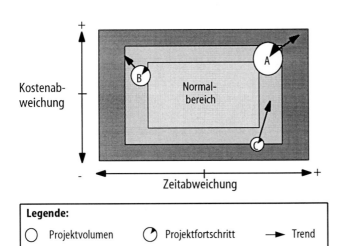

Bild 10-6: Schematisches Projektportfolio. Quelle: SAP (1995b, S. 8-12).

Weitere geplante Auswertungsmöglichkeiten	Neben dem skizzierten Projektportfolio sind noch weitere Auswertungen geplant, u.a. eine Meilenstein-Trendanalyse (vgl. SAP 1995a, S. 8-12) sowie Vergleiche mittels Leistungswertermittlung. Insgesamt gesehen bieten sowohl der bestehende Projektstatusbericht als auch die vorgesehene Projektfortschrittsanalyse fundierte Aussagen für die Entwicklungsberichterstattung.

Bewertung des SAP-R/3-Bausteins „Projektsystem"

Effektivität und Effizienz	Jedes Informationssystem – auch der hier betrachtete SAP-R/3-Baustein „Projektsystem" – sollte sowohl die Effektivität des FuE-Managements im Ganzen als auch des Managements von FuE-Programmen im Besonderen steigern (vgl. mit einer analogen Argumentation für das FuE-Controlling WEISS 1985, S. 37 ff., LANGE 1993, S. 137, BROCKHOFF 1989, S. 11). Der analytische Rahmen für die folgende Bewertung umfaßt daher Effektivitäts- und Effizienzkriterien (Bild 10-7), wobei die Zielgrößen folgendermaßen abgegrenzt werden: „Während Effektivität auf die `richtigen Dinge tun` abzielt, verlangt Effizienz, `die Dinge richtig zu tun`" (WILDEMANN 1993, S. 174).

Effektivität

Untersuchung von Effektivität mittels Anwendungsspektrum und ... Verfahrensgüte	Die Effektivität der Systeme wird einerseits anhand des Kriteriums Anwendungsspektrum untersucht, welches die Punkte vertikale Ausdehnung (Geschäftsprozesse des FuE-Managements), FuE-Berichterstattung sowie Zugriffsmöglichkeiten anderer Abteilungen beinhaltet. Andererseits wird die Güte der Systemverfahren analysiert, wobei die horizontale Ausdehnung (Detaillierungsgrad innerhalb der Geschäftsprozesse) und die Aussagekraft als Untersuchungskriterien dienen.

Anwendungsspektrum:

Ohne Zweifel kann kein Informationssystem allein alle Geschäftsprozesse des FuE-Managements unterstützen (vgl. zu einer Prozeßübersicht MÖHRLE 1991, S. 56 ff.).

Eine empirische Analyse zeigt, daß bisher in FuE-Bereichen überwiegend EDV-Insellösungen mit sehr unterschiedlichen Einsatzspektren eingesetzt werden.

Bild 10-7: Analysemodell für den Systemvergleich. Quelle: In Anlehnung an Erlen (1972, S. 67).

Diese können für einen qualitativen Vergleich herangezogen werden. Im einzelnen handelt es sich hierbei um folgende FuE-Informationssystemtypen (vgl. MÖHRLE 1991, S. 58):

- Einzelprojektinformationssysteme ermöglichen im wesentlichen die Planung und Kontrolle von Aktivitäten innerhalb eines einzelnen FuE-Projektes.
- Programminformationssysteme gewährleisten eine Projektverfolgung auf höherer Ebene und dienen zur kurzfristigen Ressourcenplanung und -kontrolle.
- Mit Kostenrechnungsinformationssystemen werden FuE-Kosten erfaßt und verrechnet.
- CAD-Systeme unterstützen den Konstruktionsprozeß.
- Anhand externer Datenbanken können Informationen über Patente, Fachliteratur, Konkurrenzprodukte etc. erhalten werden.

Im Vergleich zwischen diesen fünf Informationssystemtypen und dem SAP-R/3-Baustein „Projektsystem" zeichnet sich das folgende Bild: Das PS verknüpft das vollständige Anwendungsspektrum eines Einzelprojektin-

Informationssysteme im FuE-Bereich

Vergleich mit Projektsystem

formationssystems mit dem eines Kostenrechnungssystems. Darüber hinaus enthält das PS Informationen über die Organisation der FuE-Projekte und deckt damit einen Teil eines Programminformationssystems ab. Zwar liefert das PS Informationen über den Abschluß von FuE-Projekten in Textformat, diese sind jedoch nicht mit technischen Zeichnungen eines CAD-Systems vergleichbar. Auch das Spektrum, welches von externen Datenbanken angeboten wird, deckt der Einsatz des PS nicht ab.

Anwendungsspektrum des PS entspricht dem eines synthetischen FuE-Informationssystems

Insgesamt gesehen entspricht das Anwendungsspektrum des PS nahezu vollständig dem eines synthetischen FuE-Informationssystems: „Ein synthetisches FuE-Informationssystem zielt in erster Linie auf die FuE-internen Informationen ab. Es faßt die in Einzelprojekt-, Programm- und Kostenrechnungsinformationssystemen vorhandenen Informationen zusammen und verknüpft sie auf verschiedene Weise" (MÖHRLE 1991, S. 243). „Die interne Informationsstruktur eines synthetischen FuE-Informationssystems besteht aus den elementaren Objekttypen FuE-Budget, FuE-Bereich, FuE-Projekt, Aktivität, Produkt und Unternehmensdaten sowie aus den komplexen Objekttypen Reihenfolgebeziehung, Produktverfolgung und Konkurrenzbeziehung" (MÖHRLE 1991, S. 248). In Bild 10-8 ist die interne Informationsstruktur eines synthetischen FuE-Informationssystems dargestellt und in Beziehung zum SAP-R/3-Baustein „Projektsystem" sowie zu bestehenden FuE-Informationssystemen gesetzt.

Für das PS ist im Vergleich zum synthetischen FuE-Informationssystem lediglich die Kopplung zwischen FuE-Projekt und Produkt noch nicht realisiert. Dies gilt jedoch nur eingeschränkt, da prinzipiell eine Verbuchung von Umsätzen im PS möglich ist. Diese Buchung erfolgt jedoch projekt- und nicht produktbezogen.

Vergangenheitsorientierte FuE-Berichterstattung mit Statusberichten

Die FuE-Berichterstattung des PS ermöglicht mittels der Statusberichte eine vergangenheitsorientierte Betrachtung. Diese orientiert sich zum einen an Kostenarten und zum anderen an den Projektstrukturen. Zudem wird durch die Projektfortschrittsberichte Projektportfolio, Meilenstein-Trendanalyse und Leistungswertermittlung ein zukunftsorientiertes FuE-Controlling gewährleistet. Für beide Berichtstypen entspricht die integrierte Kosten-, Kapazitäts- und Terminsicht des PS den Anforderungen an ein effektives Projektcontrolling

SAP-R/3-Baustein "Projektsystem"

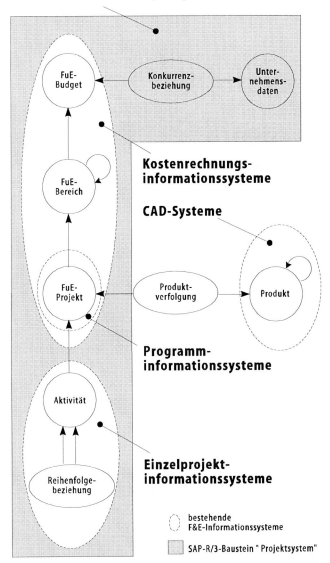

Bild 10-8: Synthetisches FuE-Informationssystem mit dem Baustein PS sowie mit bestehenden Informationssystemen. Quelle: In Anlehnung an MÖHRLE (1991, S. 248).

in hohem Maße. Dies gilt insbesondere, wenn es gelingt, die geplanten Projektfortschrittsinstrumente zu realisieren. Gleichwohl weist der SAP-R/3-Baustein „Projektsystem" erhebliche Defizite auf, was das Management von FuE-Programmen angeht. Weder unterstützt es ein Ideenmanagement, was gerade in der Vorphase von besonderer Bedeutung ist (vgl. den Beitrag von GESCHKA und LENK in diesem Buch), noch verfügt es über entscheidungsunterstützende Verfahren zur Bewertung und Zusammenstellung von Projektideen und FuE-Projekten. Positiv gewendet: Hier hat der Hersteller noch Erweiterungspotential für seinen Baustein.

Verfahrensgüte:

Informationen zur Kostensituation über mehrere Hierarchieebenen verfügbar

Für den Parameter Kosten ist die horizontale Ausdehnung sehr groß. Prinzipiell sind Informationen zur Kostensituation über mehrere Projekthierarchieebenen bis hin zum Einzelbeleg verfügbar. Auf jeder Ebene können sodann verschiedene Zustände miteinander verglichen werden, z. B. Istkosten, Plankosten, Bestellvolumen, verfügtes Volumen. Dabei können Informationen über Kostenarten, -träger (PSP-Elemente) und -stellen abgefragt werden. Zudem kann der Controller zwischen einer periodenweisen und einer jährlichen Datenaufbereitung wählen. Auch die Termindetaillierung im Projektsystem ist ausreichend. Termininformationen der Projekte können über Meilenstein-Trendanalysen und Netzpläne bis hin zu einzelnen Vorgängen untersucht werden.

Hohe Aussagekraft des PS für projektbezogene Analysen

Wie bereits beim letzten Kriterium ist insbesondere für projektbezogene Analysen die Aussagekraft des PS sehr gut. Da das PS Auswertungen bis hin zu einzelnen Belegen ermöglicht, besteht allerdings grundsätzlich die Gefahr einer Überinformation (vgl. MICHEL 1989, S. 221 ff.). Dieser Gefahr kann jedoch auf zwei Arten begegnet werden: Zum einen können Standardberichte definiert werden, die eine effektive Informationsaufbereitung ermöglichen. Zum anderen kann der Controller sich dank einer konsistenten Informationsstruktur auf die wesentlichen Analysen beschränken. So ist z.B. folgende Vorgehensweise vorstellbar: Ausgehend von einer projektbezogenen Portfolioanalyse werden die wesentlichen Projekte ausfindig gemacht (grafische ABC-Analyse). Zudem ermöglichen definierte Portfoliobereiche für kritische Projekte ein grafisches „Management by Exception". Im Anschluß daran werden die wesentlichen und die kritischen Projekte anhand der Projektstrukturanalyse und der Kostenartenanalyse untersucht. Dabei werden zum einen die wesentlichen Positionen mittels unterschiedlicher Sortierschlüssel analysiert (tabellarische ABC-Analyse). Zum anderen sind kritische Positionen in der Grafik farbig gekennzeichnet (grafisches „Management by Exception"). Schließlich können so ermittelte kritische oder bedeutsame Einzelpositionen untersucht werden, z. B. Belege.

Dieses Beispiel zeigt, daß die Effektivität des Systems wesentlich durch den Wissensstand des Entwicklungscontrollers bestimmt wird. Dies gilt um so mehr für den spezifischen Fall der Siemens AG mit einem hohen Anteil an fremden Entwicklungsleistungen. Diese werden im Vergleich zu eigenen Entwicklungsleistungen aufgrund eines zeitverschobenen Rechnungseinganges mit Verzögerung erfaßt. Damit stellt ein Soll-Ist-Vergleich zum Monatsbeginn den Plankosten nicht die vollständigen Istkosten gegenüber. Allerdings verändert sich dies mit dem Rechnungseingang. Trotzdem muß der Controller diese Beziehung bei seinen Analysen stets berücksichtigen.

Effektivität des Systems wird wesentlich vom Wissensstand des Entwicklungscontrollers bestimmt

Effizienz

Die Effizienz der Verfahren wird unter den Hauptkriterien Durchführbarkeit und Aufwand ermittelt. Hinsichtlich der Durchführbarkeit werden die Bedienbarkeit und die Schnelligkeit untersucht. Die Aufwandsuntersuchung stützt sich im wesentlichen auf die Aspekte Personalbedarf, Systemkosten und durch das System bedingte Aufwendungen.

Bestimmung der Effizienz anhand von Durchführbarkeit und Aufwand

Durchführbarkeit

Die für die Ist-Entwicklungsstunden auf der Basis der Windows-Oberfläche geplante Eingabemaske wäre komfortabel zu bedienen. Diese gute Bedienbarkeit kann eventuell dazu führen, daß die Entwickler ihre geleisteten Arbeitsstunden regelmäßiger und sorgfältiger als bisher kontieren. Neben der Windows-Oberfläche ermöglichen die Grafikauswertungen eine verbesserte Bedienung seitens der Controller. Hingegen ist die Planung der Sekundärkosten äußerst unkomfortabel. Mehrere Masken, in denen jeweils Stammdaten hinterlegt werden, müssen aufgerufen werden. Der Benutzer verliert hierbei schnell die Übersicht und macht Fehler. Eine ähnliche Problematik ergibt sich aus der engen Beziehung zu anderen Bausteinen. Da jeder Baustein für sich ein komplexes DV-System darstellt, kann der Zugriff auf andere SAP-R/3-Bausteine problematisch sein. Daher sind vor allem in den Schnittstellenbereichen der unterschiedlichen Bausteine die Zuständigkeiten klar festzulegen.

Diese Kritikpunkte wirken sich bei der Planung auch auf die Schnelligkeit aus. Hingegen ermöglicht die effektive Datenstruktur zugleich eine effiziente FuE-Berichterstattung: Die multi-tasking-fähige Benutzeroberfläche gewährleistet zu jedem Zeitpunkt einen schnellen Zugriff auf die jeweils relevanten Informationen.

Aufwand

Geringe jährliche Systemkosten

Der Einsatz des Projektsystems verursacht jährliche Lizenzkosten sowie einmalige Implementierungs- und Schulungskosten. Diese Systemkosten stellen aufgrund der wenigen Entwicklungscontroller im Vergleich zur geschäftsbereichsweiten SAP-R/3-Einführung nur einen geringen Anteil dar.

Aus der Sicht des Autors sollten die Mitarbeiter neben der standardisierten Systemschulung auch eine auf die im Unternehmen vorhandenen FuE-Projekte bezogene Schulung erhalten. Dies verursacht zwar höhere Kosten, ist andererseits jedoch eine wesentliche Grundlage für den effektiven und effizienten Einsatz des Projektsystems: Das Projektsystem stellt lediglich die FuE-Controllinginstrumente zur Verfügung. Der FuE-Controllingbereich und das -potential werden durch die vom FuE-Controller zu erstellenden Projektstrukturpläne bestimmt. Da für unterschiedliche Projekte andersartige Projektstrukturpläne von Vorteil sein können, ist der Zusammenhang zwischen den Systemmöglichkeiten und den individuellen Projekten in einer gesonderten Schulung herauszuarbeiten.

Systembedingte Aufwendungen

Die für DV-Insellösungen typischen systembedingten Aufwendungen aufgrund von Schnittstellen zu anderen Systemen bestehen bei der integrativen SAP-R/3-Anwendung nicht. Allerdings bringt diese Sicht neue Aufgaben mit sich: SAP R/3 benötigt eine sehr große Menge an Stammdaten. Dies gilt auch für das Projektsystem. Die hiermit verbundene Stammdatenpflege ist sehr aufwendig. Dabei hat die Aktualität und Richtigkeit dieser Daten aufgrund der ganzheitlichen Sichtweise zentrale Bedeutung für die Aussagequalität des Systems.

Eng verbunden mit dieser Problematik ist der geforderte Personalbedarf. Dieser steigt mit der eingesetzten Detaillierung des Systems. Diese wird jedoch von den FuE-Controllern mitbestimmt. Bisher konnte aufgrund von Personalmangel kein detailliertes Projektcontrolling vollzogen werden. Zwar fallen bei einer Einführung von SAP R/3 insbesondere redundante Tätigkeiten weg. Andererseits erzeugt die komplexe SAP-R/3-Sichtweise gänzlich neue Aufgaben.

Personalbedarf

Zusammenfassung und Ausblick

Aufbauend auf der aktuellen Situation einer ausgewählten Entwicklungscontrollingabteilung der Siemens AG wurde der SAP-R/3-Baustein „Projektsystem" vorgestellt. Dabei wurden die für das Controlling grundlegenden Elemente Planung, Ist-Daten-Erfassung und Berichterstattung getrennt betrachtet. Im Anschluß daran wurde das DV-System modellgestützt analysiert: Im Vergleich zu bestehenden FuE-Informationssystemen bietet es ein breiteres Anwendungsspektrum, wobei vor allem das Management einzelner Projekte stark, das Management von FuE-Programmen jedoch nur in weniger hohem Maße unterstützt wird.

Insgesamt entspricht der SAP-R/3-Ansatz nahezu einem synthetischen FuE-Informationssystem. Allerdings zeigt ein Vergleich mit den strategischen, operativen und taktischen Aufgaben des FuE-Prozesses, daß auch ein synthetisches FuE-Informationssystem nicht alle notwendigen Aufgaben abdeckt. Die Stärken von SAP R/3 liegen im Bereich der taktischen Projektplanung und -kontrolle. Sowohl Kostenanalysen als auch Projektfortschrittskontrollen sind hier möglich. Allerdings kann die Projektauswahl nicht mit dem PS durchgeführt werden, da weder FuE-Investitionsanalysen noch FuE-Programm-Portfolios erstellt werden können. Der SAP-R/3-Baustein „Projektsystem" ermöglicht hier nur bezüglich der Größen Kosten und Zeit eine FuE-Programmbewertung. Auch sind derzeit keine Produktanalysen durchführbar. Auf der operativen Ebene ermöglicht der SAP-R/3-Baustein „Projektsystem" im Verbund mit dem Tabellenkalkulationsprogramm „Microsoft

Stärken von SAP R/3 und

... Schwächen

Excel" eine FuE-Gesamtanalyse. Eine entscheidende Lücke besteht noch auf der strategischen Ebene. Hier kann lediglich ein ganzheitliches FuE-Informationssystem hinreichend Auskunft geben (vgl. MÖHRLE 1991, S. 242 ff.). Ein solches System entsteht, wenn ein synthetisches FuE-Informationssystem mit einem allgemein verfügbaren Technologieinformationssystem verknüpft wird.

Perspektive

Wenn es in Zukunft gelingt, ein vollständiges synthetisches FuE-Informationssystem zu programmieren, z.B. durch eine Erweiterung des Bausteins „Projektsystem" in der SAP-R/3-Welt, und dieses zudem mit einem Technologieinformationssystem in sinnvoller Weise verknüpft wird, so kann aus der Sicht des Autors das EDV-gestützte FuE-Controlling nochmals wesentlich verbessert werden.

Literatur

BROCKHOFF, KLAUS: Forschung und Entwicklung. 2. Aufl., München, Wien: Oldenbourg 1989.

BÜRGEL, HANS DIETMAR; HALLER, CHRISTINE; BINDER, MARKUS: F&E-Management. München: Vahlen 1996.

BÜRGEL, HANS DIETMAR; KUNKOWSKY, H.-R.: EDV-unterstütztes FuE-Controlling, in: technologie & management, (1989) 3, S. 25-32.

COMMES, M.-T.; LIENERT, R.: Controlling im FuE-Bereich, in Zeitschrift für Organisation, (1983) 7, S. 347-354.

ERLEN, H.: Kostenprognose für FuE-Projekte. München 1972.

LANGE, ULRICH: FuE-Controlling als Chancenmanagement, in: DOMSCH M.; SABISCH, H.; SIEMERS, S. (HRSG.): FuE-Management. Stuttgart 1993, S. 137-152.

MICHEL, R. M.: Projektcontrolling und Reporting. Heidelberg 1989.

MÖHRLE, MARTIN G.: Informationssysteme in der betrieblichen Forschung und Entwicklung. Bad Homburg v.d.H.: DIE 1991.

SAP (HRSG.): Materialwirtschaft. Walldorf 1993.

SAP (HRSG.): Projektsystem. Walldorf 1995a.

SAP (HRSG.): Controlling im SAP-System. Walldorf 1995b.

STOCKBAUER, H.: FuE-Controlling (Diss.), in: ESCHENBACH, R. (HRSG.): Schriften des Österreichischen Controller-Instituts, Wien 1989, Bd. 7.

WILDEMANN, HORST: Fertigungsstrategien. München 1993.

Die Autoren

DIPL.-DES. ARNO DIRLEWANGER studierte Luftfahrttechnik, Werbegrafik, Informatik und Experimentelle Umweltgestaltung. Seit fast 20 Jahren berät er Unternehmen bei Innovationsprojekten. Er moderierte einige hundert Ideenfindungssitzungen und trainierte Einzelpersonen und Teams in Kreativität und Teamarbeit. Seit 13 Jahren ist er selbständig, zuvor war er als Consultant und Trainer bei Dornier, Battelle, Hewlett Packard und Coverdale tätig.

DR. STEFFEN GACKSTATTER ist Berater im Bereich Technologie- und Innovationsmanagement bei Arthur D. Little International in Wiesbaden. Er hat an der Universität Hohenheim und der Ecole Supérieure de Commerce de Paris Wirtschaftswissenschaften studiert. Seine Dissertation zum Thema „Entscheidungsunterstützung zur FuE-Programmplanung" hat er 1996 abgeschlossen. Zuvor war er wissenschaftlicher Mitarbeiter bei Prof. Habenicht am Lehrstuhl für Industriebetriebslehre der Universität Hohenheim und Leiter der Fachgruppe „FuE-Management" der Deutschen Gesellschaft für Projektmanagement.

PROF. DR. HORST GESCHKA beschäftigt sich seit Mitte der 60er Jahre mit FuE- und Innovationsmanagement. Er war 14 Jahre lang beim Battelle-Institut in Frankfurt tätig, wo er viele Studien für das BMFT sowie Strategie- und Innovationsberatungen für die Industrie durchführte. In dieser Zeit war er maßgeblich an grundlegenden Methodenentwicklungen des Innovationsmanagements (Kreativitätstechniken, Bewertungsmethodik, Szenariotechnik usw.) beteiligt. Prof. Geschka ist Honorarprofessor an der TU Darmstadt und Präsident des Verbands Deutscher Wirtschaftsingenieure e. V. (VWI). Er gibt die Buchreihe „Marktorientiertes FuE-Management" des Springer-VDI-Verlages heraus.

DIPL.-WIRTSCH.-ING. CHRISTIAN GUHL hat in Kaiserslautern und Kingston (Ontario, Kanada) Wirtschaftsingenieurwesen studiert. Er ist wissenschaftlicher Mitarbeiter von Prof. Dr. Heiner Müller-Merbach am Lehrstuhl für Betriebsinformatik und Operations Research der Universität Kaiserslautern. Dort forscht er auf dem Gebiet der Organizational Intelligence, insbesondere über die Integration damit verbundener Managementkonzepte in das Innovationsmanagement. Daneben beschäftigt er sich mit dem betrieblichen Einsatz des Internet und des Intranet.

PROF. DR. WALTER HABENICHT ist seit 1985 Inhaber des Lehrstuhls für Betriebswirtschaftslehre, insbesondere Industriebetriebslehre, an der Universität Hohenheim. Nach seinem Studium der Wirtschaftspädagogik und Promotion zum Dr. rer. pol. an der Universität Göttingen habilitierte er sich 1984 für das Fach Betriebswirtschaftslehre an der Universität Stuttgart. Seine Forschungsschwerpunkte liegen in der Entscheidungsunterstützung bei Mehrfachzielsetzung, im F&E-Management, in der Produktionsplanung und -steuerung sowie in der Logistik. Er ist Mitglied verschiedener wissenschaftlicher Gesellschaften und Arbeitsgruppen, u.a. der EURO-Arbeitsgruppe „Multicriteria Aid for Decisions" und der wissenschaftlichen Kommissionen „Produktion" und „Operations Research" im Verband der Hochschullehrer für Betriebswirtschaft e.V.

JULIANA HSUAN ist wissenschaftliche Assistentin bei Prof. Vepsäläinen an der Helsinki School of Economics and Business Administration. Zuvor hat sie praktische Erfahrungen bei einem großen nordamerikanischen Industrieunternehmen aus dem Bereich der Automobilelektronik gesammelt, wo sie als Systemingenieurin und Projektleiterin tätig war. Juliana Hsuan hat ein technisches Studium mit Abschluß B.S.E.E. an der University of Houston, Texas, U.S.A., absolviert und anschließend einen M.B.A. an der St. Mary's University, Texas, U.S.A., erworben.

DIPL.-WIRTSCH.-ING. UDO LANGE ist Mitarbeiter der Schenker AG, Essen, wo er für Produktentwicklungen und andere strategische Aufgaben zuständig ist. Er studierte von 1991 bis 1997 an der Universität Kaiserslautern Wirtschaftsingenieurwesen. Im Rahmen einer Studie bei der Siemens AG wurde die Grundlage für seine SAP-Kompetenz gelegt. Herr Lange interessiert sich neben dem FuE- und Innovationsmanagement für Fragen der Efficient Consumer Response und des globalen Versorgungsmanagements.

DIPL.-WIRTSCH.-ING. THORSTEN LENK ist Fachmann für die Unterstützung des Innovationsprozesses durch Software. Er ist verantwortlich für die Einführung, den Einsatz und die Entwicklung von Innovations-Software. Er arbeitet seit sieben Jahren für die Geschka & Partner Unternehmensberatung. Parallel zu seiner beruflichen Tätigkeit hat Herr Lenk die Arbeit an seiner Promotion „Effizienzsteigerung des Innovationsprozesses durch EDV" aufgenommen. Seit November 1996 ist er außerdem Geschäftsführer des Verbands Deutscher Wirtschaftsingenieure e. V. (VWI).

PROF. DR. MARTIN G. MÖHRLE leitet seit 1995 den Lehrstuhl für Allgemeine Betriebswirtschaftslehre und Besonderer der Planung und des Innovationsmanagements an der Brandenburgischen Technischen Universität Cottbus. Seine Forschungsschwerpunkte liegen auf den verschiedenen Facetten des Innovationsmanagements, u.a. dem marktgerechten Gestalten von neuartigen Produkten, Prozessen und Dienstleistungen, dem methodischen Herbeiführen von Erfindungen mit TRIZ, der Prognose technologischer und marktseitiger Entwicklungen und dem Management von Schutzrechten. Gemeinsam mit Ulf Pleissner koordiniert er den VWI-Arbeitskreis „FuE-Management". Er ist Wirtschaftsingenieur der Technischen Hochschule Darmstadt mit technischer Fachrichtung Elektrotechnik, wurde 1990 an der Universität Kaiserslautern promoviert und hat sich dort 1996 habilitiert.

Prof. Dr. Manfred Perlitz ist Inhaber des Lehrstuhls für Internationales Management an der Universität Mannheim sowie Gründer der Managementberatung m²c Prof. Perlitz & Partner. Seit 1980 ist er Professor für Betriebswirtschaftslehre an verschiedenen deutschen Universitäten. Vor dieser Zeit hatte er die wissenschaftliche Leitung des Universitätsseminars der deutschen Wirtschaft inne. Seine Spezialgebiete liegen in den Bereichen Internationales Management, Internationales und Strategisches Marketing sowie Innovationsmanagement. Prof. Perlitz ist regelmäßiger Gastdozent an verschiedenen Universitäten wie z.B. der Harvard Business School (USA), der London Business School (Großbritannien), der University of Cape Town (Südafrika) sowie dem Asian Institute of Management (Manila/Philippinen).

Dipl.-Wirtsch.-Ing. Ulf Pleissner studierte von 1983 bis 1990 Wirtschaftsingenieurwesen der Fachrichtung Elektrotechnik an der TH Darmstadt. Nach dem Studium begann er seine berufliche Laufbahn im Bereich der Forschung und Entwicklung bei der VDO Adolf Schindling AG in Schwalbach, wo er in der Projekt- und Produktsteuerung tätig war. Ab Ende 1993 leitete er die Stabsgruppe für FuE-Management des Unternehmensbereichs Informationssysteme. Seit 1995 ist er als Berater für die TMG Technologie Management Gruppe, Unternehmensberatung für Markt und Innovation GmbH, in Karlsruhe tätig, seit 1997 ist er Mitgesellschafter dieses Unternehmens. Ulf Pleissner koordiniert inzwischen im achten Jahr den Arbeitskreis „FuE-Management" des VWI.

Dipl.-Kfm. Randolf Schrank ist Partner in der Unternehmensberatung m²c Prof. Perlitz & Partner. Nach dem Studium der Betriebswirtschaftslehre in Mannheim, Toulon und Glendale (USA) arbeitete er zunächst als Assistent am Lehrstuhl von Prof. Perlitz. Im Rahmen des japanisch-europäischen Forschungsprojektes "Company of the Future" entwickelte er Instrumente für ein modernes Forschungs- und Entwicklungsmanagement. Hieraus erklärt sich auch sein Dissertationsthema "Performance Measurement in R&D – A model based approach". Bei m²c hat er sich auf die Bereiche Performance Measurement, Innovationsmanagement und Controlling, die Branchen Pharma und Chemie sowie auf die Region Asien spezialisiert.

Prof. Dr. Ari P. J. Vepsäläinen leitet das Department for Marketing an der Helsinki School of Economics and Business Administration, wo er zudem speziell die Logistik vertritt. Gleichzeitig ist er Principal bei der Unternehmensberatung HM&V Research Oy, die sich auf die Entwicklung von Dienstleistungsstrategien und die Einführung von Informationssystemen spezialisiert hat. Ari Vepsäläinen war zuvor Assistenzprofessor an der Wharton School der University of Pennsylvania und an der Carnegie-Mellon University, Pennsylvania, wo er auch zum Ph.D. in Systems Sciences promoviert wurde. Sein Studium mit Schwerpunkt in Operations Research absolvierte er an der Helsinki University of Technology. Seine Forschungsschwerpunkte liegen im Bereich der Logistik und Produktionswirtschaft, er arbeitet auch an Ansätzen des Dienstleistungsmanagements und an Methoden für die System- und Organisationsentwicklung.

Printing (Computer to Film): Saladruck, Berlin
Binding: Stürtz AG, Würzburg